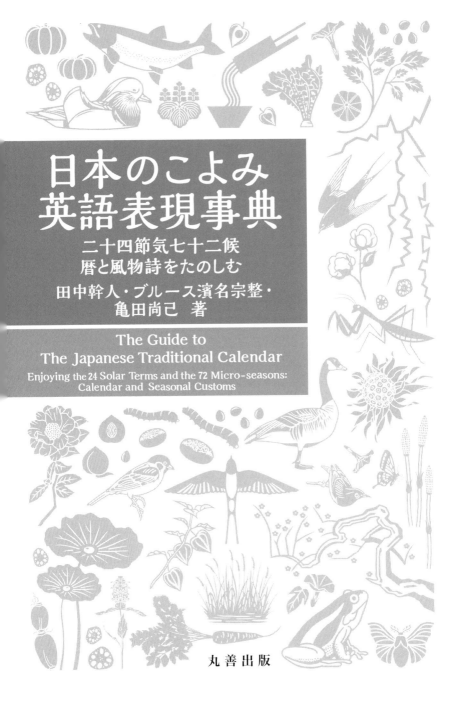

日本のこよみ 英語表現事典

二十四節気七十二候
暦と風物詩をたのしむ

田中幹人・ブルース濱名宗整・
亀田尚己 著

The Guide to The Japanese Traditional Calendar

Enjoying the 24 Solar Terms and the 72 Micro-seasons:
Calendar and Seasonal Customs

丸善出版

まえがき

　私たちは日々の生活の中で、また年間を通して、あるいは一生を通して
ならわしや慣習(しきたり)とともに生きています。

　例えば、個人や家族の場合であれば通過儀礼と呼ばれる出産祝い・お宮
参り・七五三の祝い・成人式などがあります。住んでいる土地には産土
神・田の神・山の神・海の神への感謝と、豊作豊漁・疫病除けの祈願を目
的とした多くの祭礼が残り、今なお盛んに行われています。全国各地で
人々は、正月に歳神を迎え、夏には盂蘭盆(うらぼん)で先祖の霊をもてなし、年末に
は先祖や神仏に感謝し、新しい年を迎えて除夜の鐘をつきます。

　これらのしきたりは、そのほとんどが古くからの暦に定められたとおり
に行われています。その中には千数百年の歴史を有するものも少なくあり
ません。暦と言えば、身近なものに日曜日から（あるいは月曜日から）は
じまる曜日があります。この曜日は、現在の新暦（グレゴリオ暦）が採用
された明治時代になってから使われ始めたのではありません。実際には
1000年も前の暦から今日の暦に至るまで、その間に何度もの改暦を経ても
なお、日月火水木金土の曜日は連続して使われているのです。

　しきたりや行事は、古代から月や太陽の動きなどの宇宙や、四季折々の
自然の変化などと絡み合いながら生まれたものです。それらの実施時期が
次第に時間系列的に定形化され、定例化し、人々の生活の指針となるカタ
チあるものとしてまとめられたのが暦です。

　本書でとりあげる「日本の暦」とは、古代中国で生まれたものと、それ
を日本の風土に合わせて内容を適宜変更していったものを指します。その
暦は、月の動きと太陽を公転する地球の動きの両者を基礎にして割り出し
た太陰太陽暦と言われるもので、6世紀の中ごろに当時の隣国であった百
済を経由して我が国に渡来したと伝わります。それ以来何度かの改暦を経
て、1685年にはじめて日本独自の暦が生まれました。

　本書の中心となるのは、1年を春夏秋冬の4つの季節に区分し、それぞ
れを初・仲・晩の3つに分け、さらに各々を2分した二十四節気と、その

各々の節気を5日間ほどに3分割し、1年間を72区分した七十二候で
す。二十四節気は、今から2500年以上も前に、太陰暦の季節のずれを補う
ために古代中国の北方地帯で考え出されたものですが、立春・夏至・秋
分・冬至など現代でもそのまま使われています。

　七十二候の起源も古く、中国の北魏王朝の「正光暦」（523〜565年）か
ら暦に記載されるようになったものです。3分割された候は、それぞれの
季節の変化の時期に応じた自然現象、そして動植物の行動や人々の生活な
どを3文字と4文字の漢字からなる短い言葉で表現したものです。3文字
で表される候は雀始巣・梅子黄・菊花開など47候あり、蟄虫啓戸・
霜止出苗・草木萌動などと4文字で表現されるものが25候あります。

　本書の構成は次のようになっていますが、その中心は第Ⅱ部の七十二候
の詳細な解説で、それが本書の特色になっています。

　　第Ⅰ部　日本の暦
　　　　・暦とは
　　　　・日本における暦の歴史
　　　　・二十四節気とは
　　　　・七十二候とは
　　　　・慣習と暦
　　第Ⅱ部　二十四節気と七十二候
　　　　・二十四節気における時期
　　　　・名付けの由来とエピソード
　　　　・自然の恵みと風物詩
　　　　・関連する年中行事と祭り
　　　　・わかりやすい英語による説明

　本書の日本語部分の解説は田中と亀田が、そして英語部分は濱名がそれ
ぞれ担当しました。私たち著者3人は、いずれも長年京都に住んでいま
す。千年のみやこ京都は、日本の歴史と文化が凝縮された町と言っても決
して過言ではありません。近年では特に、夏の祇園祭や五山送り火、また
冬の南座における吉例顔見世興行や千本釈迦堂での大根焚きは全国にも知
られる年中行事になっています。

京都は本当に年中行事の多いところで、ほぼ毎日のように、各所で開かれる祭りや関連行事のニュースがテレビで報道されています。そのような環境の中で生活し、かつ次のような経歴を持つ私たち3人は、人々の生活が本当に暦と強く結ばれていることを日々実感しています。

田中は、京都に生まれ、京都が長年にわたり培ってきた歴史や文化に囲まれて育ちました。大学卒業後は大手IT企業で国際業務に従事し、海外との異文化交流を行いました。現在は創立90年をこえる歴史を有する学校法人大和学園の副理事長、また多国籍の学生を擁する調理・製菓・観光分野の専門学校校長として、京都府・京都市・関連企業・団体等と連携しながら食文化を中心とした生活文化等の普及と継承に尽力しています。

濱名は、2015年までの30年間にわたり裏千家淡交会国際部に勤務し、その間2002年から2015年まで裏千家学園茶道専門学校にて外国人研修コースのディレクターを務めました。同校では、裏千家の海外支部からの学生に茶道における日本の季節感について講義するとともに、茶道の点前実技を指導していました。また、1987年以降、茶道の国際普及活動のため20か国に60回以上出張してきました。

亀田は、同志社大学で2014年までの21年間、異文化ビジネスコミュニケーションの教育と研究に従事しました。その間20年間にわたり、米国の大学生約30人と、担当するゼミの学生との間の文化交流プログラムを実施してきました。毎年京都を訪れる米国人大学生と日本人学生を引率し、京都市内の寺社仏閣・名所旧跡・企業などを訪ね、また京都の歴史と文化、そして産業について英語で講義していました。

本書は、『和食の英語表現事典』にはじまる「英語表現」シリーズの第7冊目にあたります。同シリーズの誕生から今日に至るまでお世話になった丸善出版（株）企画・編集第三部長の小林秀一郎氏には、今回もまた多大なるご支援とお励ましをいただき、本書を無事に出版することができました。小林氏には、改めて、心から厚くお礼申し上げる次第です。

2024年11月

田中幹人
ブルース濱名宗整
亀田尚己

Foreword

In our daily lives, we live in a cycle of customs and traditions. There are rites of passage in our personal or family lives such as Shichi go san observance, coming-of-age ceremonies, etc. There are shrine festivals and temple observances to give thanks to the deities of nature, and to pray for abundant harvests, successful fishing, and protection from epidemics.

The Japanese year is marked by a cycle of events—welcoming the deity of the New Year on New Year's day, honoring our ancestors' spirits during the Obon festival in summer, expressing gratitude to our ancestors and so on.

The main focus of this book is the 72 Micro-seasons (*shichijūni kō*) that divide the year into 72 periods, each about five days long. These fit within the structure of 24 Solar Terms (*nijūshi sekki*), which divide the year into four seasons and further into three parts (early, mid, and late).

The structure of this book is as follows:

Part I: The Japanese Calendar
- What is a calendar?
- The history of the calendar in Japan
- What are the 24 Solar Terms?
- What are the 72 Micro-seasons?
- Customs and the calendar

Part II: The 24 Solar Terms and the 72 Micro-seasons
- Timing of the 24 Solar Terms
- Origins and episodes related to the naming
- Natural blessings and seasonal traditions
- Related annual events and festivals

All three of us authors, Tanaka, Hamana, and Kameda, live in Kyoto, a city that is renowned worldwide for its rich calendar of events. Living in such an environment, we deeply feel how closely people's lives all over Japan are tied to the cycles of life and nature expressed in the calendar.

We are grateful to Mr. Shuichiro Kobayashi, Deputy Director of the Planning and Editing Department of Maruzen Publishing Co., Ltd., for his tremendous support and encouragement, which made the publication of this book possible.

目　　次

第Ⅰ部　日本の暦（Japanese Calendar） 1

暦とは／日本における暦の歴史／二十四節気とは／七十二候とは／慣習と暦／What is a Calendar?／Historical Development of Calendars in Japan／The 24 Solar Terms／The 24 Solar Terms and Their Application in Japan／The 72 Micro-seasons／Pentads／Customs and the Calendar

第Ⅱ部　二十四節気と七十二候
（The 24 Solar Terms and the 72 Micro-seasons） 13

【初春　Early spring】

❖二十四節気：立春 *Risshun* ❖

【第一候】東風解凍　はるかぜこおりをとく 14

1st Micro-season: East Wind Melts the Ice（*Harukaze kōri wo toku*）

【第二候】黄鶯睍睆　こうおうけんかんす 18

2nd Micro-season: Yellow Warblers Begin to Sing（*Kō-ō kenkansu*）

【第三候】魚上氷　うおこおりにあがる 22

3rd Micro-season: Fish Surface under Ice（*Uo kōri ni agaru*）

❖二十四節気：雨水 *Usui* ❖

【第四候】土脉潤起　つちのしょううるおいおこる 26

4th Micro-season: The Earth Becomes Moist（*Tsuchi no shō uruoi okoru*）

【第五候】霞始靆　かすみはじめてたなびく 30

5th Micro-season: Mist Begins to Drift（*Kasumi hajimete tanabiku*）

【第六候】草木萌動　そうもくめばえうごく 34

6th Micro-season: Sprouting of Greenery（*Sōmoku mebae ugoku*）

【仲春　Middle spring】

❖二十四節気：啓蟄 *Keichitsu* ❖

【第七候】蟄虫啓戸　すごもりむしとをひらく 38

7th Micro-season: Hibernating Insects Emerge（*Sugomorimushi to wo hiraku*）

【第八候】桃始笑　ももはじめてさく　42

8th Micro-saeason: The Peach Blooms for the First Time (*Momo hajimete saku*)

【第九候】菜虫化蝶　なむしちょうとなる　46

9th Micro-season: Caterpillars Become Butterflies (*Namushi chō to naru*)

❖二十四節気：春分 *Shunbun* ❖

【第十候】雀始巣　すずめはじめてすくう　50

10th Micro-season: Sparrows Begin Nesting (*Suzume hajimete sukuu*)

【第十一候】桜始開　さくらはじめてひらく　54

11th Micro-season: Cherry Blossoms Begin to Bloom (*Sakura hajimete hiraku*)

【第十二候】雷乃発声　かみなりすなわちこえをはっす　58

12th Micro-season: Thunder Begins to Peal (*Kaminari sunawachi koe wo hassu*)

【晩春 Late spring】

❖二十四節気：清明 *Seimei* ❖

【第十三候】玄鳥至　つばめきたる　62

13th Micro-season: Swallows Arrive (*Tsubame kitaru*)

【第十四候】鴻雁北　こうがんかえる　66

14th Micro-season: Wild Geese Fly North (*Kōgan kaeru*)

【第十五候】虹始見　にじはじめてあらわる　70

15th Micro-season: Rainbow First Appears (*Niji hajimete arawaru*)

❖二十四節気：穀雨 *Koku-u* ❖

【第十六候】葭始生　あしはじめてしょうず　74

16th Micro-season: First Reeds Sprout (*Ashi hajimete shozu*)

【第十七候】霜止出苗　しもやんでなえいずる　78

17th Micro-season: Frost Ends; Rice Seedlings Grow (*Shimo yande nae izuru*)

【第十八候】牡丹華　ぼたんはなさく　82

18th Micro-season: Peony Flowers Bloom (*Botan hana saku*)

目　次　vii

【初夏　Early summer】

❖二十四節気：立夏 *Rikka* ❖

【第十九候】鼃始鳴　かわずはじめてなく　86
19th Micro-season: Frogs Start Croaking（*Kawazu hajimete naku*）

【第二十候】蚯蚓出　みみずいづる　90
20th Micro-season: Worms Emerge（*Mimizu izuru*）

【第二十一候】竹笋生　たけのこしょうず　94
21st Micro-season: Bamboo Shoots Emerge（*Takenoko shōzu*）

❖二十四節気：小満 *Shōman* ❖

【第二十二候】蚕起食桑　かいこおきてくわをはむ　98
22nd Micro-season: Silkworms Start Eating Mulberry（*Kaiko okite kuwa wo hamu*）

【第二十三候】紅花栄　べにばなさかう　102
23rd Micro-season: Safflowers Bloom（*Benibana sakau*）

【第二十四候】麦秋至　ばくしゅういたる　106
24th Micro-season: Wheat Ripens for Harvest（*Bakushū itaru*）

【仲夏　Middle summer】

❖二十四節気：芒種 *Bōshu* ❖

【第二十五候】蟷螂生　かまきりしょうず　110
25th Micro-season: Praying Mantises Hatch（*Kamakiri shōzu*）

【第二十六候】腐草為蛍　ふそうほたるとなる　114
26th Micro-season: Decaying Grasses Turn into Fireflies（*Fusō hotaru to naru*）

【第二十七候】梅子黄　うめのみきばむ　118
27th Micro-season: Ume Turn Yellow（*Ume no mi kibamu*）

❖二十四節気：夏至 *Geshi* ❖

【第二十八候】乃東枯　なつくさかるる　122
28th Micro-season: Woundwort Withers（*Natsukusa karuru*）

【第二十九候】菖蒲華　あやめはなさく　126
29th Micro-season: Iris Blooms（*Ayame hana saku*）

【第三十候】半夏生　はんげしょうず　130
30th Micro-season: Crow-dipper Sprouts（*Hange shōzu*）

viii

【晩夏 Late summer】

❖二十四節気：小暑 *Shōsho* ❖

【第三十一候】温風至　あつかぜいたる　134

31st Micro-season: Warming Winds Arrive（*Atsukaze itaru*）

【第三十二候】蓮始開　はすはじめてひらく　138

32nd Micro-season: Lotus Begins to Bloom（*Hasu hajimete hiraku*）

【第三十三候】鷹乃学習　たかすなわちわざをならう　142

33rd Micro-season: Hawks Learn to Fly（*Taka sunawachi waza wo narau*）

❖二十四節気：大暑 *Taisho* ❖

【第三十四候】桐始結花　きりはじめてはなをむすぶ　146

34th Micro-season: Aogiri Blossoms（*Kiri hajimete hana wo musubu*）

【第三十五候】土潤溽暑　つちうるおうてむしあつし　150

35th Micro-season: Earth is Damp; Air is Humid（*Tsuchi uruoute mushiatsushi*）

【第三十六候】大雨時行　たいうときどきふる　154

36th Micro-season: Big Rains Occur Intermittently（*Taiu tokidoki furu*）

【初秋 Early autumn】

❖二十四節気：立秋 *Risshū* ❖

【第三十七候】涼風至　すずかぜいたる　158

37th Micro-season: Cool Winds Blow（*Suzukaze itaru*）

【第三十八候】寒蟬鳴　ひぐらしなく　162

38th Micro-season: Evening Cicadas Sing（*Higurashi naku*）

【第三十九候】蒙霧升降　ふかききりまとう　166

39th Micro-season: Thick Fog Descends（*Fukaki kiri matou*）

❖二十四節気：処暑 *Shosho* ❖

【第四十候】綿柎開　わたのはなしべひらく　170

40th Micro-season: Cotton Flowers Bloom（*Wata no hanashibe hiraku*）

【第四十一候】天地始粛　てんちはじめてさむく　174

41st Micro-season: Heaven and Earth Become Cool（*Tenchi hajimete samuku*）

【第四十二候】禾乃登　こくものすなわちみのる　178

42nd Micro-season: Rice Ripens（*Kokumono sunawachi minoru*）

【仲秋　Middle autumn】

❖二十四節気：白露 *Hakuro* ❖

【第四十三候】草露白　くさのつゆしろし　182

43rd Micro-season: White Dew on Grass（*Kusa no tsuyu shiroshi*）

【第四十四候】鶺鴒鳴　せきれいなく　186

44th Micro-season: Wagtails Sing（*Sekirei naku*）

【第四十五候】玄鳥去　つばめさる　190

45th Micro-season: Swallows Depart（*Tsubame saru*）

❖二十四節気：秋分 *Shūbun* ❖

【第四十六候】雷乃収声　かみなりすなわちこえをおさむ　194

46th Micro-season: Thunder Ceases（*Kaminari sunawachi koe wo osamu*）

【第四十七候】蟄虫坏戸　むしかくれてとをふさぐ　198

47th Micro-season: Insects Hole Up Underground（*Mushi kakurete to wo fusagu*）

【第四十八候】水始涸　みずはじめてかるる　202

48th Micro-season: Water Begins to Dry Up（*Mizu hajimete karuru*）

【晩秋　Late autumn】

❖二十四節気：寒露 *Kanro* ❖

【第四十九候】鴻雁来　こうがんきたる　206

49th Micro-season: Wild Geese Return（*Kogan kitaru*）

【第五十候】菊花開　きくのはなひらく　210

50th Micro-season: Chrysanthemums Bloom（*Kiku no hana hiraku*）

【第五十一候】蟋蟀在戸　きりぎりすとにあり　214

51st Micro-season: Crickets at the Door（*Kirigirisu to ni ari*）

❖二十四節気：霜降 *Sōkō* ❖

【第五十二候】霜始降　しもはじめてふる　218

52nd Micro-season: Frost Begins to Fall（*Shimo hajimete furu*）

【第五十三候】霎時施　こさめときどきふる　222

53rd Micro-season: Light Rains Fall Occasionally（*Kosame tokidoki furu*）

【第五十四候】楓蔦黄　もみじつたきばむ　226

54th Micro-season: Maple and Ivy Leaves Turn Yellow（Momiji tsuta kibamu）

【初冬　Early winter】

❖二十四節気：立冬 Rittō ❖

【第五十五候】山茶始開　つばきはじめてひらく　230

55th Micro-season: Camellia Begins to Bloom（Tsubaki hajimete hiraku）

【第五十六候】地始凍　ちはじめてこおる　234

56th Micro-season: Earth Begins to Freeze（Chi hajimete kōru）

【第五十七候】金盞香　きんせんかさく　238

57th Micro-season: Daffodils Bloom（Kinsenka saku）

❖二十四節気：小雪 Shōsetsu ❖

【第五十八候】虹蔵不見　にじかくれてみえず　242

58th Micro-season: Rainbow Concealed（Niji kakurete miezu）

【第五十九候】朔風払葉　きたかぜこのはをはらう　246

59th Micro-season: North Wind Blows the Leaves from the Trees（Kitakaze konoha wo harau）

【第六十候】橘始黄　たちばなはじめてきばむ　250

60th Micro-season: Tachibana Start to Turn Yellow（Tachibana hajimete kibamu）

【仲冬　Middle winter】

❖二十四節気：大雪 Taisetsu ❖

【第六十一候】閉塞成冬　そらさむくふゆとなる　254

61st Micro-season: Sky is Cold; Winter Begins（Sora samuku fuyu to naru）

【第六十二候】熊蟄穴　くまあなにこもる　258

62nd Micro-season: Bears Retreat in Caves（Kuma ana ni komoru）

【第六十三候】鱖魚群　さけのうおむらがる　262

63rd Micro-season: Salmon Gather（Sake no uo muragaru）

❖二十四節気：冬至 Tōji ❖

【第六十四候】乃東生　なつかれくさしょうず　266

64th Micro-season: Woundwort Sprouts（Natsukare shōzu）

【第六十五候】麋角解　さわしかのつのおつる　270

65th Micro-season: Deer Shed Antlers（*Sawashika no tsuno otsuru*）

【第六十六候】雪下出麦　ゆきわたりてむぎのびる　274

66th Micro-season: Wheat Sprouts Under Snow（*Yuki watarite mugi nobiru*）

【晩冬　Late winter】

❖二十四節気：小寒 *Shōkan* ❖

【第六十七候】芹乃栄　せりすなわちさかう　278

67th Micro-season: Parsley Flourishes（*Seri sunawachi sakau*）

【第六十八候】水泉動　しみずあたたかをふくむ　282

68th Micro-season: Spring Waters Thaw（*Shimizu atataka wo fukumu*）

【第六十九候】雉始雊　きじはじめてなく　286

69th Micro-season: Pheasants Start to Call（*Kiji hajimete naku*）

❖二十四節気：大寒 *Daikan* ❖

【第七十候】款冬華　ふきのはなさく　290

70th Micro-season: Butterburs Bud（*Fuki no hana saku*）

【第七十一候】水沢腹堅　さわみずこおりつめる　294

71st Micro-season: Stream Water Freezes（*Sawamizu kōri tsumeru*）

【第七十二候】雞始乳　にわとりはじめてとやにつく　298

72nd Micro-season: Hens Start Laying Eggs（*Niwatori hajimete toya ni tsuku*）

参考文献　302
和文索引　305
英文索引　307

第 I 部

日本の暦

Japanese Calendar

日本の暦

●暦とは

暦の語源は「日読み」であるとされますが、今も昔も、人々の日々の生活と、その羅針盤とも言える暦は深く結びついています。人々の間で共有される暦がなければ、日々の生活を営むことも不可能であることは、古今東西にわたり人類に共通する真実であると言えます。

暦は、1年中の月・日・曜日のほか、祝祭日・季節・日の出・日没・月の満ち欠け・日食・月食・行事などを、日を追って記載したものです。より具体的には、1日を単位として数えることで、週・月・年と時間を分割した体系のことであり、この体系の基礎となる天体の知識や、季節の変化により1年間に予定される事項を記載したものです。

その分割の基礎となるものは、新月から次の新月まで、または満月から次の満月までの時間の平均で、太陽を基準にした月の満ち欠けの周期（29.531日）と地球の公転周期（365.242日）の2つです。月の満ち欠けの周期に基づいて作成されたものを太陰暦と言い、地球の公転周期を基準にして作成されたものを太陽暦と呼びます。月の満ち欠けの周期と地球の公転周期の両方を採用して作られたものを太陰太陽暦と呼んでいます。

大陰暦の例としてはイスラム諸国のイスラム暦（回教暦またはマホメット暦とも言う）があります。太陽暦の起源は、ナイル川の洪水と洪水の間を1年としたエジプト暦にあるとされます。太陰太陽暦は、我が国で明治時代はじめまで約1200年間にわたって使われてきた旧暦のほか、古くはバビロニア・インド・ギリシャ・中国などでも用いられました。

太陽暦は、その後ローマの英雄ユリウス・カエサルにより1年を365日とし、4年ごとに1日の閏日をおくユリウス暦が紀元前45年から導入されるようになりました。その後1582年になり、教皇グレゴリウス13世により、400年ごとに3回閏日を省略するという修正が加えられ、現在に至っています。これをグレゴリオ暦と呼んでいます。

我が国では、明治維新後の1872年11月9日に改暦の詔書が出され、それまでの太陰太陽暦に替えてグレゴリオ歴が採用されました。その後同年12月3日を1月1日と制定し、現在に至る太陽暦が実施されました。

第Ⅰ部　日本の暦　3

●日本における暦の歴史

　我が国には古代から四季の移り変わりを基にした自然暦があり、それが農事の時期的基準となっていたようです。その後中国で発展した太陰太陽暦の影響を受けるようになり、何度かの改変があったものの、1685年に至るまで中国で編纂された暦を基に制定した暦が使われていました。

　暦は、朝鮮諸王国の一つであった百済を通して中国から我が国に伝わりました。記録によれば、大和朝廷は我が国で暦を作成するための暦法や天文地理を配下の官僚や学者に学ばせるために百済から僧を招き、604年に我が国最初の暦が作られたとされます。

　暦は、律令制に規定された中務省に属する陰陽寮が作成を担当し、朝廷の名のもとに制定されていました。陰陽寮は、暦の作成・天文・占いなどを司る役所で、当時は暦と占いは車の両輪のような関係にあったのです。その後平安時代になると、暦は賀茂氏が、天文は安倍氏がそれぞれの専門家として担当することになります。

　当時の暦は、太陰太陽暦で、1ヶ月を月が満ち欠けする周期に合わせていました。月が満ち欠けする周期が約29.5日であり、そのため30日と29日の月を作って調節し、30日の月を「大の月」、そして29日の月を「小の月」としていました。それに対して、地球が太陽を公転する周期は約365.25日で、それに応じて季節は移り変わります。そのため大小の月の繰り返しだけでは、暦と季節が合わなくなってきます。そのような事情から、2〜3年に1度は閏月を設けて13ヶ月ある年を作り、季節と暦を調節したのです。また、大小の月の並び方も毎年替えていました。

　このような方法で陰陽寮が定めていた暦は具注暦と呼ばれていました。具注暦には、その年1年の長さ・月の大小・年の吉凶が書かれ、各月の欄には日の干支・曜日・二十四節気・七十二候・日の出と日の入りの時刻のほかにその日の吉凶などが漢字で記入されていました。これらの記入事項を暦注と言いますが、「注」が「具に（詳細に）」記入されている暦というところから、具注暦という名が付けられたものです。

　奈良時代から明治初年まで使われた具注暦には、余白が設けられているものがあり、毎日を具注暦に従って行動していた貴族や武士たちはその余白や裏面に日記を記すことが多く、いくつも現存する日記入りの具注暦は、それぞれの時代を映す貴重な史料になっています。

具注暦の基になっていた我が国の暦法は697年までの元嘉暦、その後698〜763年まで用いられた儀鳳暦、764〜857年までの大衍暦、858〜861年までの五紀暦、そして862年から1684年まで800年以上にわたり用いられた宣明暦という中国製のものでした。この間に、仮名文字の普及により具注暦を簡略化し、仮名文字で書いた仮名暦が登場し、鎌倉時代末期からは手書きではなく、木版印刷された暦も表れるようになります。

このころから伊勢国宇治（現在の三重県中央部周辺）などの暦師が版行する伊勢暦や、静岡県三島市にある三嶋大社が発行する三島暦など、各地で地方暦が頒行されはじめ、庶民の間でも暦はますます広く使われるようになっていきました。

その後江戸時代になり天文学の知識が高まってくると、日蝕や月蝕など実際の天の動きと暦が合わないことが問題になってきました。江戸幕府もこの問題を見過ごすことができず、改暦の動きが早まります。そうした状況の中で、1685年（貞享2年）に暦学者の渋川春海（春海は「しゅんかい」とも読む）によりはじめて、我が国の風土に合わせた貞享暦が作られ、暦が改められたのです。これを「貞享の改暦」と呼びます。

改暦はこの後も、「宝暦の改暦」（1755年）、「寛政の改暦」（1798年）そして「天保の改暦」（1844年）と続き、1873年に明治新政府により太陽暦が採用されるまでの間に、合計4回の改暦が行われました。改暦は、江戸幕府の天文方が中心となり、西欧の天文学を取り入れて精密な暦の計算を行い、陰陽寮で暦の編纂を担当していた賀茂氏の系統を受け継ぐ幸徳井家が暦注を付け加え、各地の出版元から暦が出版されました。

●二十四節気とは

二十四節気は、1年を春夏秋冬の4つの季節に区分し、それぞれを初・仲・晩の3つに分け、さらに各々を2分したもので、はじめの半分を節または節気と呼び、次の半分を気（中）または中気と呼びます。二十四節気は、旧暦と呼ばれる太陰太陽暦における閏月を設ける基準になっていて、中気のない月を閏月としていました。なお、二十四節気は、その年によって1日程度前後することがあります。現在の暦の上でも、立春（初春の節気）・春分（仲春の中気）・立夏（初夏の節気）・夏至（仲夏の中気）など、季節の区切りを表す言葉として用いられています。

第 I 部　日本の暦　5

　もとは2500年以上も前に、太陰暦の季節のずれを補うために古代中国の華北地域（現在の北京市・天津市・河北省・山東省あたり）で考え出された二十四節気ですが、暦には毎年同じ季節に同じ節気が記載されるようになり、農作業の準備などに役立ちました。我が国には 6 世紀に暦とともに伝わりましたが、中国の華北地域と日本では緯度経度が異なり、我が国の季節感にはなじまないところもありました。

　しかし、太陽や月の動きを基に季節の変化を取り入れた二十四節気は、大きくずれることもなく、日本の季節に合わせて使われていきました。なお、中国の華北地域は緯度的に言うと、秋田県や岩手県あたりに該当しますが、地表面の自然環境はそれぞれに異なり、それに従い夏冬の気温や気候の変化時期なども同じであるとは限りません。

　上記の節気と中気ですが、立春・立夏・立秋・立冬などの節気は季節の指標で、春分・夏至・秋分・冬至などの中気は月の名前とその順序を決めるものです。これらの重要な区切りは、二分（春分・秋分）・二至（夏至・冬至）・四立（立春・立夏・立秋・立冬）と呼ばれ、この二分・二至・四立のことを八節といいます。二十四節気の基点は冬至であるとされ、古代から冬至を観測することで暦を修正していました。

　二十四節気は、地球が太陽の周りを回る公転軌道上のどの位置にあるかを指し示し、季節の変化を告げる24個の目印とも言えます。これを時計に例えると次のようになります。

　1 年で最も昼が短く、夜が長い冬至を 0 時（あるいは12時）とし、針が右回りに30分ずつ動いていくとします。1 時30分が立春、3 時が春分（昼と夜の長さが同じ）、4 時半が立夏、6 時が夏至、7 時半が立秋、9 時半が秋分（昼と夜の長さが同じ）、10時半が立冬ということになり、その間に小寒・大寒→雨水・啓蟄→清明・穀雨→小満・芒種→小暑・大暑→処暑・白露→寒露・霜降→小雪・大雪など16節気が入ります。

●七十二候とは

　前項の二十四節気は、地球が太陽の周りを公転する際に太陽光が地球に届く光量に関連する暦でした。太陽光が我が国における 1 年間の季節に変化を与える基であることを理解していた古代の人々は、春夏秋冬の四季をそれぞれ 6 分割することで 1 年を24に等分し、それぞれの季節にふさわし

い名前を付けたのでした。二十四節気により、新しい季節の訪れを前もって察知することができ、農作業の準備から秋の収穫まで、また漁期や漁場の選定などに至るまで、日々の営みに必要不可欠な暦でした。

　農業や漁業以外に、人々の日常生活上においても重要な役割を果たしていたこの二十四節気の各節気を、さらに5日から6日ごとに初候・次候・末候と3分割し、1年間を72区分したものが七十二候です。それぞれの候は開花・農作業や漁業の実際・虫や鳥獣の誕生と活動・降雪や降雨など、それぞれの季節の変化時期に応じた自然現象、そして動植物の行動や人々の生活などを短い言葉で表現しています。

　七十二候の起源も古く、中国の北魏王朝の「正光暦」（523～565年）から暦に記載されるようになりました。季節の変化を表す名称も当時のものがそのまま使われている例も多く、二十四節気よりもさらに具体的です。例えば、立夏の初候（七十二候の19候）は「蛙始鳴」であり、白露の末候（七十二候の45候）は「玄鳥去」となっています。

　すでに、二十四節気のところでも説明したように、このような七十二候を、気候や風土が異なる日本にそのまま取り入れるのには問題がありました。七十二候の季節の描写が具体的過ぎると言うだけではなく、その対象が5～6日間という短期的なものであったために、日本の気候には合わない点が多くあったのです。

　例えば、新暦の12月7日ごろから11日ごろまでの5日間は、七十二候の61候にあたり「閉塞成冬」と言います。この漢字4文字は、町や村が重い冬雲で塞がれている状況を表現しています。しかし、実際には日本で1年のうち晴れる割合の最も多い期間は11月下旬から始まる冬であり、その期間内は快晴割合が70％を超える日が多いという気象庁の観測結果があります。閉塞成冬は日本の実態とはかけ離れた表現と言えます。

　そのようなこともあり、中国のものをそのままの形で受け入れた二十四節気とは異なり、七十二候は日本で何度も時代や地域に合わせて変更されました。その変更の方法ですが、上記の「閉塞成冬」の場合のように、漢字のふりがなを、原意を無視した日本語にする、あるいは二十四節気の中で、その位置を替える（例えば、節気の末候だったものを初候に置き換える）などが主なものでした。

　何度も書き換えられてきた七十二候の中でも特に有名なものが、前述し

た「貞享暦」の編者であった渋川春海が日本の風土に合うように改訂した『本朝七十二候』でした。現在では、1873年の改暦から1945年まで日本政府が刊行していた『本暦』を簡略化した小型の『略本暦』に掲載されている七十二候が使われることが多いようです。

●慣習と暦

　我が国には、古代から今日まで続く国や地方固有のしきたりや、中国から伝来した慣習が数多く存在しています。それらのしきたりや慣習は、そのほとんど全てが、暦と密接な関係を保ちながら存続してきたものです。その場合の暦とは、今から150年前ごろまでに至る約1200年の長きにわたって用いられてきた旧暦でした。

　我が国における「旧暦」という言葉は、単に「昔の暦」を意味するほかに、1873年以降今日に至るまで使用されている「新暦」と呼ばれる太陽暦に対して、それ以前に用いられていた太陰太陽暦を指すことが多いです。また一説には、太陽暦への改暦前の最後に用いられた天保暦を基にした暦を指すとも言われます。天保暦は俗称で、正しくは『新法暦書』と言い、1844年（天保15年）から施行された暦です。

　江戸時代までの暦は1冊の本のようになっていて、日時や方角の吉凶禍福に関する注が多く記入されていました。これを暦注と言いますが、当時の暦注に書かれていた用語の多くはすでに消失し、現在の暦には記入されていません。しかし、干支・六曜・二十四節気・雑節などは現在の暦上でも使われています。

　干支は、本来十干十二支を意味しました。古代日本で兄を表した「え」と弟を意味した「と」を組み合わせて「えと」と読み、年月日・時刻・方位などを表すのに用いました。十干は甲乙丙丁戊己庚辛壬癸で、十二支は子丑寅卯辰巳午未申酉戌亥です。十干は古代中国で生まれた五行思想に基づく木火土金水の各々を兄と弟に分けて10区分したものです。甲は木兄であり、乙は木弟、丙は火兄、丁は火弟で、それぞれ訓読みでは、甲がきのえ（木の兄）・乙がきのと（木の弟）・丙がひのえ（火の兄）・丁がひのと（火の弟）となります。

　この十干に、天を12に分ける暦法を組み合わせたものが十二支でした。1年間の自然界の動きを12に分けるために、12の文字をそれぞれの月に分

け与えたのが十二支の起源であり、その文字が子丑寅卯辰巳午未申酉戌亥でした。干支は、日本のしきたりの多くにもおおいに関係しています。十干は日数を数える数詞がもとになっていて、甲から数え始める10日間を一つの周期として用いていました。

十二支は、年月日だけではなく、時刻や方位を示すためにも使われ、古代中国では24時間を12等分し、その12分の1を1単位としていました。例えば、毎日の午後11時から翌日の午前1時までが子時（日本では子の刻）で、最後の午後9時から11時までが亥時（亥の刻）でした。

干支は日本人の身近な年中行事とも密接に結びついていて、土用の丑の日や、亥の子、酉の市、戌の日など干支に関する特別な日がいくつもあります。亥の子は旧暦10月の亥の日で、江戸時代にはこの日から炬燵を開きました。また、その日の亥の刻に亥の子餅を食べて万病を除く呪いをし、猪が多産であることにあやかり子孫繁栄を願いました。犬は安産と信じられ、戌の日には妊娠5ヶ月目の妊婦が帯祝いをする風習があります。

六曜は14世紀ごろに中国から日本に伝えられましたが、広く行われるようになったのは幕末以降と言われます。時代とともにその名称や順序も変わり、現在では、先勝（せんしょう、さきかち）・友引（ゆういん）・先負（せんぶ、せんまけ、さきまけ）・仏滅・大安（だいあん）・赤口（じゃっく、しゃっこう、じゃっこう、せきぐち）になっています。例えば、旧暦の1月と7月の1日に先勝、2月と8月の1日に友引を当て、以後順に配当していきます。仏滅は万事凶ではあるが葬式や法事は構わない、とか大安は万事大吉で、特に婚礼に良い、などが知られています。

雑節は、旧暦上で二十四節気や七十二候が日本の気候と合わないことがあるため、1年間の季節の推移を把握する必要性から、補助的な意味で作られた日本独自の暦のようなものです。人々の生活に照らし合わせて作られたため、四季の土用・節分・春秋の彼岸・八十八夜・入梅・半夏生・二百十日などの日付が暦注として暦に記載されていました。

1873年より太陽暦が採用された際に、従来の暦本に記載されていた迷信的な暦注は有害であるとされ、江戸時代の庶民が二十四節気よりも重視していた雑節もいっさい禁止されました。しかし、その中には単なる迷信とは断じにくく、行事的な意味で国民の生活に深く結び付いているものもあったため、それらに限り残されることになりました。

第 I 部　日本の暦　9

What is a Calendar?

The origin of the word "*koyomi*, calendar" in Japanese is believed to come from *kayomi* "reading the days." Calendars are compasses for people's daily lives because without a shared calendar, daily life would be impossible. Lunar calendars are based on the lunar cycle of 29.531 days, the average time from one new moon to the next or from one full moon to the next. Solar calendars, on the other hand, are based on the solar cycle of 365.242 days, the length of the earth's orbit around the sun. The lunisolar calendar incorporates both lunar and solar cycles.

Historical Development of Calendars in Japan

In ancient Japan, a natural calendar based on the changing seasons served as a guide for agricultural activities. According to historical records, Buddhist monks from Baekje (a Korean kingdom) taught officials and scholars about calendrical science and astronomy, leading to the creation of Japan's first calendar in 604 AD.

From the Nara period until the early Meiji period, the *Guchūreki* "detailed calendar calculated by the Imperial Bureau of Yin-Yang" was widely used. Each month's section included information such as the day's zodiac signs, the 24 Solar Terms, the 72 pentads, the times of sunrise and sunset, the day's fortunes, and other information.

During the Edo period as knowledge of astronomy advanced, discrepancies between the actual celestial movements and the calendar became a problem. In 1685, the calendar scholar Shibukawa Harumi created the first calendar adjusted to Japan's specific geographic conditions. There were four calendar reforms before the Gregorian solar calendar was adopted by the new Meiji government in 1873.

The 24 Solar Terms (*Nijūshi sekki*)

The 24 Solar Terms are a system that divides the year into four seasons each beginning at the midpoint between four unchangeable solar events, markers collectively called *nibun* "two equinoxes" and *nishi* "two solstices." The *shiryū* "the beginnings of the four seasons" were designated as *setsu* "seasonal milestones," i.e., *Risshun* "the beginning of spring," *Rikka* "the beginning of summer," *Risshū* "the beginning of autumn," and *Rittō* "the beginning of winter." The *chūki* "middle point," i.e., *Shunbun* "the spring equinox," *Geshi* "the summer solstice," *Shūbun* "the autumn equinox," and *Tōji* "the winter solstice" determine the names and order of the months. The starting point of the 24 Solar Terms is considered to be the winter solstice, which has been used since ancient times to adjust the calendar.

The 24 Solar Terms and Their Application in Japan

The 24 Solar Terms were developed in the North China Plain. Although these terms were introduced along with the calendar in the 6th century, the difference in latitude and longitude between northern China and Japan meant that some naming aspects were not timely or appropriate to Japan's seasonal conditions and environment. However, the system of the 24 Solar Terms, which were based on the sun's regular yearly movements and seasonal changes, was adopted and used in Japan with minimal adjustments.

The 24 Solar Terms allowed people to anticipate the arrival of new seasons and were essential for preparing agricultural work, harvests, fishing periods, and choosing fishing grounds, etc. In addition to agriculture and fishing, the 24 Solar Terms played an important role in daily life.

The 72 Micro-seasons/Pentads (*Shichijūni Kō*)

Each of the above-mentioned 24 Solar Terms was further divided into three parts, resulting in a total of 72 divisions over the year. Each of these 72 Micro-seasons (Pentad, five-day period) was expressed in short phrases reflecting natural phenomena, animal behavior, plant cycles, and human activities.

The origin of the 72 Pentads dates back to the Northern Wei dynasty and its state calendar published in 523 AD. The names of the pentads, which were based on astute observation of seasonal occurrences, have been preserved since then and are very specific to the Chinese climate and environment. However, unlike the 24 Solar Terms, which were accepted as they were from China, the 72 Pentads were repeatedly modified to suit the conditions in Japan. These modifications included minor changes, such as the kanji readings to fit the Japanese interpretation, or more major adjustments, such as completely changing a pentad name or shifting its position within the 24 Solar Terms.

Customs and the Calendar

There are numerous customs and traditions that have been passed down from ancient times to the present day. These customs and traditions have survived by maintaining a close relationship with the calendar.

In Japan, the term "*kyūreki*" refers not only to the old calendar, but also to the lunisolar calendar used before the solar calendar was adopted in 1873. Until the Meiji period, calendars were like detailed almanacs with notes about auspicious and inauspicious days and directions, and other information such as the *Eto* "Chinese Sexagenary Zodiac calendar," *Rokuyō* "Six Divination Days," *Nijūshi sekki* "24 Solar Terms," and *Zassetsu* "Special Seasonal Days," many of which are still noted on calendars today.

The *Eto* is closely tied to annual events in Japanese life, for example, special customs related to the Day of the Ox during the Doyō seasonal dividing period, the first day of the Wild Boar in the 10th lunar month, the Rooster Market in the 12th month, and the Day of the Dog of any month for expecting mothers.

The *Rokuyō* was introduced to Japan from China around the 14th century, but it became widely followed during the late Edo period. The rotating cycle of six favorable or unfavorable days is still consulted when making important decisions such as beginning a new endeavor or activity, opening a shop, planning a wedding, deciding the date for a funeral, etc.

The *Zassetsu* "Special Season Days" was a supplementary list that augmented the 24 Solar Terms and the 72 Pentads and included over 15 specific days or defined periods that had a special significance to everyday life or were particular to Japan. *Setsubun* is the day before the start of each season. *Doyō* is the 18-day intermediate period between two seasons. *Shunjū no Higan* are seven-day Buddhist observances centered on the spring and autumnal equinoxes. *Nyūbai* is the beginning of the rainy season. *Nihyakutōka* "210th day from the beginning of spring" is an inauspicious day when typhoons are prevalent.

When the solar calendar was adopted in 1873, notes and designations that included superstitions, beliefs, and divination in the traditional calendars were deemed archaic. Some of the *Zassetsu* were eliminated. However, others were so deeply connected to people's lives that they were retained.

第Ⅱ部

二十四節気と七十二候

The 24 Solar Terms and
the 72 Micro-seasons

❖二十四節気：立春 *Risshun* 初候❖

【第一候】東風解凍　はるかぜこおりをとく

1st Micro-season: East Wind Melts the Ice（*Harukaze kōri wo toku*）

● **二十四節気における時期**

　二十四節気の第一節である立春は、旧暦では正月、すなわち新年の始まりとされていました。それは長かった冬に別れを告げ、動物が冬眠から目覚め、動物も植物も新しい命が芽生える、陽光麗らかな春を迎える日でもありました。

　新暦で２月４日ごろに始まる立春の初候で、８日ごろまで続く時候を東風解凍と言います。東風は、ひがしかぜ、または春風とも言い、古くは「こち」また「あゆ（アイとも言う）」とも呼ばれた、春に東方から吹いてくる風のことです。

　立春における漢字「立」は、事物が上方に運動を起こしてはっきりと姿を現すことで、「雲・煙・霧などが立ちのぼる」ことや「月・虹などが高く現れる」のほかに、「新しい月や季節が来る」ことを意味します。したがって、立春は、まだ厳しい寒さは残るものの、徐々に気温も上がり始め、春の風が立ちはじめるころということになります。その年の気温と地域にもよりますが、このころには寒冷地で積もった雪が解け始めます。

　春風が吹き、解け始めるのは雪だけではありません。寒い地域では湖や河川、さらに一部では海面さえも、冬の間その水面を覆っていた氷が解け始めます。東風解凍は、そのような自然界の変化を表しています。

● **名付けの由来とエピソード**

　東風解凍は前述したように立春の初候です。氷が解け始めるとはいえ、まだ寒いこの時期に吹く風を「はるかぜ」と呼んだのは、昔の人々の春を待ち望む気持ちの表れとも言えるでしょう。東から吹く風が氷を解かすと言うよりは、むしろ、寒くて暗い冬に早く別れを告げ、早く暖かくて明るい春を迎えたいという人々の願いの強さが、冷たくて硬い氷をも解かすの

第Ⅱ部　二十四節気と七十二候　15

だというふうにも読み取れる言葉です。

　二十四節気や七十二候は、古代中国の人々が、農作業や日々の家事をしやすいようにと、1年を太陽の動きに合わせていくつもの節気や候に分けたものでした。しかし、中国とは気候や風土の違う日本においては、その後に雑節と呼ばれる季節の節目が加えられようになりました。よく知られる雑節には、農家が種まき・茶摘み・養蚕などで忙しくなる「八十八夜」や、台風襲来の時期に当たる「二百十日」がありますが、88や210という数字の起算日（起点）になるのが立春です。これをみても、立春が新しい年の始めの日とみられていたということがよくわかります。

●**自然の恵みと風物詩**

　この時期に咲き始めるウメ（梅）は、中国原産の落葉高木ですが、古代に日本に渡来し日本人には親しみのある花です。その姿と香りは特に貴族たちに好まれ、多くの和歌にもうたわれました。別名を春告草または風待草というウメの花ですが、春風を待ち望む人々に春の到来を告げるという素敵な名前を付けた古人の思いが現代にも伝わってきます。

　東風解凍における旬の植物としては、フキノトウ（蕗の薹）をあげることができます。フキノトウはこの時期に蕗の根茎から生え出る花茎で、新鮮なものを天ぷらにしてその香りとほろ苦さを賞味します。蕗味噌は、サラダ油で炒めたフキノトウを、甘辛い味噌で混ぜ合わせたもので、おにぎりの具材や冷奴に和えて酒の肴としても好まれます。

　この時期の旬の魚介類といえばシラウオ（白魚）です。シラウオはサケ目シラウオ科の海水魚で、春先に河口をさかのぼって産卵します。体長10センチほどの細長い形をした半透明のきれいな魚です。死後に白色不透明になるところから白魚と呼ばれるようになりました。その美しさのために、昔から女性の白く細い指にたとえられ「白魚のような指」などと表現されたりします。

　この時期のシラウオは特に美味で、生きのよいシラウオをポン酢などに付けてそのまま口に入れる「踊り食い」がよく知られます。踊り食いでは名前の似たシロウオ（素魚・白魚）もよく知られますが、こちらはハゼ科の海水魚で、全長約5センチとやや小型の食用魚です。

　2月の最初の午の日、またその日に全国各地で行われる稲荷神社の祭礼を初午といいますが、初午はこの時効の代表的な風物詩と言えます。「代

表的な風物詩」と言える理由は、初午は何も稲荷神社と必ずしも関係なく、その土地によりさまざまな形で続けられてきた全国に広がる習俗だからです。本来の初午の歴史は古く、全国に約3万社あると言われる稲荷神社の総本社である京都の伏見稲荷神社の創建が711年2月の初午の日であったとされます。「いなり」は稲生を意味し、最初のころ、稲荷神社は田の神の信仰など稲作と強く結びついていました。

　初午はその後地域により独自に発展していき、養蚕の盛んな地方では蚕の神の祀り日となっていて、これを蚕玉祭と言っています。また、この日を道陸神（道祖神）の火事見舞いと称し、それぞれの家庭で餅をついて神に祀るところもあります。あるいは初午団子をつくり子供たちが集まって太鼓を叩く行事も多く行われます。

●関連する年中行事と祭り

　前項の初午の他に、この時期の行事としては2月8日の「御事始め」と「針供養」の2つがあります。いずれも「事八日」と呼ばれた旧暦12月8日と2月8日に行われた年中行事の一つです。御事始めには次のような2つの意味があります。（1）江戸時代の旧暦12月に煤払いなどをして、正月の準備を始めたことで、江戸では8日、そして上方（関西）では13日に行われたもの、（2）東国（近畿地方から見て東方にある地域）で旧暦2月8日に行われた、その年の農事の始めの行事のこと。

　上記の12月8日と2月8日の一方を事始め、一方を事納とすることもありますが、この「こと」は小祭り、または家庭内祭祀を意味し、その内容は、年間の農耕儀礼の意味あるいは正月祭の意味とも考えられていました。それぞれの家庭で行われる冬の祭りの総称と言えるでしょう。

　針供養は、日常の裁縫など針仕事の途中で折れた縫い針や、古くなった針を供養する行事です。その日は裁縫の仕事は休み、よく働いてくれた折れ針や古い針を供養し、またそれにより裁縫の技が上達するようにと祈る意味もあります。供養の実際ですが、用済みになった針を豆腐・こんにゃく・餅などに刺して近くの社寺に納めて、お祓いや供養をしてもらったり、紙に包んで川へ流したりします。

　毎年この時期に札幌市では、内外から200万人が訪れるという雪と氷の祭典「さっぽろ雪まつり」が開かれ、雪や氷で造られた大小さまざまな像が多くの観光客を魅了します。

第II部　二十四節気と七十二候　**17**

●わかりやすい英語による説明

Risshun, the first of the twenty-four solar terms, was considered the beginning of the New Year in the old calendar and occurs around the 4th of February in the modern calendar. The word *ritsu "stand, rise"* in *Risshun* represents clouds and mist moving upward, the moon and rainbow appearing high in the sky, or the arrival of a new moon and season. It marked the end of the long winter, the awakening of animals from hibernation, and the emergence of new life of plants and animals.

Harukaze kōri wo toku "East Wind Melts the Ice" the first micro-season of *Risshun*, lasts from February 4th until February 8th. Even though winter's chill lingers, the easterly winds start to melt the snow and ice.

The *ume* "Japanese apricot flowers," which begin to bloom around this time, are native to China but have been much beloved in Japan since ancient times. *Uume* is poetically known as *harutsugekusa* "spring announcing plant," or *kazamachikusa* "plant awaiting the breeze."

Early spring delicacies of the mountains and sea include *fuki no to* (butterbur sprouts), *fukimiso* (miso flavored with butterbur), and *shirauo* (ice goby), a seasonal fish known for its delicate taste and often enjoyed as *odori-gui* "dancing fish eaten raw."

Hatsu uma, a festival of Fushimi Inari shrine in Kyoto, is held on the first day of the horse in the second month and related ceremonies are held at Inari shrines nationwide. Besides *Hatsu uma*, during this period is *Okotohajime* "the beginning of things," which is observed on February 8th. It marks the beginning of agricultural activities and household preparations for the new year. On the same day, *Hari kuyō* is observed by people working with needles to honor broken or old needles by ritually disposing of them.

Although it is officially spring, the annual Sapporo Snow Festival is held from February 4th to 11th, attracting visitors from around the world who come to see fantastic sculptures made of snow and ice.

❖二十四節気：立春 *Risshun* 次候❖

【第二候】黄鶯睍睆　こうおうけんかんす

2nd Micro-season: Yellow Warblers Begin to Sing (*Kō-ō kenkansu*)

●二十四節気における時期

　立春の第二候は黄鶯睍睆と言います。平易な言葉で「うぐいす鳴く」と表現されることもあるこの候の期間は、2月9日ごろから13日ごろまでの5日間です。その名のとおり、そこかしこでウグイスの鳴き声が聞こえ始め、心身ともに春の息吹を感じる時候です。黄鶯は正確には「コウライウグイス」と呼ばれるウグイスの一種ですが、この第二候に言う「黄鶯」は私たちが春先に、その声を聞くふつうのウグイスのことです。

　ウグイスの鳴き声が聞こえるのは、何も山里や農村または山間地だけではありません。広い庭のある住宅が点在する住宅地や、岸辺に緑の多い池や川のほとりでも、この時候になると「ホーホケキョ」という音色が聞こえてきます。耳を澄ますと、この「ホーホケキョ」に、発声練習中の幼鳥のたどたどしい鳴き声が時折混じり、愛らしい気持ちになります。

　ウグイスが美しい音色で泣き始めるこの時期は、寒く、厳しく、長かった冬がどうやら終わりを告げるころになります。別名を春告鳥と言うこのウグイスのさえずりが聞こえ始めると、農作業中の人々は手を休め、道行く人々は歩みを止めて、すぐそこにやってきている春に思いをめぐませるのでした。

　このように春のイメージとして昔から人々に親しまれてきたウグイスですが、実際にはなかなか目にすることが難しい野鳥です。よほど目を凝らして藪の中や木々の間を探さないと見つけることができません。また、幸いに見つけることができても、その姿はきれいな音色や鶯色という言葉からは想像しにくい、暗緑褐色系の地味な色合いをした野鳥です。

●名付けの由来とエピソード

　この候の黄鶯睍睆は難しい漢字で構成されています。黄鶯はすでに前項で説明したとおりですが、「睍」は「目の出ているさま」や「小さい目のさま。またちょっと見るさま」を表し、「睆」は「大きな目」「目の出ているさま」「明らかなさま」「美しいさま」それぞれを表す漢字です。

その2つの漢字が合わさった「睍睆」は、「声の美しいさま」や「うるわしいさま」を意味します。中国最古の詩集と言われる『詩経』(紀元前500年ごろ)に「睍睆黄鳥(ケンカンたるコウチョウ)」という一節があり、そこから生まれた熟語です。睍睆黄鳥は「うつくしい声で鳴くうぐいす」という意味です。黄鳥はウグイスの異名であり、またコウライウグイスの異称でもあります。

ウグイスはスズメ目ウグイス科ウグイス属の鳥で、全長は雄が約16センチ、雌が約11センチ、上面が緑褐色、腹部は白く、淡色の眉斑(目の上にある眉状に見える線)があります。古い時代から、その美しい鳴き声を楽しむために飼育もされてきました。鳴き声はホーホケキョと言う雄のさえずりとチャッ、チャッと言う地鳴きに特徴があります。

●自然の恵みと風物詩

人々のウグイスを思う気持ちがこの野鳥に、たくさんの異名を与えてきました。春告鳥・春鳥・花見鳥・歌詠み鳥・匂い鳥・人来鳥・百千鳥・愛宕鳥・金衣公子・黄粉鳥などですが、最初の春告鳥には春の到来を恋い焦がれる昔の人々の気持ちがよく表れています。

鳥や虫の、その年あるいはその季節最初の鳴き声を初音と言いますが、特にウグイスの鳴き声を初音と言うのがふつうです。自然界では、その初音に呼応するかのようにさまざまな鳥や虫たちが目覚め始めます。この初音により春到来も極めて近いことを皆が知るのです。

ところでウメを春告草と言い、ウグイスを春告鳥と言うのであれば、春告魚もあるはずです。実は、ニシンがその春告魚です。ただし、地域によっては春先によく獲れる体長20センチ前後の、煮魚として人気のあるメバルのことを春告魚と呼ぶところもあります。ニシンは寒流系海水魚で、古くから身近な食用魚として、またその熟した卵巣は正月のお節料理には欠かせない「数の子」として、それぞれ親しまれてきました。ニシンの定番料理といえば、ニシンの煮物・ニシンの塩焼き・身欠きニシンの甘露煮などがよく知られます。

春到来も近い、という時節の旬の食材のひとつにバカガイ科の二枚貝バカガイのむき身であるアオヤギがあります。アオヤギに旬の食材である菜の花・分葱・わかめ・レモン汁・野菜の和え物を加え、酢味噌であえた「ぬた」などはまさに春を感じさせてくれる料理と言えるでしょう。

この時期の味覚といえばウグイスの名前そのものが付いた「うぐいす餅」ということになります。うぐいす餅は、こねた白玉粉に水あめや砂糖を加えて練り、蒸した後に薄い餅のようにした生地（求肥と言う）あるいは甘味をつけた餅で餡を丸く包み、それを楕円形にし、ウグイスの形に仕上げ、うぐいす粉をまぶした和菓子です。うぐいす粉は、青大豆を炒って粉にした淡い緑色をしたきな粉のことで、熟しても青いままの大豆を使って作ります。最近では、生地によもぎを混ぜて緑色にし、その上にきな粉をまぶすものもあります。一説には、昔豊臣秀吉があるお茶会で献上された餅菓子を大変気に入り、その形がウグイスに似ていることから鶯餅と命名したと言われます。

●**関連する年中行事と祭り**

この黄鶯睍睆の候に行われる祭りの代表的なものと言えば、秋田県男鹿市の真山神社で行われる神事「柴灯祭」と伝統行事「ナマハゲ」を組み合わせた「なまはげ紫灯まつり」をあげることができます。この祭りは、1964年に始まった比較的新しい観光行事で、毎年2月の第2金曜日から日曜日にかけて行われます。

なまはげ紫灯まつりは、神社の境内で赤々と焚かれた柴灯火のもと、男鹿地方に独特の伝統的行事である「祓い神楽」を真山神社に奉納する「湯の舞」と、古式豊かな湯立て神事である「鎮釜祭」で幕を開けます。その後、ナマハゲに扮する近隣の若者たちが、それぞれ神職からお祓いを受けた面を冠り、ナマハゲになって、山へ入ります。

真山神社の神楽殿においては、男鹿市各地で毎年大晦日に行われている伝統行事「男鹿のナマハゲ」の再現や、お面と衣装がそれぞれ異なる男鹿各地のナマハゲが登場する「里のなまはげ」、さらにはすでに郷土芸能として定着した勇壮な「なまはげ太鼓」の演奏が繰り広げられます。

祭りが終わりに近づいてくるころに、下山したナマハゲが観客であふれる境内を練り歩きます。そして、神官から柴灯火で焼かれた護摩餅がナマハゲに捧げられ、ナマハゲは山の神のもとへ戻っていきます。「なまはげ紫灯まつり」は、青森県の「八戸えんぶり」と「弘前城雪燈籠まつり」、岩手県町の「いわて雪まつり」、秋田県の「かまくら（横手の雪まつり）」など東北の冬を彩る「みちのく五大雪まつり」のひとつです。

第II部 二十四節気と七十二候　21

●わかりやすい英語による説明

Yellow Warblers Begin to Sing "*Kō'ō kenkansu*," the second micro-season within the *Risshun* solar term, spans five days from February 9th to the 13th. During this time, the melodies of yellow warblers, particularly the *uguisu* (Japanese bush warbler), herald the arrival of spring. Their song, *ho hokekyo* which sounds like the well-known phrase of the Heart Sutra, fills the air, and attentive listeners may catch the chirps of fledglings practicing their songs.

These songs mark the end of a prolonged winter, earning the bush warbler the poetic name *harutsugedori* "spring announcing bird." Whether in rural landscapes, spacious gardens, or riversides, the *uguisu's* song symbolizes renewal for both nature and people.

The term *Kō'ō kenkansu* is formed from four Chinese characters. *Kō'ō* refers to the yellow warbler and *kenkansu* conveys the beauty of it singing. This term first appeared in the oldest collection of Chinese poetry, the *Shijing* "Book of Odes" (circa 500 BCE), which describes the yellow warbler's beautiful song.

Also closely associated with early spring are herring and dark-banded rockfish which are called "spring announcing fish." Another spring delicacy is the surf clam which is marinated with seasonal ingredients like rapeseed flower, green onions, seaweed, and vinegar miso in a dish called "*nuta.*"

A representative sweet of the micro-season is *uguisu mochi* which is made with rice flour, sweet bean puree, and a dusting of *uguisu-ko*, a green powder made from roasted soybeans.

Occuring during this micro-season is a representative festival of early spring, the Namahage Sedo Festival at the Shinzan Shrine, Akita Prefecture. During the festival, *namahage* (demon-like deities) go from house to house to admonish laziness and ensure good harvest and good health. The namahage Sedo Festival is one of the Five Great Snow Festivals of the Northeeastern Tohoku Region. As winter yields to spring, these traditions and delicacies enrich the cultural richness of this period.

❖二十四節気：立春 *Risshun* 末候❖

【第三候】魚上氷　うおこおりにあがる

3rd Micro-season: Fish Surface under Ice（*Uo kōri ni agaru*）

●二十四節気における時期

　聖バレンタインデーの2月14日あたりから始まり18日ぐらいまで続く時候を魚上氷と言います。現代では、また都会では、目にする機会がほとんどなくなりましたが、昔の日本では寒冷地だけではなくその他の地域でも、寒い朝に小川のよどみや池や沼、そして小さな湖の水面が凍りついているのをよく見かけたものです。

　運がよければ、そしてよく目を凝らしてその薄く張った氷を眺めていると、その下でゆっくりと動く小さな魚を見つけることができました。それからしばらく経ち、寒さが少し和らいできたことを感じ始めるころに同じ場所へ行ってみると、その氷がとても薄くなり、さらに一部では解け始めているのに気づきます。

　長い冬の間、冷たい氷の張った池・川のよどみ・沼・湖の水面下でおとなしくしていた魚が、春の訪れとともに元気よく泳ぎ回り始めます。魚の中には春の息吹を感じ、一部ではすっかり薄くなったその氷を、下から突っついて飛び出してくる元気の良い魚もいたりします。

　古人は、きっと春先の薄氷の下で元気よく泳ぎ回っている魚たちや、氷を蹴破って飛び出してくる元気いっぱいの魚にみなぎるばかりの生命力を感じ、また待ちに待った春の到来を喜んだのでしょう。そのような気持ちがこの魚上氷という言葉によく表れていると思います。

●名付けの由来とエピソード

　薄く張った氷を薄氷といいます。この薄氷は日常用語として「薄氷を履む思い」などと、非常に危険な状態に臨むことのたとえとしてよく使われます。この言葉は、足を乗せればすぐにでも破れてしまい、水中に没してしまうほどに薄くて頼りがいのない氷の状態をよく表しています。

　昔の人々は、薄氷にそのような消極的な意味合いを与えないために、自然界の氷の状況を表す場合に、この漢字を「うすごおり」あるいは「うすらい」と読んでいました。ちなみに、PCで「うすらい /usurai」とキー

ボードを打つと薄氷と表記されます。この「うすらい」は氷を「ひ」と呼ぶところから生まれた「うすらひ」が訛ったものです。薄氷は氷にひびの入った様子を表した模様（図案）の名称でもあります。また、その模様を活かした富山県の伝統ある銘菓「薄氷」の名前にもなっています。

この薄氷のことを別名で「蟬氷」と言います。蟬氷は、俳句の冬の季語にもなっている素敵な言葉ですが、蟬の翅のように薄く張った氷を意味します。寒い朝に、庭先やベランダに置いてある金魚鉢や、その他の水を張った容器を覗いてみるとその表面が凍っていることがあります。そこに出来ている氷をよく見ると、それは鏡のように滑らかではなく、いくつかの筋がうっすらと浮き出ていることさえあります。

春先であれば、その氷も大変薄いもので朝の光を受けて筋のようなものが見えるときもあります。古人は、そのような氷を透明な蟬の翅にたとえたのでした。昔の人の観察眼と表現力には驚くばかりです。多くの種類の中で、透明な翅を持っている代表的な蟬といえば、体長約6センチのミンミンゼミ、同約5センチのクマゼミ、そして同約4.5センチのツクツクボウシです。

●自然の恵みと風物詩

氷と魚の組み合わせということから、「ワカサギの氷上穴釣り」あるいは「氷上ワカサギの穴釣り」を思い起こす人も多いことでしょう。開放感たっぷりの大自然に囲まれて、凍った湖面に穴を開け、釣り糸を垂らす風景は冬の風物詩そのものと言えます。春に産卵期を迎えるワカサギは、冷たい冬を過ごすために最も脂が乗り美味しくなります。2月から3月の、特にこの魚上水の時期前後がワカサギ釣りの最盛期と言えます。

この氷上ワカサギ釣りは、厚い氷が張った湖で行うため気温が低い北海道や東北地方、また長野県などで盛んです。人気のある釣り場は、北海道の網走湖と阿寒湖・岩手県の岩洞湖・福島県の桧原湖・長野県の松原湖などです。ワカサギは丸ごと食べられるため、釣ってすぐに凍った湖上で、天ぷら・唐揚げ・フライなどにして楽しむ人も多いです。

ワカサギはニシン目キュウリウオ科に属し、汽水域にも淡水域にも棲む魚ですが、カルシウムが豊富で、100グラム当たりの量はイワシの2倍、牛乳の4倍にもなると言われます。ワカサギの漢字には鰙・公魚・若鷺などありますが、ふつうは公魚と書きます。それは、江戸時代に常陸国の麻

生藩が、領内の霞ヶ浦（日本で琵琶湖に次ぐ2番目に大きい湖）で獲れるこの魚を将軍家に献上していたことに由来します。公魚は「公儀御用魚」であり、将軍を表す「公方」様への魚という意味でした。

この時期の代表的な野菜として高菜をあげることができます。高菜は最近では、高菜チャーハンや高菜パスタ、あるいは高菜のおにぎりとして広く知られるようになりましたが、昔から塩漬けにして発酵させた高菜漬けが有名です。高菜は、アブラナ科の葉野菜で主な産地は九州です。九州の高菜は長野県の野沢菜、広島県の広島菜と並んで「日本三大漬け菜」のひとつとして全国的にも有名な漬物です。

●関連する年中行事と祭り

この時期に始まる大きな祭りに茨城県水戸市で1ヶ月間近く開催される「水戸の梅祭り」があります。その会場となるのが水戸市内の偕楽園と弘道館です。偕楽園は「衆（領民）と偕に楽しむ場にしたい」という願いを込めて水戸藩第9代藩主の徳川斉昭公が1842年につくり、領民の休養所として開園されました。弘道館は文武を学ぶ学校として1841年に斉昭公により創設された藩校です。

水戸の梅祭りはこれらの由緒ある会場で開催されますが、偕楽園には約100品種3,000本ものウメが、そして弘道館では60品種800本のウメが、春の訪れを告げるように、それぞれ可憐なウメの花を咲き競います。これら4,000本近くのウメの花にはさまざまな品種がそろっています。そのため、早咲き・中咲き・遅咲きと種類によって開花時期が異なり、長い間にわたって梅見を楽しむことができるのがこの梅祭りの特徴です。

魚氷上の最終日ごろにあたる2月18日には岐阜県揖斐川町で勇壮な郷土芸能の谷汲踊が披露されます。谷汲踊は2月の豊年祈願祭のほか、春の桜祭りと秋の紅葉祭りの時にも上演されますが、約800年前の武者踊りを原点とするそうです。江戸時代に農民が雨乞いのためにこの踊りを奉納したところ、たちまち慈雨が降ったと伝わります。

1組12人の衆が、長さ4メートルの鳳凰の羽根を模ったシナイを背負い、直径70センチの大太鼓を抱えて踊ります。踊り手が太鼓をたたき、シナイを揺らして踊る様はまさに勇壮華麗なものですが、鉦鼓、ホラ貝、横笛、拍子木の伴奏に、唄やお囃子が加わり、賑やかな祭りになります。

第Ⅱ部　二十四節気と七十二候　**25**

●わかりやすい英語による説明

Uo kōri ni agaru "Fish Surface Under Ice" begins around February 14th and continues until the 18th. In the past, it was common to see the frozen surfaces of streams, ponds, and small lakes during chilly mornings. Beneath the surface, small fish could be seen moving leisurely. As the cold began to ease, the ice became very thin and fish that had remained quiet beneath the ice began to swim more actively. The ancients sensed the vitality of fish swimming beneath the ice and rejoiced at the much-anticipated arrival of spring. Their acute perception and expressive power were truly remarkable.

The period around Fish Surface Under Ice, from February to March, is considered the peak season for *wakasagi* ice fishing, because the fish accumulated much fat during the cold winter, making it particularly delicious. *Wakasagi* fishing is popular in regions with thick ice, such as Hokkaido, Tohoku, and Nagano. Since the fish can be eaten whole, people often enjoy them in dishes prepared on the frozen lake directly after catching them.

A representative vegetable during this period is *takana* "Japanese mustard greens." *Takana*, a leafy vegetable in the mustard family, is primarily produced in Kyushu and is enjoyed in fried rice, pasta, and *onigiri* "rice balls," and traditional fermented pickles.

A major festival beginning around this time is the Mito Ume Festival held in the historic Kairakuen and Kōdōkan gardens in Mito City, Ibaraki Prefecture. The festival features around 3,000 plum trees of approximately 100 varieties and 800 plum trees of 60 varieties in the respective gardens.

On February 18th, *Tanigumi odori* is held in the town of Ibigawa, Gifu Prefecture. This distinctive local performing art is rooted in an 800-year-old warrior dance. During the Edo period, farmers offered this dance as a prayer for rain, which was miraculously answered. A group of twelve performers with 4-meter phoenix feather-shaped decorations made of bamboo attached to their backs perform vigorous dances.

❖二十四節気：雨水　Usui 初候❖

【第四候】土脉潤起　つちのしょううるおいおこる

4th Micro-season: The Earth Becomes Moist（Tsuchi no shō uruoi okoru）

●二十四節気における時期

　二十四節気の第一中気雨水は、新暦の2月19日ごろに始まります。雨水は文字通り、雨の水、すなわち雨水という意味ですが、作物や草木を潤し育てる、春先に降る慈雨を意味します。

　このころになると、気温は上昇し始め、校庭や公園、また道路脇や山間地の地面を覆う霜柱を明け方に見ることもなくなり、大気も大地も潤い始めます。「土が潤い起こる」と平易に表記されることもある土脉潤起は、この雨水の初候にあたり2月23日ごろまでの5日間となります。

　寒かった冬も終わりを告げ始め、気温も上がってきます。それまで降っていた雪も雨に変わります。また、冷たく張り詰めた氷も解けだし、大地を覆う土も春の準備を整え始めるのです。このころに降る雨は、作物や草木にとり、さらには農家の人々にとってまさに慈雨あるいは恵雨といえるものでしょう。この慈雨のおかげでそれまで固かった土中も少しずつ潤い、あるいは湿り始め、土の色すらもみずみずしく変化してきます。

　このように、土脉潤起は、春の雨により大気だけではなく、大地が潤い始め、さまざまな草木類や土中の虫類、そして冬眠明けの動物たちを温かく迎える準備が整う2月中旬の時候になります。

●名付けの由来とエピソード

　土脉潤起の2つ目の漢字「脉」は山脈・地脈・血脈の「脈」の俗字です。俗字とは、正しい漢字ではないが、世間一般に通用している漢字のことで、卒を卆、あるいは館を舘と書き表すことです。したがって、土脉は「地脈」を意味します。地脈は、地層の筋道や大地のうねうねとした連なり、また地中の流水の通路を意味する言葉です。

第Ⅱ部　二十四節気と七十二候　**27**

「脈」の意味は2つありますが、いずれも「筋状で続いているもの」を意味します。脈は、医学や生理学では血管や動脈または静脈を表し、自然地理学や土壌学では「山脈や水脈などのように、筋になって続いているもの」という意味で用いられます。

後半の2文字「潤起」はまさに「うるおい起きる」ことですが、土が潤い始めることです。日本語には「泥濘む」や「泥濘」という言葉がありますが、前者は雨や雪などの後、地面が水を含んで泥深くなる、また泥深くて歩きにくいことを意味します。後者はぬかっているところや泥深いところのことです。土脉潤起は、地面のこのような状況を意味するだけではなく、あくまでも春に芽生える草木とそれを暖かく迎える準備の整った大地との関係を表す言葉です。まさに春の息吹を感じさせてくれる四文字熟語になっています。

●自然の恵みと風物詩

この時候によく知られた自然現象といえば春一番ということになります。春一番は、立春と春分の間で最初に吹く強い南寄りの風のことであり、海上は大荒れとなります。気象庁が管理する各地また各管轄下の気象台では、この風が観測されると「春一番」としてその情報を公表します。

この時期の風物詩のひとつに、長野県や岐阜県の農家で行われる寒天干しがあります。寒天は、日本人には馴染みの深い心太や、羊羹などの和菓子類、また冷菓あるいは冷製料理に使うゼリーなどの材料を指す言葉です。寒天はその原料となる紅藻類テングサ科の海藻を茹で、その煮汁を凍結し乾燥させたものですが、その製造過程が「寒天干し」という独特の美しい風景として多くの人々を魅了します。

長野県の茅野では、このゼリー状に固まったものを4センチ角の細長い棒状に切り分け、それを夕方になると田畑に作った干し台に並べます。夜間の冷え込みで凍結した棒状のゼリーは朝になると水分が失われていき、それと同時に太陽光により脱色されて真っ白になります。この工程を約2週間繰り返すことで寒天が出来上がります。

白い寒天棒が夜露と太陽に晒される田畑からは、遠くに冠雪した高い山々を眺めることができます。現地を訪れる人々は、そのような美しい大自然のもとで12月から始まり、多くの田畑の上に広がる寒天干しの白さをこの時期特有の景観として楽しむことができます。

この候の旬の食材といえば、野菜ではアシタバ（明日葉）を、そして魚類ではホウボウをあげることができます。アシタバは、関東地方南部から東海地方を経て紀伊半島に至る太平洋岸の地域や伊豆諸島の沿岸に育つセリ科の多年草で、若葉を食用にします。アシタバは、葉を摘んでも翌日にはすぐに若葉が出てくるほどに生命力が強いというのが、その名の由来であるといわれます。料理としては、おひたしや和え物、天ぷらや炒め物から汁物の具材など広く利用されています。

ホウボウはホウボウ科の硬骨海産魚で、魴鮄あるいは竹麦魚とも書き表します。全長約40センチで、赤紫色をし、大きな胸びれに特徴があります。「ほうぼう」の名は、餌を探すために大きくて広いその胸びれを使って「海底を這う魚」（はうばう）というところからきているといわれます。味は淡白で、美味な魚としても知られます。

●**関連する年中行事と祭り**

この時期の年中行事のひとつに、太子会とそれに関連する行事があります。太子会は、聖徳太子の忌日である２月22日に太子にゆかりの深い京都の広隆寺で行われる法会です。「きにち」とも読まれる忌日とは人の死亡した日と日付の同じ日のことで、命日ともいいます。法会は死者の追善供養をすることで、法要とも呼ばれる仏事のひとつです。

毎年２月22日と23日の２日間にわたって聖徳太子の縁日法要として京都太秦の広隆寺で開催される太子会では、恒例の稚児行列の他に境内には多くの露店が立ち並びます。さらに、大工や左官など建築関連の職人の神様として慕われてきた聖徳太子を偲んで、植木市や金物市なども同時に開催され、多くの参拝客でにぎわいます。

全国的にウメが咲き誇るのもこの時期です。日本一の梅の里として知られる和歌山県みなべ町にある南部梅林は、日本最大級の広さを誇り、辺り一面にかぐわしいウメの香りを漂わせます。なだらかに続く山なみの斜面に見渡す限りのウメの花が咲き誇り、白く霞のかかったように見える絶景が広がります。南部梅林は、昔から「一目百万、香り十里」と謳われてきましたが、まさにそのとおりの景観と香りを楽しむことができます。南部梅林の開園は１月末から３月初めごろまでですが、この開園時期全体を「梅まつり」と称し、この期間中にはさまざまな催しが行われます。

●わかりやすい英語による説明

Usui "Rainwater", the second in the 24 solar terms, begins around February 19th. *Usui* literally means "rainwater." The snow that had been falling changes to a gentle rain that nourishes the land and vegetation.

Tsuchi no shō uruoi okoru "The Earth Becomes Moist" corresponds to the beginning of *Usui* and lasts until February 23rd. *Shō* means "ley lines," the path of flowing underground water. The latter two words *uruoi okoru* mean "moisture awakening," indicating the accumulation of moisture in the soil that enriches the earth to bring forth vegetation in the spring.

A well-known natural phenomenon during this time is *Haru ichiban*, the "First Wind of Spring," a strong south wind that blows between the start of spring and the spring equinox causing rough seas.

One of the iconic scenes of early spring is *kantenboshi* "drying agar," a substance used in Japanese cuisine, as well as in cold desserts. In Chino, Nagano Prefecture, solidified agar jelly made from the broth of red algae (Tengusaceae) is cut into long, thin sticks and placed on drying racks set up in the fields in the evening.

Of the many notable seasonal vegetables is *ashitaba* (a member of the celery family, Angelica keiskei). The name "*ashitaba*" comes from the fact that its leaves quickly sprout the day after being picked, indicating its strength and vitality.

Hōbō (spiny red gunnel, Triglidae), is a fish that crawls along the seabed using its large, wide pectoral fins to search for food. It is known for its delicate and delicious flavor.

The Taishi-e, a Buddhist memorial service to observe the anniversary of Prince Shotoku's death, is held on February 22nd at Kōryūji Temple in Kyoto. In addition to the traditional procession of *chigo* "consecrated children," many food stalls line the temple grounds.

By this time, all of the *ume* blossoms are at their peak nationwide. The grove in Minabe Town, Wakayama Pref., is said to be the largest in Japan with blossoming trees covering the surrounding mountains.

❖二十四節気：雨水 *Usui* 次候❖

【第五候】霞始靆　かすみはじめてたなびく

5th Micro-season: Mist Begins to Drift（*Kasumi hajimete tanabiku*）

●二十四節気における時期

　二十四節気「雨水」の次候である霞始靆は 2 月24日ごろから同月末までの 5 日間を表す言葉です。その字句のとおり、山間部や山裾に霞がたなびき始める時候に当たります。霞とは、大気中の微細な水滴が空中に浮遊するために空がぼんやりとして、遠方がはっきりと見えない状況をいいます。霞は大気の気温差が大きいときに生じるもので、そのような気候となる春先によく見られる現象です。

　霞は春先に多い気象現象ですが、特にこのころの時期に立つ霞を春霞と呼び、「四方の山々に春霞がたなびく」などといいます。都会ではなかなか見ることもできませんが、遠くに山々を望むようなところでは、朝方や午前中にその山々がぼやけて見えることがあります。

　次項で詳しく説明しますが、霞に似たような現象を表す言葉に霧と靄があります。霞と靄が同義語のように使われることもありますが、気象用語としては正確ではありません。また、霧、靄、霞にはそれぞれ季節感があります。一説には、平安時代に霧が秋の言葉として使われるようになり、霞が春の言葉として使用されるようになったといわれます。現代でも季語としては、霞は春、そして霧は秋に分類されています。

●名付けの由来とエピソード

　実は、古くから親しまれてきた霞という言葉は、気象用語ではありません。しかし、日常では、大気の一部がぼんやりと白っぽく見える状態のことを「霞がたなびく」と表現します。「たなびく」は漢字で「棚引く」と書き、雲や霞、または煙が薄く横に長く引く状態、あるいは雲霞のように長く集め連ねる状況を意味します。

　いっぽう、「靄」と「霧」は公認の気象用語です。靄は大気中に低く立ち込めた細霧（さぎり）や煙霧などのことで、気象観測では水平視程が 1 キロメートル以上の場合をいいます。水平視程が 1 キロメートル未満の場合には、それを霧と呼んで区別しています。ただし、靄のことを霞と呼

第II部　二十四節気と七十二候　31

人も、また地域もあります。視程とは、大気の混濁度を示す尺度で、適当に選んだ目標物が見えなくなる距離で表示します。水平視程とは、平たくいえば、あるものを「見通せる距離」ということです。

　大気中の水蒸気が凝結し水滴となって浮遊し、視界が悪くなる気象現象が靄であり霧ですが、見通せる距離が1キロメートル未満の状態を指す霧の場合には「濃霧」という用語もあります。濃霧は、気象観測では200メートル未満の霧をいいますが、海上注意報の基準は視程500メートル未満が通例となっています。

　前述したように、霞は「たなびく」といいますが、靄の場合には「靄がかかる」といい、霧の場合には「霧が立ちのぼる」というのがふつうです。さらに、人々が天候の状態や見た目の景色を語るときにも、靄・霧・霞にはそれぞれに特有な動詞や形容詞が使われるので注意が必要です。例えば、靄の場合には「朝靄が立ちこめる」、霧の場合には「霧が深い」、そして霞の場合には、前言したとおり、そしてこの第五候「霞始靆」にあるとおり「春霞がたなびく」といいます。なお、霧の場合にも、「かかる」や「立ちこめる」という動詞が使われることもあります。

●自然の恵みと風物詩

　春の到来も間もないこの時期に食卓を飾るものに「イカナゴの釘煮」があります。スズキ目イカナゴ科の魚をイカナゴと呼んでいますが、その稚魚を醤油・砂糖・生姜などで甘辛く煮た佃煮がイカナゴの釘煮です。瀬戸内海沿岸地域（特に播磨・摂津・淡路地域）で古くから作られている郷土料理ですが、出来上がったその姿が赤錆びて曲がった釘のように見えることから釘煮と呼ばれるようになりました。

　毎年ちょうどこの時候にイカナゴ漁が解禁となりますが、体長3センチほどの新子（稚魚）が獲れるのは4月までの間だけで、上記地域の鮮魚店には新子を求める客が行列を作ります。街中にイカナゴを炊く醤油・砂糖・生姜の香りが充満し、イカナゴの香りがすると春がやってくるといわれます。まさにイカナゴの釘煮は瀬戸内の春の風物詩といえます。

　春の風物詩といえば、この時期に行われる野焼きもよく知られます。野焼きは、新しい草がよく生えるようにと早春のうちに枯れ草に火をつけて野を焼くことです。野焼きといえば奈良の若草山が有名ですが、その他にも山口県秋吉台の山焼きや、京都大原の野焼きなども有名です。その他に

も昔は、野焼きは広い地域で行われていたのですが、最近では出る煙を公害と見なすところも多く、野焼きを禁止する自治体が増えているようです。

この時期の代表的な植物に菜の花があります。菜の花は春の料理として「菜の花の辛子和え」などにも使われますが、鑑賞用としてもよく知られます。菜の花という特定の植物はなく、アブラナ科アブラナ属の花、菜種の花、また油菜それ自体も菜の花と呼んでいます。

●関連する年中行事と祭り

前項でも述べたように菜の花は観賞用としてもよく知られ、多くの地域で菜の花祭りが開催されます。菜の花の開花時期は、2月～5月ですが、初春から咲き始め、鮮やかな黄色の花が公園や菜の花畑一面に広がります。菜の花祭りは最も早い1月中旬から最後となる5月上旬まで、全国各地で数多く開催されます。その見頃は地域によってそれぞれ異なるものの、ちょうどこの霞始靆に当たる2月下旬から3月初旬に、その地方独自の「菜の花祭り」が開催されるところが多いです。

2月下旬辺りがちょうど見頃となる菜の花祭りには、それぞれ50万本から1,000万本もの菜の花を誇る福岡県朝倉市・千葉県館山市・大阪府堺市南区・高知県四万十市などが独自の名称で開く祭りがあります。

この時期に開催されるもうひとつの大きな花祭りが、伊豆半島の東海岸南部にある静岡県賀茂郡河津町で毎年2月上旬から約1ヶ月間にわたり開催される「河津桜まつり」です。この河津町名産の河津桜は、同地で毎年2月上旬から3月上旬までにわたって咲く早咲きの桜ですが、早咲きの特徴と伊豆地方の温暖な気候という特色を活かして、開花し始めてから満開までに約1ヶ月間を要します。この点が、満開の時期が短く咲いてすぐに散り始める他の桜と大きく異なる点です。

河津桜まつりは、毎年約100万人の花見客が訪れるという規模の大きい祭りで、河津川沿いに咲き誇る約850本もの河津桜をはじめ、河津町全体で約8,000本にも及ぶ桜を楽しむことができます。

この河津桜まつりの期間中は、桜の見どころとなる場所に多くの露店が立ち並び、さまざまな催し物が開かれ、町全体がお祭りモード満開となり、幻想的な「夜桜ライトアップ」が多くの観光客を魅了します。

第Ⅱ部　二十四節気と七十二候　**33**

●わかりやすい英語による説明

Kasumi hajimete tanabiku "Mist Begins to Drift" refers to the period from around February 24th to the end of the same month. It marks the time when mist begins to drift in mountainous areas or in the foothills. A common phenomenon observed in early spring, mist causes the sky and distant objects to appear hazy and unclear.

Tanabiku means a condition in which clouds, mist, or smoke appear thinly and horizontally extended, or a situation in which clouds and mist gather and line up horizontally.

One of the delicacies of this period is the sand eel (Perciformes) which is featured in *kugi ni* "nail braising," a dish of sand eels cooked in a sweet and salty flavoring liquid. It is a specialty of the coastal areas of the Seto Inland Sea where it is a symbol of spring.

Noyaki "controlled burning of field" involves setting fire to dry grasses to promote the growth of new grass in the spring. Mount Wakakusa in Nara is famous for its *noyaki*, but there are also mountain burns in Akiyoshidai, Yamaguchi Prefecture, and field burns in Ohara, Kyoto.

A representative plant of this season is the *nanohana* (yellow rapeseed plant), which appears in spring dishes like *nanohana no karashi ae* "rapeseed flowers marinated in mustard sauce." *Nanohana* is also well-known for its beautiful, bright yellow flowers, and local *nanohana* festivals are held in Asakura City, Fukuoka Prefecture; Tateyama City, Chiba Prefecture; Minami Ward, Sakai City, Osaka Prefecture; and Shimanto City, Kochi Prefecture. Each boasts between 500,000 and 10 million *nanohana*.

Another major flower festival is the popular Kawazu Sakura Festival, in Kawazu, Shizuoka Prefecture. In the early spring, over 850 Kawazu cherry trees bloom along the river and 8,000 trees flower throughout the town because of the warm climate of the Izu peninsula. These sakura stay beautiful for about a month, unlike other varieties that only last for short time and then scatter very quickly.

❖二十四節気：雨水 *Usui* 末候❖

【第六候】草木萌動　そうもくめばえうごく

6th Micro-season: Sprouting of Greenery（*Sōmoku mebae ugoku*）

●**二十四節気における時期**

　雨水の最後の候「草木萌動」は、大気だけではなく、大地も潤いを取り戻し、やわらかくなった土の中から草木がそろそろ芽を出しはじめるころをいい、新暦では 3 月 1 日ごろから 5 日くらいまでの期間を示します。

　体感的なものというよりは、むしろ感情的なものなのでしょうが、2 月という響きがまだ寒い冬の感じを残すのに対して、3 月と聞いただけで、長い間待っていた春がとうとうやってきたと感じます。このころになるとコンクリートジャングルの都心でさえ、わずかに残された路傍の細い土面や、あるいはアスファルトのわずかな隙間からも勢いよく緑の新芽を出しはじめる雑草を目にし、その力強さに感動することがあります。

　旧暦また新暦においても 3 月の別称を弥生といいますが、「弥」には「一面に覆う、みなぎる、満ちる」という意味があります。月名の弥生の語源としては、この月になると、春になって萌え出た草花がいよいよ成長するため「いやおひ（弥生）月」という、とか草木が「ややおひ（漸々成長）」する月だから、などという説があります。

●**名付けの由来とエピソード**

　草木萌動は、字句のとおり解釈すれば、「草と木が芽生え動き出す」ということになりますが、最後の「動」は「動く」というよりはむしろ、「始める」という意味の「出る」の方に重きが置かれているようです。その証拠に草木萌動のふりがなとして「そうもくめばえいずる」としている文献が多いことをあげることができます。

　草木が芽を出しはじめることを「芽生える」といいますが、「芽生える」は物事が起こり始めることも表し、「愛が芽生える」や「友情が芽生える」などと言ったりします。また、草や木の芽が出ることを「萌える」とも言い表します。何かことが始まろうとしている、という意味の他に、先立って現れる、などという意味を表すときにも「萌す」と同じ漢字を使います。このように、「萌」は芽生え（る）、たけのこ、兆す、兆し、おこ

り、はじめ、耕す、民、人民または農民、などを意味する漢字です。

　木の芽の出始めるこの時期を表す言葉に、春の季語ともなっている「木の芽時」があります。さらに「木の芽風」という季語もありますが、これは木々や草花が芽生える時期に吹く風のことです。ちなみに、旧暦の２月は「木の芽月」とも呼ばれていました。この時期に降る雨は「木の芽雨」、また晴れれば「木の芽晴れ」といい、昔の人々がこの時期の天気をどのように見ていたかがよくわかります。

　木の芽雨の同義語に「木の芽起こし」があります。これはそれまで厳しく長い冬を耐え忍んできた植物たちの芽生えを促し、静かに、また穏やかに降る雨のことです。「雨水」の末候である草木萌動にふさわしい言葉といえます。「木の芽起こし」は、冬をなんとか乗り切った植物に暖かな春の雨が降り、その雨が、それまで眠っていた木々や草花を目覚めさせ、それぞれの芽生えを促すという元気に満ちた表現です。

● **自然の恵みと風物詩**

　木々や草花が芽生える時期に、山や野に自生するウド・ワラビ・ゼンマイなどのいわゆる山菜が市場にも出回り始めます。それぞれに少し苦味がある山菜には薬用効果もあります。

　成長すると２メートルを超える高さになるウドはウコギ科の多年草で、その茎や若葉は食用としても柔らかく芳香がありますが、市場に出回るものは土で覆って軟白栽培したものです。料理としてのウドは、茎を和え物や煮物に、若葉や穂先は天ぷらやぬたに利用されます。その根は、発汗・解熱・鎮痛剤に効果があり、薬膳や漢方薬に使用され、神経痛や頭痛の痛みを緩和するのに効果があるといわれます。

　この時期の海の幸としては、ハマグリ（蛤）をあげることができます。「蛤の吸い物」や「焼き蛤」として食されますが、ハマグリが夏の産卵期に向けて栄養を蓄えるのがこの時期になります。ハマグリは、その姿形が山野に自生する山栗に似ているため、浜で獲れるクリを意味する「浜グリ」と呼ばれたのが語源であるといわれます。

　このハマグリですが、大きいものは殻の長さが約８センチに達し、殻の表面は平滑で、色や模様は変化に富む二枚貝で、内面は白く、その肉は古代から食用として利用され、日本人にはなじみの深い貝類です。ハマグリの特徴は、上下２枚の貝の噛み合わせが１組ごとに異なり、他のハマグリ

とは決して合わず、元の1組しかぴたりと合わないことです。そこから夫婦和合また夫婦円満の象徴として婚礼料理や、女性の健全な成長と貞淑さを願う雛祭りの料理に利用されてきました。

平安時代には、色々な模様に富むその美しい殻を利用して貝合という遊びが盛んに行われました。それは、現代のカードゲーム「神経衰弱」のようなものでした。ハマグリの殻を上下に離し、二手に分かれ、一方の出した貝の片身を他方が出し、うまく合えば後手の勝ちというようにして、勝敗を争ったゲームでした。ハマグリの殻には個々の特徴があり、同一のものでなければ合わないために勝敗ははっきりしていました。

●関連する年中行事と祭り

この候の代表的な祭りといえば、3月3日の雛祭りです。雛祭りは、古代中国の宮廷行事と日本古来の風習、そして平安時代の貴族階級の女子の遊びとが1つとなって生まれたものです。もとは、年に5回その季節の旬の食べ物を神に供え、それを食べることで邪気を払い、五穀豊穣・無病息災・子孫繁栄を祈る五節句のひとつでした。

3月の節句を上巳の節句ともいいますが、それは厄日であった3月最初の巳の日（上巳）に厄除けのため人々が神前に供物を捧げて祈り、海や川で身を清め、神前から下げた桃の花の酒を飲んで邪気を払ったからでした。そのため上巳の節句は「桃の節句」といわれるようになりました。

江戸中期になると雛人形が雛壇に飾られるようになります。当初は天皇と皇后の姿をかたどってつくった内裏雛と呼ばれる一対だけでしたが、その後官女・囃子方・武官・仕丁などを加えた段飾りになりました。

最上段の内裏雛ですが、関東では雛壇に向かって左側に男雛を、右側に女雛を並べます。京都を中心とする関西ではこの配置が逆になります。本来は、古代中国や日本で天子の座る位置とされた南面の位（南に向い左側の東から太陽が昇るため左側を君主の位とする）の趣旨からして、雛壇から見て左上位（雛壇に向かって右側）に男雛を置いていました。

しかし、1928年に昭和天皇が即位された際に、参列者に向かって右側を上位とする国際儀礼に則り天皇陛下が右側に、皇后陛下が左側に並ばれたことを受けて関東の雛人形業界が、雛壇に向かって左側に男雛を、右側に女雛を置くようにその位置を変更したといわれます。

第II部　二十四節気と七十二候　37

●わかりやすい英語による説明

Sprouting of Greenery "*Sōmoku mebae ugoku*," the last division of the Rain Water term, extends from around March 1st to 5th, and refers to the period when grasses and trees begin to sprout from the softened soil.

Yayoi, the old name of March, means covering entirely, overflowing, or becoming full. The sprouting plants and flowers of spring grow vigorously, heralding a month of abundance.

Wild mountain vegetables such as Japanese spikenard（Aralia cordata）, bracken fern（Pteridium aquilinum）, and fiddlehead fern（Matteuccia struthiopteris）begin to appear in the markets. Each of these slightly bitter mountain vegetables also has medicinal properties.

During this period, mollusks such as Manila clams are especially flavorful having stored up nutrients in preparation for spawning in summer. Manila clams are symbols of marital fidelity because the upper and lower shells are unique to each individual. During the Heian period, *kai awase* "matching shells" was a popular pastime of courtiers. Players attempted to match the separated shells with the winner being the one who matched the most pairs.

Hina matsuri "the Doll Festival" is celebrated on March 3rd to pray for young girls' health and development. The observance originated in ancient Chinese court ceremonies and later became integrated with traditional Japanese customs and leisure activities, such as *kai awase*, of Heian-period noblewomen. It was one of five seasonal festivals held to dispel evil spirits. Seasonal delicacies were offered to the gods and consumed as prayers for bountiful harvests, good health, and prosperity.

During the Edo period, *Hina matsuri* displays became very elaborate with dolls of attendants and many furnishings displayed on tiered shelves. Prince dolls were placed on the right side facing the display, and princess dolls, on the left side. This placement was based on the palace orientation of China and Japan. The south-facing seat of the monarch was on the left side, the direction from which the sun rises.

❖二十四節気：啓蟄 *Keichitsu* 初侯❖

【第七候】蟄虫啓戸　すごもりむしとをひらく

7th Micro-season: Hibernating Insects Emerge (*Sugomorimushi to wo hiraku*)

●二十四節気における時期

蟄虫啓戸は新暦の3月6日ごろから10日ごろまでを表す時候です。二十四節気の3番目「啓蟄」の初侯に当たります。啓蟄が始まる時期は、旧暦では2月の前半です。

「啓」は閉じていたものが開くという意味であり、「蟄」は虫が地中にとじこもるという意味です。啓蟄とは冬の間地中に閉じこもっていた虫が、春の温もりを感じて土から出てくることを意味し、啓蟄と「蟄虫啓戸」は同じ意味です。

初春から仲春へと季節が移り変わり、冬の間土の中にこもっていた虫たちが、這い出てくるような暖かさが到来するのが、この時期です。この時期に鳴る雷は「虫出しの雷」と呼ばれ、昔の人々は冬ごもりの虫が雷の音に驚いて這い出てくるものと考えていました。

二十四節気は中国から伝来したものですが、啓蟄のみ中国と表記が異なり、中国語では「驚蟄」と書きます。これは、いくつかの改暦の中で漢王朝の六代皇帝であった景帝（紀元前157～前141年在位）の諱である「劉啓」を避けたからだと言われています。現在でも、雷に驚いて虫が這い出てくるという意味も含め、中国では「驚」の文字が使用されています。かつて中国語では虫は人を含む動物の総称でしたが、生きとし生けるものすべてが、新たな活動に目覚める時期でもあり、ワラビやゼンマイ、フキノトウなどの春の山菜も土から顔を出します。

●名付けの由来とエピソード

前項で述べたとおり「冬ごもり（蟄）の生き物たちが、地上に出てくる」ことが蟄虫啓戸の由来ですが、この候は秋分の次候「蟄虫坏戸」と対になっています。寒さを覚えた虫たちが地中に姿を隠し、半年近い月日

第Ⅱ部　二十四節気と七十二候　39

を経て、この時期になってようやく姿を見せるのです。

　「蟄虫」はそれぞれの漢字に「虫」が登場しますが、「虫」という漢字は本来蛇や蝮を象った象形文字であり、昔は昆虫に限らず、蛇や蜥蜴、蛙なども虫と呼ばれていました。「虫」と言えば、立冬のころに松の木などに巻きつけておいた菰（こも：藁で編んだ敷物）を、虫が動き出すこの時期に取り外す「菰はずし」が行われる時期でもあります。江戸時代から大名庭園で行われてきたとされる害虫駆除法であり、現代でも続く手法です。この「菰はずし」が終わると春の訪れを感じることができます。

　蟄虫啓戸はその由来から、あらゆる生命が蠢きだす絶好の候とも言えますが、旧暦では 2 月の前半にあたります。一年の祭事や農作業の準備を始める事を「事始め」と言いますが、旧暦 2 月 8 日は関東地方で「事始め」にあたります。京都市にある虚空蔵法輪寺では、 2 月 8 日に神を迎えて慎んで 1 日を過ごすために「針供養」が行われています。

●自然の恵みと風物詩

　蟄虫啓戸の候は、春の野山に眠っていた新たな生命が目覚めます。生き物だけでなく、草花も芽吹くこの時期、スミレやツバキといった古くから親しまれている花が春の訪れを告げてくれます。

　最近の日本ではミモザが人気ですが、1975年には国連によって 3 月 8 日が「国際女性デー（International Women's Day）」に制定され、この時期に開花時期を迎えるミモザがこの「国際女性デー」のシンボルとなり、イタリアでは同日を「ミモザの日」と呼んでいます。近年、日本でも「女性の生き方を考える日」として、さまざまな活動が行われています。

　この時期に旬を迎える食材も多くあります。ニシン（鰊）やサワラ（鰆）は春の訪れを告げる魚として知られています。前述した通り、ワラビやゼンマイ、フキノトウなど春の山菜も旬を迎えます。ワラビは煮物、和え物などにして楽しむことができますが、京都ではワラビの根の部分からから採取するわらび粉を使用したわらび餅が京菓子として登場するのもこのころです。

　京都の貴船神社では、都の水源を守る「水の神」に 1 年の水の恵みを祈るため毎年 3 月 9 日には雨乞祭と呼ばれる神事が行われます。貴船神社は、水の供給を司る社として信仰を集める神社であり、この雨乞祭は、古代からの雨乞の儀を今に伝えるもので、一年の適量の降雨と、五穀が豊か

に実るようにと祈る神事です。京都は豊富な地下水に恵まれた土地で、その硬度の低さから昆布のうま味が出やすいことが知られ「京料理」にも大きな影響を与えてきました。

京料理には"引き算による調理法でおいしさを引き出す"という基本的な考え方があり、このような考えが生まれたのは、京都の水がおいしいからだと言われます。京料理は2022年11月に国の登録無形文化財に登録されました。京料理は、京都の地で育まれてきた調理・しつらい・接遇・食を通じた「京都らしさ」の表現です。今後も京料理は、日本の生活文化に係る歴史上の意義と芸術上の高い価値を有するわが国固有の食文化の代表として、京都の水と共に、日本の食文化を支えていくことでしょう。

●関連する年中行事と祭り

この候における代表的な祭りといえば、3月10日に行われる宮城県塩竈市に所在する鹽竈神社の「帆手祭」です。1682年から300年以上も続く伝統ある帆手祭は、元来「火伏せの祭り」と言われ、火災が続いていた町の厄除けと繁栄を祈願したことが起源とされます。この祭りは神輿洗いの神事とも呼ばれていましたが、港町である塩釜で行われることにちなんで、帆手祭と呼ぶようになりました。

当日は、16人の若者が約1トンもの重さの神輿を担ぎ、表参道の202段もの急な坂道や町を練り歩く「荒れ神輿」が有名で、兵庫県姫路市の「灘のけんか祭り」、愛媛県松山市の「北条秋祭り」とともに日本三大荒神輿の一つにも数えられています。500人を超えるきらびやかなお供、稚児行列を従えた市内の御神幸など、港町である塩釜エリアが1日中活気にあふれ、地元では春の風物詩となっています。

また、同日には前ページで紹介した京都府にある虚空蔵法輪寺において諸芸の上達を祈願する「芸能上達祈願祭」が行われます。遣唐使の留学僧として唐（中国）を訪れて密教を学び、日本への帰国後に真言宗を開いた空海の弟子である道昌が虚空蔵法輪寺に虚空蔵菩薩を安置したことから、虚空蔵菩薩は知恵と技芸を授ける守護仏として信仰を集めています。虚空蔵菩薩は「種々の芸道に長じ、技芸に上達せんと慾し」などと祈願する者はわが名（虚空蔵菩薩）をおとなえせよと説いたとされています。3月10日のこの日には芸の上達を願って祈願法要が行われ、茂山忠三郎社中の人々により狂言が奉納されます。

第 II 部　二十四節気と七十二候　41

●わかりやすい英語による説明

The micro-season Hibernating Insects Emerge "*Sugomorimushi to wo hiraku*" extends from March 6th to 10th. This period marks the transition from early to mid-spring as creatures that have lain dormant underground emerge due to warming temperatures. Insect-awakening thunderstorms were believed to coax them out of their winter retreats. This micro-season is coupled with Insects Hibernate, its autumn counterpart, when the insects retreat underground to escape the cold.

Since the Edo period, *komo* "straw mattings" were wrapped around pine and other trees in the gardens of the feudal lords, which attracted insects to hibernate there during the winter. With *komohazushi* "removal of the straw mats," the arrival of spring was keenly felt.

In 1975, March 8th was designated "International Women's Day" by the United Nations. Mimosa, which blooms around this time, became the symbol of this day. In Japan, various activities are organized to focus on women's roles and rights.

In Kyoto, the Kifune Shrine holds the Rain-making Festival on March 9th to pray to the deity protecting the city's water source for adequate rainfall necessary for abundant harvests. Kyoto's abundant, pure, and soft water played a vital role in Kyoto cuisine that is known for its subtle flavoring and delicate taste. (It was registered as a national cultural asset in 2022).

The *Hote* Festival held at Shiogama Shrine in Miyagi Prefecture on March 10th has a history of over 300 years. Sixteen young men carry a massive *mikoshi* "sacred palanquin" up 202 steep steps to the main shrine building. The *Hote are mikoshi* procession is one of Japan's three major rough *mikoshi* festivals.

On the same day, the Prayers for Improvement of Performance Skills Festival is held at the Kokūzō Hōrinji Temple, Kyoto. This ceremony is dedicated to Kokūzō Bodhisattva, who bestows wisdom and artistic skills. Kyōgen performances by the students' group of Shigeyama Chūsaburō are also held.

❖二十四節気：啓蟄 *Keichitsu* 次候❖

【第八候】桃始笑　ももはじめてさく

8th Micro-saeason: The Peach Blooms for the First Time（*Momo hajimete saku*）

●二十四節気における時期

　二十四節気「啓蟄」の次候にあたる桃始笑は新暦の３月11日ごろから15日ごろまでを表す時候です。春に向け、気温の上昇とともに上巳（桃）の節句でも重宝される桃のつぼみがほころび始め、花が開き始める時期です。梅と桜の開花時期の間に挟まれて、春のたけなわに向けて桃の花は春の訪れを告げます。「水温む」という仲春の季語が使われるのもこの時期ですが、穏やかな日差しとともに本格的な春に向け池や川の水が温かくなり、生命活動が活発になります。

　この候に登場する桃始笑には「桃」という漢字が登場します。桃は、日本においては弥生時代の遺跡からその種が発見されており、今から2000年以上前から存在していたと考えられています。古代中国においては、桃の木には邪気を祓う効果があるとされ、実を食べると不老不死や長寿をもたらすとされていました。日本においても桃は厄除け効果のある果実として知られ、わが国で現存する最古の史書『古事記』では、伊邪那岐命が雷神と黄泉軍に追われ黄泉の国から逃げ帰る際、そこに生えていた桃の実を３個投げつけて難を逃れたとされています。この神話はいわゆる鬼退治で有名な「桃太郎伝説」の基となっているとも言われます。

　桃の花言葉には「私はあなたのとりこ」、「気立てのよさ」、「チャーミング」といった女性を敬う可憐な意味が込められていますが、上述した桃太郎伝説に肖って「天下無敵」という代表的な花言葉があります。このように桃には特別な力があるとされ、古くから人々に親しまれてきました。全国には桃が祀られている神社がいくつか存在します。例えば京都府京都市にある平安時代の陰陽師「安倍晴明公」を祀る晴明神社では、厄除桃が配置され、この桃を撫でることで厄除けのご利益があるとされています。

　埼玉県川越市の川越八幡宮では魔除けの桃が神様として祀られ、お祓いをした玉を厄割石めがけて投げ、厄を落とす「厄割桃」が有名です。

第Ⅱ部　二十四節気と七十二候　43

●名付けの由来とエピソード

桃始笑には「桃の花が咲き始める」という意味が込められています。「笑う」という漢字が使用されていますが、昔の日本では「花が咲くと花が笑いかけてくれるようだ」という意味を含ませ、「咲く」と「笑う」は同じ意味で用いられていました。「桃始笑」の漢字に「咲」ではなく「笑」という文字が使用されているのはそのためです。

また、やまとことばには「花笑み」と呼ばれる古くから伝わる言葉があり、「花が咲く」ことや「花が咲いたような華やかな笑い」という意味があります。7世紀から8世紀にかけて編纂された、現存するわが国最古の歌集である『万葉集』にも「夏の野の　さ百合（ゆり）の花の　花笑（え）みに　にふぶに笑（え）みて」（巻十八4116）という歌があります。現代の言葉で解釈すると、「夏の野に咲く百合のように、にっこり微笑んでくれた」ということになりますが、1300年以上前から、「花が咲く」と「笑う」は親和性が高いものであったと言えるでしょう。

前項では桃に関連したエピソードを紹介しましたが、桃の花には「桃色」と一言で言っても、淡い紅色や白色、濃紅色まで様々な色があります。さらに桃は不老不死や長寿をもたらす縁起物であり、昔の人々は、「桃始笑」の字句の通り、咲き始める桃の花を眺めながら、その華やぐ色に魅力されつつ健康や長寿を祈り、お互いに笑い合ったことでしょう。

●自然の恵みと風物詩

桃始笑の候に使用される言葉には春の季節における川の増水を指す「桃花水」があります。春の日差しの影響で、雪や氷が解けることによって満ち溢れる川の水のことを差す言葉です。川の上流から大量の水が流れ、その水が下流に至るころ、沿岸の山々の桃の花が咲き始めるということから、このように呼ばれるようになりました。

川から海に目を向けると、日本の全国各地でも、春を告げる魚が旬を迎えます。ニシンやサワラ、サヨリなどは別名「春告魚」と呼ばれます。京都では春告魚の代表格であるニシンの甘露煮をのせた京都独特のそば料理「にしんそば」が明治時代に発明され、現在でも京都名物として地元民や観光客に愛されています。ニシンは元来、北海道など水温の低い北方に生息する魚ですが、北前船により北海道から日本海を経由して京都まで輸送され、生魚が手に入りにくかった京都では重宝され、料理人の創意工夫に

より「にしんそば」に代表されるような独特の惣菜として現在まで受け継がれています。

　地上では新たまねぎが旬を迎えます。新たまねぎは、乾燥させずにすぐ出荷されることから、柔らかく水分量が多いため辛味が少なく生で食しても美味しく食べることができます。なお、タマネギの花言葉は「不死」ですが古代エジプト王朝においてタマネギは、不死を象徴する食べ物と考えられていました。

　春を告げるのは、自然や食材だけではありません。毎年3月12日には東大寺二月堂（奈良県奈良市）では「修二会」の一行である「お水取り」と称され、親しまれている儀式が行われます。「修二会」には「二」の漢字が使用されています。これは旧暦の2月に修する法会であることが由来で、奈良時代の752年（天平勝宝4年）から途絶えることなく、現在にわたって1200年以上も続けられている地元の恒例行事です。

　この「お水取り」で汲まれたお水のことを「御香水」と呼び、万病に効果があるとされています。修二会自体は毎年3月1日から14日まで行われ、国家の安泰や五穀豊穣を祈ります。この一連の行事は春の到来を告げる神事と言われ、家の安泰と万民の豊楽を祈る法要も合わせて行われます。関西地方では「奈良のお水取りが終わると春が来る」とよく言われ、地域の人々は春の兆しを待ちわびるのです。

●関連する年中行事と祭り

　この候における代表的な祭りといえば、3月13日に世界遺産・春日大社（奈良県奈良市）で行われる勅祭の「春日祭」です。勅祭とは勅使が神社に派遣されて実施される祭礼のことで、春日祭では天皇の名代である勅使がきて、天下泰平や五穀豊穣を祈ります。日本において勅使が遣わされる神社は16社あり、春日神社もその一つです。それらは総称して「勅祭社」と呼ばれています。春日祭は「葵祭（上賀茂神社・下鴨神社）」、「石清水祭（石清水八幡宮）」とととともに、日本三大勅祭と言われています。

　虚空蔵法輪寺（京都府京都市）では、毎年3月13日から2ヶ月間は「十三まいり」が行われ、数え年で13歳になった男女が健康に育ったことを祝い、智恵や福徳を授かるため、お参りをします。京都発祥のこの行事は、大人の仲間入りをする重要な区切りの行事として継承されてきましたが、最近では全国的に行われています。

第Ⅱ部　二十四節気と七十二候　　45

●わかりやすい英語による説明

Momo hajimete saku "The Peach Blooms for the First Time" is around March 11th to 15th. As spring approaches, temperatures rise, and the buds of peach trees begin to bloom in various colors, including white, light pink, and deep red, collectively known as *momo iro* "peach color."

In ancient China, peach trees were believed to ward off evil spirits, and consuming their fruits was thought to confer immortality. The *Kojiki* "Records of Ancient Matters" circa 712 chronicles the tale of Izanagi-no-Mikoto repelling a demonic army with three peach fruits.

The name of this micro-season uses the character for laugh/smile instead of for bloom, and in ancient Japan, intertwining the meaning of these two words implied that blooming flowers seemed to be laughing/smiling.

Peaches play important roles at Seimei Shrine, Kyoto, where stroking the *Yakuyoke momo* "warding off evil peach" is believed to ensure protection from misfortune, and at the Kawagoe Hachimangu Shrine in Kawagoe, Saitama Prefecture, where the *Yakuwari momo* "evil-breaking peach" ritual is held.

Fish such as herring, mackerel, and sandfish signal the arrival of spring across Japan. Spring onions are delicious when consumed raw during this period due to their high water content and soft texture which make them a popular ingredient.

On March 12th, at the Nigatsudō, Tōdaiji Temple, Nara, the *Omizutori* ritual dating back to 752 has been held uninterruptedly for over 1,200 years. In the Kansai Region, it is said that when Nara's *Omizutori* ends, spring will arrive. On March 13th, the Kasuga Grand Shrine Festival, Nara, is conducted by imperial envoys dispatched to shrines to pray for national peace and abundant harvests.

On the same day, boys and girls make the *Jūsan mairi* "pilgrimage of thirteen-year-olds" to Kokūzō Hōrinji Temple, Kyoto, to pray for good health and receive blessings of wisdom and good fortune.

❖二十四節気：啓蟄 *Keichitsu* 末候❖

【第九候】菜虫化蝶　なむしちょうとなる

9th Micro-season: Caterpillars Become Butterflies (*Namushi chō to naru*)

●二十四節気における時期

　二十四節気「啓蟄」の末候にあたる菜虫化蝶は新暦の３月16日ごろから20日ごろまでを表す時候です。長い間冬眠をしていた生き物たちが、春の到来を察知し活動し目覚める時期です。菜虫化蝶の字の通り、菜の花が咲くころには越冬した蛹も羽化し、蝶に生まれ変わります。時期が啓蟄の末候に変わり、蝶が花から花へひらひらと飛び回り始める光景が全国でもよく見られるようになり、優雅に舞う蝶たちが人々に春の訪れを告げます。

　日本において蝶は四季を通じてみかけることができますが、単に「蝶」と表現するのであれば、春の季語です。また、春になって初めて目にする蝶のことを「初蝶」と呼び、「蝶」と同様春の季語として用いられます。

　中国の七十二候では同時期のことを「鷹化為鳩」と言い、この時候には「獰猛な鷹が春ののどかな陽気によって鳩に変身する」という意味が込められています。春分に向けて徐々にあたたかくなり、生き物たちが動きやすく活動的な季節になることから鷹化為鳩と呼ばれるようになったと考えられます。日本と中国それぞれの国は違えども、昔の人々はこの時期の繊細かつダイナミックな気温の変化と生き物たちの変化を敏感に感じ取り、それらをこの七十二候の意味に込めていたのでしょう。

●名付けの由来とエピソード

　菜虫化蝶には「菜虫」という漢字が用いられています。この菜虫とは、ダイコン、カブなどアブラナ科植物を食べる昆虫の総称で、とりわけ紋白蝶のことを指します。また、「蝶」には「胡蝶」という異称もあります。ギリシャ語では蝶のことを「psyche（プシュケ）」と言い、「不死」や「魂」を意味しています。同様に昔の日本においても、武士たちが「不死」や「不滅」の象徴として蝶の意匠を好みました。一例として、戦国時代に天下統一を目指した織田信長は自身を平氏の末裔と称し、家紋に平氏が用いた蝶紋を用いたことでも有名です。

　中国戦国時代の思想家として知られる荘子（紀元前４世紀〜紀元前３世

紀頃）は、思想書『荘子』にある説話「胡蝶の夢」で、自分が蝶になった夢を見て、自分が蝶なのか人間なのか、現実と夢の世界との見定めがつかなくなったと説いています。

わが国においては、2019年より新たな元号「令和」が始まりました。この新元号「令和」は、日本最古の和歌集である『万葉集』の出典と言われていますが、万葉集には「蝶」が詠まれた歌は一つもないと言います。このことから、古来では、蝶は畏怖の対象だったとも推測されます。蝶は別名「夢虫」や「夢見鳥」とも呼ばれ、それ故に昔の人びとは、春の訪れとともに菜虫から美しい姿に変身する蝶に対し呪術的な力を感じ、神秘的な生き物と捉えていたのだと考えられます。

●自然の恵みと風物詩

前項では「菜虫」についてアブラナ科植物を食べる昆虫の総称と説明しました。このアブラナ科の花を総称して「菜の花」と呼びますが、春の時期になると鮮やかな黄色の花が房状に咲きます。一面に広がる菜の花畑は春の風物詩です。この時期になると、奈良県明日香村にある「稲渕の棚田」には棚田一面に菜の花が咲き誇り、訪れる者の心を癒します。稲渕の棚田は、飛鳥川沿いの傾斜地に、300枚あまりの水田と畑により形作られており、農林水産省から「日本の棚田百選」にも選ばれ、彼岸花の自生地としても知られています。

また、主に東北地方や北陸地方の各地では、米作りを始める時期である3月16日を「十六団子の日」と呼び、団子を16個供えて神を迎える行事が行われます。なぜ団子を16個供えるかと言うと、これは室町時代以降に誕生した「嘉祥喰い」という風習に関係しています。嘉祥喰いは、旧暦6月16日に16個の菓子や餅を供え、厄除けを祈願する行事ですが、現在の6月16日の「和菓子の日」の起源となっています。

前述した十六団子の日に行われる行事は、米作りのための田植えが始まる春になると山の神が里へ降り、収穫を終える秋になると山に帰っていくという「神去来」という思想に基づく農事であり、人々はこの日に山の神様をお迎えして、その年の豊作を願ったのです。

豊作といえば、この時期に春になると日本に渡ってくるツバメと豊作は深い関わりがあります。一般的にツバメは3月中旬頃に東南アジアなどから日本各地に飛来し始めます。日本においてツバメには「巣をかける家は

縁起が良い」、または「家の軒に巣をかけると豊作」などという言い伝え
があります。ヨーロッパに目を向けるとドイツでも同様に、ツバメは春を
告げる鳥と言われ、幸運をもたらし、家を守ってくれる鳥として古くから
解釈されています。このように、日本とヨーロッパ、遠く距離は離れてい
ても同じツバメという生き物を通じて昔の人びとは春を実感していたかと
思うと、世界は狭いというロマンに触れることができます。

　加えて、この時期はあたたかい日が続く一方で、日中の寒暖差は激しく
なる時期でもあります。そのような時期に「うずらの卵」が食材として旬
を迎えます。人にとっては花粉症とともに体調を壊しやすい時期ですが、
フランスでは花粉症や鼻炎等のアレルギーに対して、ウズラの卵療法の有
効性が認められています。季節の変わり目だからこそ、旬の食材をうまく
活用し体調を整え、変化に対応していきたいものです。

●関連する年中行事と祭り

　この候における代表的な年中行事には、嵯峨釈迦堂の愛称で親しまれる
浄土宗の清涼寺（京都市嵯峨嵐山）にて行われる「嵯峨お松明式」があり
ます。このお松明式は例年３月15日に行われており、お釈迦様が荼毘に付
される様子を再現した行事です。高さおよそ７メートルにもなる３本の松
明を早稲・中稲・晩稲に見立てて燃やし、火勢の強弱でその年の農作物の
豊凶を占うのです。「嵯峨お松明式」は五山送り火や鞍馬の火祭と並ぶ
「京都三大火祭」にも数えられています。

　同日には、「嵯峨大念仏狂言」と呼ばれる国の重要無形民俗文化財に指
定されている民俗芸能が執り行われます。この念仏狂言は古い歴史があり
鎌倉時代より現在に継承されているとされます。京都には「三大念仏狂
言」と呼ばれる大念仏狂言があり、ゑんま堂大念仏狂言・壬生寺の壬生大
念仏狂言に加え、上で述べた清涼寺で行われる嵯峨大念仏狂言を指しま
す。

　また毎年３月20日には歌舞伎『仮名手本忠臣蔵』七段目「祇園一力茶屋
の場」の舞台となったことでも有名な京都・四条花見小路のお茶屋「一力
亭」において「大石忌」が行われます。これは、江戸時代中期に起きた赤
穂事件の赤穂浪士四十七士の指導者として知られている大石内蔵助の命日
である３月20日に追善供養するという行事です。一力亭内には四十七士が
祀られており、当日はその霊前に討ち入りそばが供えられます。

第II部　二十四節気と七十二候　49

●わかりやすい英語による説明

Namushi chō to naru "Caterpillars Become Butterflies" corresponds to the end of the solar term *Keichitsu* and lasts from March 16th to 20th. Pupae that have overwintered begin to emerge as butterflies. The pentad *Namushi chō to naru* uses the characters for cabbage butterfly, which refers to those that eat rapeseed plants, Japanese white radish, turnips, mustard greens, etc. The arrival of swallows coinciding with the period of Caterpillars Become Butterflies is thought to be particularly auspicious because they are believed to bring good fortune and protect homes if they nest under the eaves.

The brilliance of rapeseed blossoms planted in 300 paddies and fields along the Asuka River near Inabuchi, Asuka village, Nara Prefecture, is a famous seasonal attraction. The Ministry of Agriculture, Forestry, and Fisheries has selected this scenic location as one of Japan's Top 100 Terraced Rice Fields.

In the Tohoku and Hokuriku Regions particularly, March 16th is the Day of Offering Sixteen Rice Dumplings observance to welcome the gods. This tradition is based on the belief that deities of the mountains descend to the village when rice planting begins in spring and return when the harvest ends in autumn.

The *Saga otaimatsu shiki* "torch ceremony" at Saga Shakado, a *Jōdō* sect temple in Kyoto, is held annually on March 15th. The observance commemorates the cremation of Shakyamuni Buddha. The success of the harvest is prophesized by burning three 7-meter-tall torches. The *Saga otaimatsu* is one of the Three Great Fire Festivals of Kyoto.

Also on the 15th, the *Saga dainenbutsu kyōgen*, designated as an important intangible folk cultural asset passed down since the Kamakura period, is held. It is considered one of Kyoto's Three Great *dainenbutsu kyōgen*.

On March 20th, at the Ichirikitei teahouse, Kyoto, the Ōishi Memorial Day is held to commemorate the death of Ōishi Kuranosuke in 1703. He is well-known as the leader of the forty-seven *rōnin* of Akō, who avenged the death of their master and were ordered to commit suicide themselves.

❖二十四節気：春分 *Shunbun* 初候❖

【第十候】雀始巣　すずめはじめてすくう

10th Micro-season: Sparrows Begin Nesting （*Suzume hajimete sukuu*）

●**二十四節気における時期**

二十四節気「春分」の初候である「雀始巣」は旧暦では2月中頃にあたり、新暦では3月21日ごろから25日ごろまでを表す時候です。太陽が春分点（天文学的に言うと、黄道と赤道との交点のうち、太陽が南から北へ向かって交差する点）を通過する瞬間を春分と言い、春分が発生する日には昼夜

の長さがほぼ同じになります。天文観測によるこの春分が起こる日が春分の日と呼ばれ、国民の祝日として広く知られています。

春分の日は、「自然のあらゆる生命が若々しく盛り上がる時」として、戦後に国民の祝日となった戦前までは国家的祭日だった「春季皇霊祭」に由来し、自然をたたえ、生物をいつくしむ日であると、「国民の祝日に関する法律」に定められています。通常国民の祝日は、「国民の祝日に関する法律」により具体的に月日が明記されます。しかし、春分の日及び秋分の日はそれぞれ春分日、秋分日と定められ、法律で具体的に月日が明記されません。例年、国立天文台が、毎年2月に翌年の春分の日ならびに秋分の日を官報で公表しており、通常春分の日は3月20日あるいは21日に設定されます。

春分の日がやってくるこの時期は、スズメが巣をつくり始める時期でもあり、いよいよ春の訪れが実感されます。日本ではまだあまり馴染みがありませんが、キリスト教では、春分後の最初の満月の後に迎える日曜日に、「イースター」と呼ばれるキリストの復活を祝う祭りがあります。

●**名付けの由来とエピソード**

前項で述べた「春分の日」を境に昼と夜の長さが等しくなり、この日を境に徐々に夜が短く、昼が長くなっていきます。昼が長くなる雀始巣の時

期こそ、スズメにとっては繁殖期で、早朝から夕方まで巣作りを始め、スズメの子は、春には卵からかえり雛になります。

　通常スズメの繁殖は年に2～3回ですが、わが国では「初物は縁起が良い」とされ、年の最初に産まれるスズメの子は春の季語として親しまれています。環境省の自然環境保全基礎調査の一環として実施される「全国鳥類繁殖分布調査」では、近年スズメの個体が減少傾向にあるという結果が出ており、将来的にスズメが絶滅してしまうことも懸念されています。

　また、前項でも説明した春分の日を中日としての七日間は「春の彼岸」と呼ばれ、先祖に感謝の気持ちを込めて供養を行う時期です。この春の季節のお彼岸には牡丹の花が咲くことを見立て、先祖へのお供え物として「牡丹餅」と呼ばれる和菓子が定番です。牡丹餅がお供え物に重宝される理由として、牡丹餅が米と餡を合わせて作られることから、自分たちとご先祖様の心を合わせるという願いが込められているとされます。牡丹餅は萩の餅、おはぎとも言われます。思いがけない幸運を得ることを表現した「棚から牡丹餅」という諺としても用いられます。

　仏教では、この世は此岸と呼ばれ、生死の海を渡って到達する悟りの世界を彼の岸、つまり彼岸と言います。つまり、春の彼岸は彼の岸に想いをはせる行事であり、極楽浄土へ生まれかわりたいと願う人々の信仰実践の期間とされています。さらに太陽が真西に沈む春分の期間は、西方の彼方にあると信じられる極楽浄土と現世を結ぶ特別な時期であるとされ、日本各地でお墓参りや、多くの寺院で「彼岸会」と呼ばれる法要が勤められます。ユネスコ世界文化遺産「古都京都の文化財」にも登録されている西本願寺（京都市下京区）では、春分の日を中心とした前後3日の計7日間に「春季彼岸会」が行われ、多くの参拝者で賑わいます。

●**自然の恵みと風物詩**

　雀始巣には、長い間冬ごもりしていた生き物たちが春の訪れとともに躍動し始めます。この時期に旬を迎える食材が筍です。日本において最も多く食べられているタケノコは、孟宗竹という品種です。この孟宗竹を用いて独特の方法で栽培されている代表格に「京たけのこ」が挙げられます。孟宗竹は、約1200年前の弘仁年間（810～823年）に寂照院（京都府長岡京市）の開祖・道雄上人が唐から長岡京に持ち帰り、同地に植え、その後京都から全国に広まったという説があります。そのため、寂照院境内

には「日本孟宗竹発祥の地」の石碑が建っています。

　京たけのこは、別名では「白子たけのこ」と呼ばれ、真っ白で軟らかく、加えて独特の甘みの風味がある高級食材として知られています。京たけのこは京都の農林水産物の中でも、特に品質を厳選された証である「京のブランド産品」マーク（京マーク）が貼られ、市場に流通しています。

　京たけのこが収穫される京都府内エリアの「竹の里・乙訓」は、整備された竹林の景観や美味しい筍の産地として京都府内の観光名所です。なお、長岡京市・向日市・大山崎町からなるこの乙訓地域は、日本最古の物語『竹取物語』発祥の地の一つと言われています。

　加えて乙訓地域では、タケノコを早朝5時ごろから掘り取り作業をする「朝堀り」という収穫方法が盛んで、鮮度の高いタケノコの出荷を行っています。出荷されたタケノコは、木の芽味噌和え・天ぷら・筍ご飯などの料理となって、一般の食卓で愛されています。

　「京たけのこ」を含め京都には様々な京野菜がありますが、京都は気候風土や水に恵まれた地域です。そのため、古くは精進料理の発展によって野菜へのこだわりも強く、品種改良や栽培技術の改善を経て、独自の高品質な京野菜が定着しました。古いものを受け継いでいく京都人の気質もこうした京たけのこを始めとする伝統野菜を支えているのです。

●関連する年中行事と祭り

　毎年3月22日には、仏教の創始者である釈迦が亡くなる間際に残した最後の説法を読経する「千本釈迦念仏」と呼ばれる仏事が京都市上京区にある大報恩寺の千本釈迦堂で執り行われます。この仏事は、釈迦の遺教経を訓読みして奉唱し、最後に「南無釈迦牟尼仏」と念仏するところからその名がつきました。鎌倉時代に編纂された吉田兼好による『徒然草』第二百二十八段には「せんぼんの釈迦念仏は、文永の比、如輪上人、これを始められけり」とあり、大報恩寺のことが記されています。

　京都府京都市南区にある吉祥院天満宮では毎年3月25日に五穀豊穣祈願祭が行われます。吉祥院天満宮には学問の神様として全国的に知られる菅原道真が祀られています。この吉祥院天満宮で行われる五穀豊穣祈願祭は正式には「御供奉献祭」と言い、菅原道真の命日にあたる新暦3月25日（旧暦では2月25日ごろにあたる）に白いおこわ飯や豆腐、くわいなどの野菜を供え、五穀豊穣や健康、家内安全を祈願します。

第II部　二十四節気と七十二候　53

●わかりやすい英語による説明

Suzume hajimete sukuu "Sparrows Begin Nesting," the first micro-season following the vernal equinox, which is from March 21st to 25th. The equinox is a national holiday to show gratitude for the blessings of nature and cultivate respect for all living things.

Sparrows Begin Nesting denotes the time when sparrows start building their nests at the beginning of the breeding season. While sparrows typically breed two to three times a year, the chicks born from the first breeding are considered auspicious and are cherished as a symbol of spring.

The seven days centered around the vernal equinox are the spring *Higan* "the opposite shore," and Buddhist memorial services are held to express gratitude to the ancestors. Peony flowers bloom during this period, so *botamochi* "peony rice cakes" are offered during this observance.

Among Kyoto's agricultural, forestry, and fishery products, *Kyo takenoko* "Kyoto bamboo shoots" are considered the epitome of Kyoto Brand products, a designation that certifies authenticity and high quality. Otokuni Bamboo Village, the area where *Kyo takenoko* are harvested, is a tourist attraction known for its well-maintained bamboo forests and delicious shoots. Bamboo shoots, used in various dishes such as miso soup with fresh greens, tempura, and *takenoko* rice, are enjoyed nationwide.

On March 22nd, a Buddhist ritual *Senbon shaka nenbutsu* is conducted at Daihō'onji, Kyoto. Yoshida Kenko mentions this observance in the *Tsurezuregusa* "Essays in Idleness," circa 1330. This ritual involves reciting sutras that convey the teachings left by Shakyamuni Buddha just before his passing.

Kisshōin Tenmangū shrine, Kyoto, which enshrines Sugawara Michizane, holds the Prayer Festival for Abundant Harvests every year on March 25th. During this festival, offerings such as white rice cakes, tofu, and vegetables are offered to pray for abundant harvests, good health, and safety of the home and family.

❖二十四節気：春分 *Shunbun* 次候❖

【第十一候】桜始開　さくらはじめてひらく

11th Micro-season: Cherry Blossoms Begin to Bloom（*Sakura hajimete hiraku*）

●二十四節気における時期

　二十四節気「春分」の次候にあたる桜始開は新暦の３月26日ごろから30日ごろまでを表す時候です。この時期は、春の到来を象徴する花であるサクラが咲き始め、人々に春の訪れを告げます。昼夜の長さが等しくなる春分を過ぎたこのころは、うららかな春の陽気に誘われてサクラの花やスミレやタンポポなど春の野の花も咲き始めます。前述した「うららか」とは春の季語ですが、空が晴れて春のみずみずしい光によって明るくて美しい様子のことを言い、春の気持ちよさを表現しています。

　明治時代に活躍し、日本における西洋音楽の普及に多大な役割を果たした作曲家瀧廉太郎（1879-1903年）は"春のうららの隅田川〜"で始まる「花」を作曲し、春における隅田川の美しい春の情景を歌いました。この「花」は、日本で初めてつくられた合唱曲だと言われており、学校教育で用いられる教科書教材にも多く取り上げられています。この時期の春の情景は、このように歌としても沢山の人びとに親しまれています。

　桜始開のころ、サクラは日本中の各所で一斉に咲き誇り満開となります。平安時代のわが国最初の勅撰和歌集『古今和歌集』には、サクラにちなんだ和歌が多く詠まれています。いつの時代も、多くの人が短期間で大いに咲き誇り散っていくサクラを見て、様々な感情を抱いたことでしょう。

●名付けの由来とエピソード

　桜始開とは、サクラが咲き始める季節を表現した時候です。毎年この時期になると、サクラの開花を待ちわびる人も多いのではないでしょうか。ちょうどこの時期は、気象庁や民間の気象会社などが桜の開花予想を発表し始める時期です。気象庁によると、サクラの開花日とは、標本木で５〜６輪以上の花が開いた状態となった最初の日を指すと言います。満開日とは、標本木で約80％以上のつぼみが開いた状態となった最初の日を指します。地域や気候によって差があるものの、通常サクラの花の見頃は開花し

て約4日～7日で満開になり、満開から約1週間前後で散ります。

　なお、気象庁においてのサクラの開花予想の観測対象は多くの地域でソメイヨシノの品種であり、日本で植えられているサクラのうち約8割の品種がソメイヨシノであると言われています。ソメイヨシノは、江戸時代後期から明治初期にかけて、サクラの名所である奈良県の吉野山にちなんで「吉野桜」として、現在の東京都豊島区駒込付近に存在した染井村の植木職人たちによって売り出されたとされます。

　現代では全国的に愛されるサクラの代表格であるソメイヨシノですが、全て人の手により、明治時代以降に接ぎ木という技術等によって人工的に増やされました。つまり、たった数本の原木から生まれたものがソメイヨシノであり、すべて同じ遺伝子を持つのです。

　上述した通り、奈良県にある吉野山は全国でも有数のサクラの名所として知られます。吉野山のサクラは吉野桜や吉野のサクラとも呼ばれ、山全体がユネスコ世界遺産「紀伊山地の霊場と参詣道」に登録されています。吉野山では、4月上旬から中旬にかけてシロヤマザクラを中心に約3万本ともいわれるサクラたちが豪華絢爛に咲き乱れます。

　吉野山は、標高順に下千本、中千本、上千本、奥千本と呼び名が違う地名が付けられています。さらに「目に千本見える豪華さ」という意味で吉野山のサクラは「一目千本」とも言われ、4月上旬から下旬にかけて、桜前線が上昇し、徐々に山々をサクラが彩って行きます。この「一目千本」ですが別名「一目十年」とも言われ、その景色を一目見ることで、十年長く生きることができる長寿のご利益があると言い伝えられています。

●自然の恵みと風物詩

　季節が春になりサクラが咲き始めるころになると、春の季節には欠かせない菓子が登場します。鮮やかな桜色をした香り高い桜餅です。桜餅は、小麦粉やもち米から作られた生地・小豆餡・塩漬けのサクラの葉を使った和菓子で、葉の香りが餅に移り、春の味わいの代表的な和菓子として江戸時代から庶民に親しまれ、現在に至っても人気を維持しています。

　ひなまつりでは定番のお菓子として食べられている桜餅ですが、大きく分けて関東風の長命寺桜餅と関西風の道明寺桜餅という2種類があります。どちらも桜餅という点では共通ですが、その由来は異なります。関東風桜餅は、墨田区にある長命寺が由来だとされています。同区内を流れる

隅田川は江戸時代からサクラの名所として知られており、人びとを楽しませてくれる美しい桜並木が名物です。もともとは長命寺へ墓参りに来る人へのおもてなしのために作られていた桜餅ですが、隅田川に沢山のサクラの木が植えられたことから、花見の季節の名物として認知されました。

このように桜餅そのもののルーツは、関東風の長命寺の桜餅だとされていますが、関西風の道明寺桜餅は道明寺粉からなる生地で作られたことから道明寺餅と呼ばれているという説が有力です。なお、「関西」という言葉が使われ始めるのは平安時代中期からとされます。9世紀初めに逢坂関（現の滋賀県大津市付近）が設置されると、この逢坂関から西を「関西」と称するようになりました。

●関連する年中行事と祭り

桜始開の時期には、サクラを鑑賞するお花見が全国各地で行われます。サクラを見て楽しむお花見は、平安時代から始まったとされます。平安時代の貴族たちは、サクラを愛でながら、宴を開き、歌を詠み楽しみました。このお花見の風習は江戸時代になると庶民にも広まり、現代では全国各地の名所と呼ばれる場所でお花見の文化が受け継がれています。

1992年には公益財団法人日本さくらの会が主体となり、3月27日が「さくらの日」と制定されました。さくらの日が3月27日に選ばれた理由として、「さく（3×9）=27」という語呂合わせの意味につながるということと、この日が「桜始開」の時候にちょうど重なることから、3月27日が選ばれたとされます。日本の代表的な花であり国花ともされるサクラへの関心を高めることとして始まったこの「さくらの日」制定の取り組みですが、現在この記念日周辺が、日本全国でサクラが咲く時期と重なるため、全国各地では桜まつりなどのイベントが開催されます。

「古都京都の文化財」としてユネスコの世界遺産にも登録されている元離宮二条城（京都市中京区）では、毎年この時期になると「二条城桜まつり」と称したイベントが開催されます。城内では、ソメイヨシノ、カンヒザクラ、山桜、枝垂桜、里桜など50品種約300本ものサクラを楽しむことができます。1年を通じて観光客が多く訪れる二条城ですが、過去にはこのイベント開催時期だけで30万人以上も来城者がある年もあるなど、現在の「二条城桜まつり」は国内外から多くの人が訪れる京都市内でも有数のイベントとして人気です。

第II部 二十四節気と七十二候　57

●わかりやすい英語による説明

The 11th micro-season *Sakura hajimete hiraku* "Cherry Blossoms Begin to Bloom" corresponds to March 26th through 30th. The mild spring weather coaxes the blossoming of sakura, violets, dandelions, and other wildflowers. *Uraraka* is a seasonal word denoting the bright, beautiful, and pleasant atmosphere of spring.

The beauty of the sakura inspired numerous tanka poems in the *Kokin Wakashū*, an anthology of classical poetry compiled during the Heian period. During the Meiji era, the composer Rentarō Taki (1879–1903), composed the first Western-style choral work *Hana* "flower," depicting the beautiful scenery of the Sumida River.

Around this time, the Japan Meteorological Agency publishes forecasts of the blooming of the short-lived *sakura*, which reaches its peak about four to seven days after first blooming and falls about one week later. The agency mainly tracks the Somei Yoshino variety, which accounts for about 80% of cherry trees in Japan. They are named after Mt. Yoshino, a UNESCO World Heritage Site, where nearly 30,000 cherry trees bloom profusely from early to mid-April.

Sakura mochi "cherry blossom rice cake" is a representative spring sweet. There are two varieties—the Kanto-style *Chōmeiji sakura mochi* and the Kansai-style *Dōmyōji sakura mochi*. Both varieties feature cherry leaves wrapped around a crepe filled with pureed beans or a center of steamed sticky rice, respectively.

During this micro-season, *hanami* "cherry blossom viewing parties," are held throughout the country. During the Heian period, aristocrats greatly admired the cherry blossoms and held banquets and poetry-writing contests. *Hanami* became widespread among the common people during the Edo period and continues to be popular to this day.

The Nijō Castle Cherry Blossom Festival is held annually at the UNESCO site of the same name. During the festival period, over 300,000 visitors enjoy the 300 cherry trees of about 50 varieties within the castle grounds.

❖二十四節気：春分 *Shunbun* 末候❖

【第十二候】雷乃発声　かみなりすなわちこえをはっす

12th Micro-season: Thunder Begins to Peal（*Kaminari sunawachi koe wo hassu*）

●二十四節気における時期

　雷乃発声は新暦の３月31日ごろから４月４日ごろまでを表す時候で、二十四節気「春分」の末候にあたります。一般的に雷は春夏秋冬、季節を問わず発生しますが、春の訪れを知らせる雷が鳴り始めるこの時期に鳴る雷を「春雷」と呼び、俳句の季語としても使用されています。とりわけ春雷の中でも初めての雷を「初雷」と呼びます。また、啓蟄の初侯である蟄虫啓戸の項でも紹介しましたが、冬眠していた虫たちが雷に驚いて出てくるということから、春雷は「虫出しの雷」とも呼ばれます。

　この時期の中で有名な日と言えば、４月１日のエイプリルフール（April Fools' Day）です。「この日には嘘をついても良い」とされるエイプリルフールですが、もともとは欧米から伝来した風習（諸説あり）とされ、日本には大正時代に伝わり当時は「四月馬鹿」と呼ばれていました。

　日本においては様々な企業、団体、学校などが４月１日を新年度と設定しています。春の季節や桜の季節の到来とともに、４月１日を皮切りに全国各地で入社式や入学式などが行われる時期でもあります。学校等が４月１日から新年度を採用している理由として、明治時代に国の「会計年度」が４月１日から翌年３月31日までと制定されたことに由来します。

　さらに、江戸時代においての考え方になりますが、旧暦４月１日は「綿抜の朔日」と呼ばれ、綿入れの綿を抜いて袷を着て人々の衣替えが行われていました。今も昔も、その時代に生きる人たちにとって節目となる時期が、この雷乃発声の候にやってくるのです。

●名付けの由来とエピソード

　雷乃発声とは、春が近づくにつれ、恵の雨をもたらす雷が鳴り始めるという意味が込められています。雷乃発声に使用される「乃」という漢字が用いられていますがこの漢字には「ようやく」や「やっと」といった意味が含まれています。つまり、雷乃発声とは「春になりようやく雷の音が聞こえ始める時期」なのです。本来、雨は田畑の農作物にとって栄養となる

第Ⅱ部　二十四節気と七十二候　59

水をもたらすという視点で、雨とともにやってくる春雷は農家にとって喜ばれるものです。しかしながら農作物に傷をつけ被害をもたらす「雹」とともにやってくる春雷には要注意です。

　また、雷乃発声の漢字一文字目に用いられる雷は昔の人びとにとって稲を成長させるための重要な存在であると信じられていました。雷は、春分の時期に鳴り始め秋分の時期に収まっていき、古代から伝わる稲作で稲が育ち収穫される時期とも重なっています。この候は二十四節気「秋分」の初候である「雷乃収声」と対の表現になっています。雷の語源は神鳴り、即ち神が鳴らす音ということですが、昔の人々は雷に対して神秘的なものを感じ、信仰の対象としていたのです。さらに雷が生じるときの光のことを「稲妻」と呼びますが、これは稲を実らせる夫が語源であり、かつては雷光が当たると稲作が豊富になると信じられていたからです。

●自然の恵みと風物詩

　雷乃発声の候、旬を迎える食材として、春の季語にもなっている「三つ葉」があげられます。三つ葉はセリ科の多年草で、一本の茎に葉が三枚ずつつくことから三つ葉と呼ばれています。現代においてわが国原産の野菜であり、今では季節を問わず１年中手に入る香味野菜の三つ葉ですが、野菜として栽培が始まったのは江戸時代中期からとされます。

　栽培の手法は様々な工夫がなされ、それに応じて糸三つ葉、切り三つ葉、根三つ葉など多様な呼び方がつけられています。三つ葉は、独特の爽やかな香りがありますが、特に春に旬を迎え市場に出回る根三つ葉がもっとも香気が優れています。根三つ葉はビタミンＡやＣを多く含む栄養価の高い食材であり、おひたしや和え物などの和食に多く使われる食材です。

　和食は、一汁三菜を基本とし、理想的な栄養バランスであると言われています。2013年12月には、「和食；日本人の伝統的な食文化」がユネスコ無形文化遺産に登録されました。無形文化遺産には、単なる料理や調理手法のみならず、家族や地域のつながりや社会的慣習が含まれる必要があり、日本における二十四節気および七十二候の考え方、四季が明確であることや、多様で豊かな自然がありそこで生まれた食文化が世界で評価されていると言っても過言ではないでしょう。

　一方でこの時期の風物詩と言えば、京都市内で行われる「春のをどり」です。３月下旬から５月にかけて、京都市内にある４つの花街（上七軒・

祇園甲部・宮川町・先斗町）の歌舞練場などでは、「春のをどり」と呼ばれる芸子、舞妓による舞踊公演が行われ、春の京都に華を添えます。花街では原則として初見のお客様を受け入れることはないとされます。そのため、この時期の舞踊公演は日常生活の中ではめったに出会う機会のない芸妓、舞妓たちの舞を間近で見ることができる貴重な機会です。

　それぞれの花街では、舞踊の流派や演目が異なり、芸妓や舞妓たちが身にまとう華麗な衣裳は見所のひとつです。通常、3月下旬の北野をどり（上七軒）を皮切りに、都をどり（祇園甲部）、京をどり（宮川町）、鴨川をどり（先斗町）と公演が続きます。特に「都をどり」と「鴨川をどり」は、遡ること明治時代の1872年に初演され、東京都に首都が移転した後の京都を再興するべく開催された京都博覧会に訪れる客へのおもてなしとしてその産声をあげました。現代においても、花街で行われる「春のをどり」は150年以上にもわたって多くの人びとから親しまれています。

●関連する年中行事と祭り

　雷乃発声の候、全国の神社などでは春祭と呼ばれる1年間の農作や無病息災を祈願する行事が行われます。春祭は本章冒頭で述べた春雷と同様に季語として用いられます。雷乃発声の候に重なる4月3日には皇室の宮中 祭祀の一つである「神武天皇祭」が執り行われます。4月3日は初代天皇・神武天皇の命日とされる日であり、明治時代では祝祭日の一つでした。

　またこの時期は「お伊勢さん」や「大神宮さん」の名で日本中から親しまれる三重県伊勢市にある伊勢神宮において「神田下種祭」が行われます。神田下種祭は伊勢神宮近くに所在する米の生産地・神宮神田に「忌種」と呼ぶ清浄なもみ種を神田に蒔く祭典で、例年4月上旬に行われます。

　神田下種祭は神田で行われる農作物の収穫を祝う伊勢神宮の最も重要な行事である神嘗祭に向けた神事としても知られていますが、稲の収穫時期に合わせて田植えの御田植初式（5月）および稲刈りの抜穂祭（9月）と呼ばれる神事も執り行われます。なお神田下種祭は伊勢神宮で使用されるお米作りを始め、1年の稲の豊作を願う伝統行事であり、1000年以上前から続くとされています。古来より日本は、水に恵まれ稲が立派に稔る国で「豊葦原の瑞穂の国」と呼ばれています。それ故、伊勢神宮では年間1,500回以上の祭典や行事が行われ、稲に関わる祭典も数多く行われます。

●わかりやすい英語による説明

The 12th micro-season *Kaminari sunawachi koe wo hassu* "Thunder Begins to Peal" is the period around March 31st to April 4th. Thunder was welcomed by farmers as it signaled the start of spring rains which provide nourishment to their crops, but it could also be a warning of hailstones, which damage young plants. This micro-season finds its complement in the 1st micro-season of the autumn equinox, *Kaminari sunawachi koe wo osamu* "Thunder Ceases to Sound."

With the arrival of spring and the cherry blossom season, April 1st is when events such as entrance ceremonies and school admissions ceremonies are held nationwide. From the Meiji era, these events were linked to the country's fiscal year which was set to be from April 1st to March 31st.

During this micro-season, Japanese wild parsley begins to appear. Mitsuba, a perennial herb of the celery family, is rich in vitamins and is a popular ingredient used in dishes like *ohitashi* "braised greens" and salads.

In Kyoto from late March to May, *Haru no odori* "Spring dance" performances by geisha and maiko from the four entertainment quarters, Kamishichiken, Gion Kobu, Miyagawacho, and Pontocho, are held. The *Miyako odori*（Gion Kobu）and *Kamogawa odori*（Pontocho）were first held to entertain visitors to the Kyoto Expo in 1872.

Haru matsuri "spring festivals" are held at shrines throughout the country to pray for a bountiful agricultural year and good health. On April 3rd, the Emperor Jimmu Festival is conducted in the court on the death anniversary of the legendary first emperor of Japan.

Traditionally held at the beginning of April, the *Shinden geshusai*（Sacred Ricefield Seed Festival）has been held at Ise Grand Shrine in Ise, Mie Prefecture, for over 1,500 years. This festival is held in the sacred rice fields where purified and blessed rice seeds are sown. This ritual is vital to the *Kannamesai*, the most important event of Ise Jingu, in which newly-harvested rice is offered to the gods.

❖二十四節気：清明 *Seimei* 初候❖

【第十三候】玄鳥至　つばめきたる

13th Micro-season: Swallows Arrive（*Tsubame kitaru*）

● 二十四節気における時期

玄鳥至は、二十四節気の5番目にあたる清明の初候で、その時期は新暦の4月5日ごろから4月9日ごろまでの5日間になります。

このころになると海や湖水や河川の水面がうららかな春の陽光を受けて、きらきらと輝き始め、人だけではなく、小さな虫も、魚介類も、鳥獣も、草木なども、命あるもの全てが生々としてきます。

さわやかな春の訪れをそこかしこに感じ、人々が明るく清々しい気持ちになるこの清明の始めを飾るのが玄鳥至です。本格的な春の訪れを告げ、農耕の季節が始まることを人々に知らせるかのように、この時期になると南方からツバメが飛来し、街中を超高速かつ低空飛行で飛び回る元気の良い姿を見せてくれます。

この時期に日本へ飛来してくるツバメは、遠い所ではボルネオ、またフィリピン・マレーシア・インドネシアや、近いところでは台湾などから3,000キロから5,000キロもの距離を渡ってきます。この過酷な長距離飛行はツバメの帰巣本能に基づくものと言えます。彼らは日本へ「渡って」くるのではなく、生まれ故郷の日本へ「帰って」くるのです。

体長約17センチ、平均体重約20グラムに過ぎないこのスズメ目ツバメ科の夏鳥は、上面が黒く下面は白で、尾が長くて先が二またに分かれ、敏捷に飛行しながら昆虫類を捕食し、人家などに土で巣を作ります。

● 名付けの由来とエピソード

前項で述べた夏鳥とは、ある地域に春から夏にかけて渡来して繁殖し、秋に南方へ渡る鳥のことで、日本ではツバメがその代表的な例です。反対に秋に来て冬を越し、春に去っていく渡り鳥のことを冬鳥と言い、日本で

第Ⅱ部　二十四節気と七十二候　　63

は次候「鴻雁北」で取り上げる雁などシベリア方面から渡来するものが多いです。玄鳥とはツバメのことであり、玄は玄米にもあるように、黒い色を、そして至は到着するという意味をそれぞれ表しています。

　ツバメはその別名を「つばくらめ」と言いますが、奈良時代や平安時代からこのツバメとツバクラメという名は併存していたようです。江戸時代になるとツバクラメは使われなくなり、ツバメ・ツバクロ・ツバクラが主に使われ、現代ではツバメが一般的な呼び方になりました。「ツバ」は光沢を、そして「クラ・クロ」は黒色をそれぞれ表し、最後の「メ」はスズメやカモメと同じように群れる鳥のこととする説もあります。

　その他にも、ツバメが運んできた土に自らの唾液を混ぜて強度を高めた巣を作るその生態から、「土喰み」がその名の由来とする説や、上記の「ツバクラメ」は漢字で表すと土喰黒女となり、この呼び名は光沢のある黒い鳥を意味するとも伝わります。

　ツバメにとり日本は卵を産み、雛を育てるところで、冬の間に暮らすところは東南アジア各地です。このように繁殖地と越冬地との間を移動することを「渡り」といいます。ツバメが繁殖地の日本で巣をつくるのは人家の軒下などですが、これは蛇やカラスなどに雛が襲われないようにするためです。昔からツバメが巣をつくる店は繁盛する、家にツバメが巣をかけると金運が上がるとか、その家は子宝に恵まれると言われ、食害をもたらす害虫を駆除してくれるツバメの巣作りを歓迎する農家も多いです。

●**自然の恵みと風物詩**

　この候の旬の魚介類と言えばサザエとホタルイカをあげることができます。サザエは本来「ササエ」と言い、その他エイラ・ササイ・サダエとも呼んでいたそうです。漢字では栄螺、栄螺子、佐左江などと表記します。栄螺は、「栄」がササエに近いための当て字といわれ、そのままエイラとも発音します。また、「ササエ」は小さな（ささ）柄（え）のようなものをたくさん付けた貝という意味であるとする説もあります。

　サザエは、琉球列島と小笠原を除く日本各地の浅い岩礁域に生息し、巻貝の仲間では漁獲量が最も多いものに入り、その料理法も多種多量にあり、昔から日本人には馴染みの深い貝です。旬は春であり、春の季語にもなっているサザエですが、その味は季節によってあまり変わらないそうです。その料理法には、生食（刺身・なめろう・味噌たたき）、焼く（壷焼

き・エスカルゴ風）、煮る（醤油煮・塩ゆで）、揚げる（天ぷら）の他に多種多様な、そして地方色豊かな炊き込みご飯、などがあります。

一方、春の風物詩のひとつとしてよく知られるのがホタルイカ漁です。春の食卓を飾る「酢みそ和え」で知られるホタルイカは、日本海側と太平洋側の水深200〜1,000メートルの深海に住み、4月から5月の産卵期には雌が浅海に回遊してきます。富山湾のホタルイカ漁は3月1日が解禁日ですが、その最盛期にあたるのがちょうどこのころになります。

ホタルイカモドキ科のホタルイカは、胴長6センチ弱の小さなもので、体の各部に数百個の発光器を備え、刺激を与えると青白い光を発します。富山湾ではこの時期のホタルイカを定置網で漁獲するのですが、その際に夜の海を照らすホタルイカが発する光が美しく輝き、多くの観光客を魅了します。特に、富山県中央北部にあり富山湾に隣接する滑川市海域のホタルイカが群遊する海面は、特別天然記念物に指定されています。

●**関連する年中行事と祭り**

この候の年中行事には4月8日の花まつりがあります。「花まつり」という名前で長い間にわたり親しまれてきたこの祭りは、正しくは灌仏会と言います。灌仏会は、華やかな花御堂に安置された釈迦像に甘茶を注ぐことで仏を供養し、子供たちの健やかな成長を祈るという仏教行事で、釈迦の誕生日とされる4月8日に行われるのがふつうです。その他旧暦の4月8日や月遅れの5月8日に開催する寺院もあります。

イエス・キリストの誕生を祝うのがクリスマスであるのと同じように、古代から人々に「仏さま」と親しまれてきた釈迦の誕生を祝うのがこの花まつりです。その正式名称は、前述したように、灌仏会ですが、これは「仏に灌ぐ（注ぐ）集まり」という意味です。花まつりは仏教界で広く行われますが、その名前もさまざまで、灌仏会の他にも降誕会・仏生会・浴仏会・竜華会・花会式などとも呼ばれます。

灌仏会の歴史は古く、その期限は平安時代にまでさかのぼることができ、また「花まつり」は明治時代に入ってから浄土宗が使い始めた名称であると伝わります。この日は、各寺院に参拝した人たちが花御堂に安置された誕生仏に甘茶をかけるだけではなく、着飾った子供達による稚児行列が行われる寺院もあります。

第Ⅱ部 二十四節気と七十二候　65

●わかりやすい英語による説明

Tsubame kitaru "Swallows Arrive" lasts from April 5th to April 9th and is the first micro-season of the fifth solar term *Seimei* "Pure and Bright." During this time, the surfaces of seas, lakes, and rivers start to sparkle under the gentle spring sunlight, and all living things, including birds, animals, and plants, become active and full of life.

Signaling the beginning of the peak of spring and the farming season, swallows arrive in Japan after having traveled 3,000 to 5,000 kilometers from distant places, such as Taiwan, the Philippines, Malaysia, and Indonesia, to build their nests and to raise their young. It was said that shops and homes with swallow nests built under their eaves will become prosperous and happy, or will be blessed with many children. Farmers welcome swallows because they control pests that damage crops.

Turban shell and firefly squid are representative delicacies of the period. Among the gastropods, turban shells have the highest fishing yield and are very popular with many different preparation methods, including sashimi, grilling, boiling, and frying. They are also used in regional dishes such as mixed rice.

Firefly squid fishing is one of the well-known sights of spring. During the spawning season, female firefly squids migrate from depths of 200 to 1,000 meters to shallow waters to release their eggs. The glow emitted by their photophores illuminates the night sea and attracts not only fishermen but many tourists. The waters off Namerikawa City, Toyama Prefecture, where firefly squids gather, have been designated as a Special Natural Monument.

On April 8th, the *Hana matsuri* "Flower Festival," formally called *Kanbutsu-e* "Buddha's Birthday Celebration," is held. In Japan, it is the custom to pour sweet tea over a decorated statue of the Buddha in a miniature flower pergola to honor him and pray for the healthy growth of children. The *Kanbutsu-e* dates as far back as the Heian period, and the term *"Hana matsuri"* was used by the Jōdo sect since the Meiji era. Some temples hold it on the 8th of the lunar calendar.

❖二十四節気：清明 *Seimei* 次候❖

【第十四候】鴻雁北　こうがんかえる

14th Micro-season: Wild Geese Fly North（*Kōgan kaeru*）

●二十四節気における時期

　野には菜の花や蓮華草が咲き乱れ、また虫がうごめき、蝶が舞い、空には鳥たちがさえずり、自然界に生命力があふれかえる。まさにこの春たけなわの節である清明の次候が鴻雁北で、4月10日ごろから4月14日ぐらいまでの時期になります。前候で紹介した夏鳥のツバメが日本へ渡ってくるのと入れ替わるように、この時候に大小の雁が繁殖地であるカムチャッカ半島やユーラシア北部など北の大地へ帰っていく状況を表す言葉です。

　鴻雁はこの渡り鳥の雁のことですが、鴻は大雁とも呼ばれるガンの大きなものを、雁はそれより小さいものを言います。鴻は他にも、大きな白鳥を意味する場合もあり、時にはガチョウの別名としても使われます。しかし、ふつう鴻と言えば、ガンの一種で、平均全長約83センチ、全体に暗褐色、羽は茶褐色、腹が白みを帯びた薄茶色のヒシクイ、あるいはそれより大きいオオヒシクイを指します。ヒシクイはヒシの実や草を食べ、菱食と表記することもあります。別名を沼太郎あるいは大雁と言います。

　国指定の天然記念物に指定されているオオヒシクイはガンの仲間では一番大きく、全長は約90センチ以上もあり、翼を広げると約1メートル80センチ以上にもなります。このオオヒシクイを含むカモ目カモ科ガン亜科の水鳥全体をガンと呼んでいます。

　現代でもガンをカリと呼ぶ場合もありますが、このカリはガンの鳴き声から出た擬音語です。奈良時代や平安時代にはガンをカリと呼び、それに「雁が音・雁金」という漢字をあてました。鳴き声のカリから転じてガンそのものを表すようになったものです。その後室町時代になり、徐々に「がん」と言う呼び方が世間に広まっていったと伝わります。

●名付けの由来とエピソード

　鴻雁北は、前述したように南から飛来する燕と入れ替わるように大小さまざまなガンが北へ去って行く時候を表しています。古代の人々は、ツバメは常世の国から飛んで来て、ツバメに替わって去って行くガンの行き先

もまた常世の国であると考えていたようです。常世の国とは、古代日本民族がはるか海の彼方にあると思っていた国・不老不死の国・死人の国を言います。そのような思いを歌に託した一首が万葉集にあります。

実は、万葉集には「雁が音」を詠んだ歌が多くあると言われますが、その第19巻に大伴家持が詠んだ次の歌が載っています。

　　燕来る時になりぬと　雁がねは本郷（くに）思ひつつ　雲隠り鳴く

この歌の意味は、「ああ～燕がやって来る季節になったと雁が、故郷を思い、雲に隠れて鳴いている」となります。「雲隠る」は、多くの場合、貴人の死ぬことの婉曲な表現として使われた言葉です。

このように古来日本人は、渡り鳥の往来に季節の移り変わりや情緒を感じ、多くの詩歌にそれを詠んで来ました。なお、ガンはその後に続く動詞の違いにより春の季語ともなり、秋の季語ともなります。「雁帰る」は春の、そして「雁渡る」は秋の季語です。

春の鴻雁北に対応する秋の七十二候が、晩秋寒露の初候である「鴻雁来」です。鴻雁北は、前年の晩秋に北の彼方から日本に渡来してきたマガン・ヒシクイ・コクガン・オオヒシクイなどがおよそ半年間に及ぶ日本での滞在を終えて、春先に北の故郷へ帰っていくという意味です。

●自然の恵みと風物詩

ガンは北へ帰るとき、日本へ来るとき、また地域を移動するときも、群れをなして飛行しますが、多くの場合その飛行隊形はＶ字形をしています。この時期の空を見上げると、この「雁行」と呼ぶガンの編隊飛行を見ることができますが、これもまた春の風物詩の一つです。

この編隊飛行の形は、上空の大気の流れに応じて一番効率の良い飛行方法をとるため、Ｗ字形や斜め一直線になったりもします。Ｖ字形になる理由は、前を飛ぶガンが生み出す気流が揚力となり、その背後にいるガンはその分だけ羽ばたかなくてもよく、エネルギーを節約できるからです。全体が後方に斜めに延びているのは、真後ろに発生する乱気流を避けるためです。先頭のガンは空気抵抗を一身に受けるので疲労も激しく、そのため先頭は交代で務め、１日に1,000キロも移動することができると言います。

鴻雁北の旬における野菜と言えば、春キャベツや山菜類をあげることが

できますが、よもぎ餅の材料となるヨモギも春の風情を感じる植物です。その用途から餅草とも呼ばれるヨモギは、高さが約1メートルに達するキク科の多年草で山野に自生します。葉には香気があり、その若葉を餅に入れたり、漢方で止血薬などに用いたりします。そのため古くから魔除け草とも呼ばれ、灸やよもぎ蒸しなどの民間療法にも使われてきました。

　この時期の旬の魚はカツオです。カツオ漁は3月ごろに九州南部で始まり9月ごろに三陸から北海道まで北上しますが、4月から5月のころのカツオは初鰹として江戸時代から食通に珍重されてきました。まだ脂が乗っていない初鰹を、旬のものとして人々が好んだのは、初物（走り）を値段にかかわらず競って買い求めた江戸っ子の粋でした。なお、カツオは、その名が「勝つ男」に通じるため武士の間でも好まれた魚でした。

●**関連する年中行事と祭り**

　この時期の代表的な年中行事は、京都の嵯峨嵐山にある法輪寺で催される十三まいりです。旧暦の3月13日ごろ、数え年で13歳になった少年少女が晴れ着を着て福徳・知恵・健康を授かるため両親に連れられて嵯峨嵐山にある法輪寺の虚空蔵菩薩にお参りします。

　十三まいりは、もとは平安時代に幼くして帝位に就いた清和天皇が、数え年で13歳になったときに法輪寺で催した勅願法要であったと言われます。十三まいりの参拝時期は、厳密には旧暦3月13日、すなわち新暦で言うと4月13日です。しかし、このころは学校の入学時期また新学期を迎えて親子ともども忙しい時期にあたるため、現代では3月から5月の間に参拝すればよいとされます。

　この日、女子は本裁ちの晴れ着をまとい、男子も盛装し、親子で寺院に参拝します。十三まいりは、子供たちに智恵を授けてもらい、彼らが立派な大人になって、幸福な人生を送ることができるようにと祈願する重要な通過儀礼です。昔のしきたり通り、13品の菓子を買って虚空蔵に供え、そのあとに家に持ち帰り、家中の者に食べさせる風習が残っている地域もあります。

　法輪寺への参詣の帰路、渡月橋を渡っているときに後を振り返ると、授かった知恵を返さなければならなくなるため、渡月橋を渡り切るまで後ろを見てはならないとされています。

第Ⅱ部　二十四節気と七十二候　69

●わかりやすい英語による説明

During this period, rapeseed flowers and Chinese milk vetch (Astragalus sinicus) bloom profusely, and the natural world is overflowing with vitality. *Kōgan kaeru* "Wild Geese Fly North," the second micro-season of *Seimei*, occurs around April 10th to April 14th. Both large and small geese return to their breeding grounds in the Kamchatka Peninsula and northern Eurasia.

The Japanese have considered the comings and goings of migratory birds as signs of the changing seasons and as reflections of their emotions. They expressed their sentiments in numerous poems and songs, including one in Volume 19 of the *Manyoshu* composed by Otomo no Yakamochi："When the swallows come, the geese call out, thinking of their homeland, hidden in the clouds."

The autumn counterpart to Wild Geese Fly North is the micro-season Wild Geese Return. When geese fly in flocks, they often form a V-shaped formation, which is one of spring's scenic wonders.

During this micro-season, spring cabbage and mountain vegetables are at their best. The young, fragrant mugwort leaves are used as an ingredient in *yomogi mochi* "mugwort rice cake." They are also used in traditional Chinese medicine, in moxibustion, and mugwort steam.

Bonito is the representative seasonal fish. Bonito fishing begins around March in southern Kyushu. Bonito caught from April to May, known as *hatsugatsuo* "first bonito," have been highly valued by connoisseurs since the Edo period. *Katsuo*, which is a homophone for "victorious man," was also favored among warriors.

During this period, *Jūsan mairi* "visit of the thirteen-year-olds" is held at Kokūzō Hōrinji Temple, Arashiyama, Kyoto. *Jūsan mairi* originated during the Heian period as a solemn ceremony held when Emperor Seiwa turned thirteen. It is considered taboo for thirteen-year-olds who are returning home across the Togetsu Bridge to look back, lest they lose the blessings that they have just received at the temple.

❖二十四節気：晴明 *Seimei* 末候❖

【十五候】虹始見　にじはじめてあらわる

15th Micro-season: Rainbow First Appears（*Niji hajimete arawaru*）

●二十四節気における時期

　虹始見は、新暦で4月15日ごろから19日ごろにあたり、虹がその年に初めて大空に姿をあらわす時期をいいます。長い冬の間、虹とは無縁であった人々が、春雨がやんだ後に空を見上げると、美しい虹が浮かび上がってきます。虹始見は、その姿を見て喜ぶ人々の様子を表したものです。春雷を伴うこのころの雨は、太陽の光を反射また分散する水滴も小さく、そのためこの時期の虹は淡く、また儚いのがふつうです。

　晴明のころになると春風が吹き始め、空気もさわやかなものになり、大地は精気を取り戻し、草木にも新芽が吹き出し、色とりどりの花が咲き誇り始めます。地上界では万物が若返り、新たな生命が生まれるこのころに、天を仰げば青空が広がり、しばし雨が降った後には美しい虹が空に現れます。森羅万象が新鮮で、美しくなるこの時期の虹は、古代の人々にとっても格別なものであったに違いありません。

●名付けの由来とエピソード

　名付けの由来は、前項で述べたとおり「春雨のころ、雨上がりの空に美しい虹が現れる」現象にあります。問題は、七十二候が生まれた古代の中国と、またそれが伝来し、その後1000年以上も利用された後に、実際の風土に合わせて何度か修正された日本、それぞれの国で当時の人々は虹をどのように見ていたかという点です。

　その答えは、中国で虹を表す漢字、そして江戸時代末期の虹を描いた浮世絵に見出すことができます。漢字の虹は虫＋工からなり、虫は蛇、そして工は貫く、をそれぞれ意味します。虹は、天空を貫く蛇ということになりますが、古代中国では虹を竜の一種と考え、そのオスを虹、メスを蜺あるいは霓と呼んでいました。虹は明るく見える主虹とやや暗く見える副虹に分かれますが、主虹がオスの竜であり、副虹がメスの竜であると考えられていたのです。この二つを合わせて、中国の人々は虹を虹蜺または虹霓と書き表していました。

第Ⅱ部　二十四節気と七十二候　71

　日本での虹の見方は、我が国の風土にあった「本朝七十二候」が掲載されている貞享暦（1685年）から、現代の七十二候の基になっている略本暦（1874年）までの間に虹を描いた歌川国芳（1797-1861年）や安藤広重（1797-1858年）などによる浮世絵を見ることで想像できます。それぞれ濃淡の違いはあるものの、いずれも赤・緑・黄もしくは白という3色が多く、中には2色が重なり4色あるように見えるものもあります。

　この事実は、江戸時代の人々の多くが虹の色は3色から4色と見ていたことを示すものといえるでしょう。なお、庶民の間でどこまで知られていたかはわかりませんが、江戸時代の絵師であり、蘭学者また洋風画家であった司馬江漢は、その著『和蘭天説』（1796年刊行）の中で「雨點ニ日光ノ透映シ水火自ラ五彩ヲナス」と述べて、虹の色は黄・紅・緑・紫・青の5色であると記しています。

●自然の恵みと風物詩

　日本人にとって「お花見」は、単に花を鑑賞するというだけではない、独特の意味を持つものといえます。お花見といえば、サクラということになりますが、古代人は、春には山の神や海の神が里や浜に降りてきて農業や漁業を見守ってくれていると信じていました。サクラの樹はその神が降臨する依代と考えられていて、人々はそのそばで神と酒食を共にして一日を過ごしました。これがお花見の始まりであるといわれます。

　お花見は、サクラが花開く3月末から4月始めに行われるのがふつうですが、寒さが残る山間の地や東北地方では、この虹始見のころになってもお花見が行われます。特に福島県田村郡にある「三春滝桜」は、日本三大桜の一つとして有名で、例年の見頃時期がこのころになります。真紅の小さな花が全方位に伸びた太い枝に咲く様子が、ちょうど水が滝のように流れ落ちるように見え、そこから滝桜と呼ばれるようになりました。

　このサクラの種類はエドヒガン系の紅枝垂桜で、1922年にサクラの樹として初めて国の天然記念物の指定を受けました。樹齢は1000年以上と推定され、樹高12メートル、根回り11メートル、幹周り9.5メートル、枝張り東西22メートル・南北18メートルに達する巨大なサクラの樹です。

　ウメ・モモ・サクラの花が一度に咲くことが名前の由来と言われる三春町ですが、町内には約10,000本のサクラがあり、三春滝桜の近くにある「さくらの公園」では約2,300本のサクラを見ることができます。その種類

も多く、冬の寒緋桜をはじめとし、春には河津桜・ソメイヨシノ・八重桜・山桜が、秋には十月桜がそれぞれの美しい花を咲き誇り、全国各地から花見客が多数訪れる東北地方の一大風物詩となっています。

●関連する年中行事と祭り

　この候における代表的な祭りといえば、4月13～16日に催される滋賀県長浜八幡宮の春祭りでしょう。この春祭りが全国に知れ渡るもとになったのは、春祭りの間に曳山の上で子供たちによって演じられる子供歌舞伎です。長浜曳山祭の一番の見所ともいわれるこの子供歌舞伎のことを、長浜では「長浜曳山狂言」と呼んでいます。曳山とは、祭りに用いられる山車のことですが、長浜の曳山は江戸時代の伝統工芸を結集した飾金具や彫刻、絵画で彩られ、「動く美術館」とも呼ばれるほど豪華なものです。

　江戸時代に造られ、今日まで美麗なままに維持されているこの曳山が、列をなして長浜の街中を巡行するのを目にするだけでも圧倒されますが、この美しい曳山の上で地元の子供たちによって演じられる子供歌舞伎は素晴らしいもので、この時期には全国各地からこの子供歌舞伎を見るために数多くの観光客が長浜を訪れます。

　子供歌舞伎は、長浜市内で曳山を持つ「山組」と呼ばれる町に住む5～6歳から11～12歳くらいまでの男の子によって演じられるものです。日本を代表する総合演劇といわれる本物の歌舞伎と同じように、子供歌舞伎にも立役と女方があります。立役を演じる男の子の迫力や勇ましい姿、また女方を演じる男の子の艶やかさや可憐な姿は、地元の人々だけではなく、多くの観光客を魅了してやみません。

　この長浜曳山狂言の歴史は古く、かつて豊臣秀吉が長浜城主であった時に男子の出産を祝って町民に配った砂金を、地元の有志たちが曳山を造る基金に充てたのが始まりであるといわれます。現在まで残り、今でも実際に使用されている曳山の一番古いものは1755年に製作されたものであり、曳山狂言が初めて行われたのは1769年と伝わります。

　曳山狂言は、毎年新しい演目が演じられ、毎年入れ替わりで4基の曳山が出番山として登場し、それぞれの曳山で別々の子供歌舞伎が演じられることになります。各山組で厳しい稽古を積んだ子どもたちは、本番で大人顔負けの名演技を披露し観客を魅了します。

第Ⅱ部　二十四節気と七十二候　73

●わかりやすい英語による説明

Niji hajimete arawaru "Rainbow First Appears," micro-season #15, corresponds to the period between April 15th to 19th. After a long winter, people were filled with joy when looking up to the sky to see a beautiful rainbow for the first time.

How did people in ancient China and Japan perceive rainbows? In China, the rainbow was considered a type of dragon. In Japan, the perception of rainbows can be imagined by looking at the works of Ukiyo-e artists such as Utagawa Kuniyoshi（1797–1861）and particularly Andō Hiroshige（1797–1858）who depicted rainbows in three colors, red, blue/green, and yellow or white.

While *hanami* "flower viewing" typically takes place at the end of March to the beginning of April when cherry blossoms are in bloom, in mountainous areas and the Tohoku Region where the cold lingers, *hanami* is held during the period Rainbow First Appears. In ancient times, the cherry blossoms were considered vessels for the deities of the mountains and oceans, and people shared food and drink under the cherry trees, celebrating with the gods. The Miharu Takizakura in Fukushima Prefecture is known as one of Japan's three great cherry trees. This thousand-year-old weeping cherry tree was designated a national natural monument in 1922. The delicate colors of cherry blossoms during this season were undoubtedly a special sight for the people of ancient times.

A prominent festival during this micro-season is the spring festival at Nagahama Hachimangu Shrine in Shiga Prefecture held from April 13th to 16th. The *Nagahama hikiyama kyōgen* features Edo-period festival floats, which are decorated with traditional crafts, sculptures, and paintings. Boys from age 5 to 12 perform kabuki on the floats. The festival dates back to the time when Toyotomi Hideyoshi, feudal lord of Nagahama Castle, distributed gold dust to the people of the domain to celebrate the birth of his son, which the families used to fund the festival floats. The oldest surviving float was built in 1755, and the first performance of *hikiyama kyōgen* took place in 1769.

❖二十四節気：穀雨 *Koku-u* 初候❖

【第十六候】葭始生　あしはじめてしょうず

16th Micro-season: First Reeds Sprout（*Ashi hajimete shozu*）

●二十四節気における時期

　穀雨の「穀」は、田畑で作られ、その実を主食とする植物のことで、米・麦・豆などを意味します。穀雨とは、春雨が大地を潤し穀類を育てる新暦の４月20日ごろの時候を表す言葉です。その穀雨のはじめの５日間を葭始生と呼んでいます。

　二十四節気では春の最後になる晩春の穀雨ですが、その初候にあたる葭始生は、穀類だけではなく、多くの野菜類などの種まきにも適した時期です。６月の梅雨とは違い、特にこの時期に雨が多いというわけではありませんが、穀雨に降りそそぐ雨は野にも田畑にも十分な潤いを与え、穀類を育てます。

　このような雨を、恵雨や慈雨とも言いますが、特にこのころに降る長雨を「春の長雨」あるいは春霖と呼びます。また菜の花の咲くころに降る長雨というところから菜種梅雨とも言っています。葭始生はイネ科の植物だけではなく夏野菜を植えるのにも最適の時期です。

　葭始生自体には雨という文字は出てきませんが、この時期に大地に降りそそぐ雨は、まさに天からの贈り物ともいえ、古代の人々がこの時期の雨をどれだけ有り難く思ったか容易に想像できます。

●名付けの由来とエピソード

　葭始生の葭は、水辺に群生するイネ科の多年草ですが、葭の他にも葦・蘆・芦と表記されます。しかし、本来は成熟したものを「葦」、まだ穂が出揃っていないものを「蘆」、そして穂の出ていないものを「葭」と書き分けていました。また、「芦」は「蘆」の俗字です。現在では、一般的に葦を使っています。

　葭は別名をキタヨシあるいはヨシとも言いますが、これはアシという呼

び名が「悪し」に通じるため忌み言葉として嫌われ、その対語として「善し」となったと言われます。アシは成長すると高さが2～3メートルにもなる大型の多年草で、その茎は堅く、円柱形をしていて、古代から簾・屋根・船・楽器などの材料として使われてきました。

　我が国日本のことをよく「瑞穂の国」と言いますが、瑞穂は「みずみずしい稲の穂」という意味です。この瑞穂の国という文字は、日本で現存する最古の歴史書と言われる『古事記』の中に出てきます。日本の呼称としては「葦原国」もあり、「豊葦原の瑞穂の国」という美称もあります。また、「葦原の千五百秋の瑞穂の国」と記されている古書もあります。

　これは、古代の日本が、全国至るところの水辺に葦が生えていて、「葦の生い茂る国」と言われていたためです。上記の句中にある「千五百秋」は限りなく長い年月のことで、千秋や千歳と同じ意味です。したがって、ここは「日本は穀物がいつも豊かに実る国」という意味になります。

　このように、葭始生は、春が終わり夏へと気候が変わるころに、農家では日本人の主食である米穀の種をまき、稲を育てる時期が始まるということをよく表している言葉であると言えます。

●自然の恵みと風物詩

　春の代表的な魚と言えば、魚偏に春と書く鰆です。我が国では日本海南部や西日本太平洋岸の沖合を遊泳するサワラは、成長するにつれてサゴチ・ヤナギ・サワラと名前が変わる出世魚です。その旬は産地によって異なり、3月から5月を旬とするのは、主に瀬戸内海産のサワラです。成長すると80～100センチにもなるサワラは、昔その細長い魚体から「狭腹」と名付けられ、それが変化してサワラになったと言われます。

　サワラは、あらゆる魚の中で最高に美味しい魚と言われますが、その身は透明感のある白色で、柔らかく、上品な甘さがあり、滑らかな食感に特徴があります。関西の白味噌に漬け込んだ西京漬けの焼き物が有名ですが、煮付けにもフライにも合い、特に西日本で馴染みの深い魚です。

　春は新筍が収穫されますが、春にしか味わうことができないこの新筍にもいろいろ料理法があります。その中でも特によく知られるのが、新ワカメ（若布・和布・稚海藻などとも表記される）とともに料理される「春先の出会いもの」とも呼ばれる若竹煮です。

　日本料理の用語である「出会いもの」とは、この若竹煮や鯛かぶら（鯛

とカブ）、シラスと菜の花のだし巻き玉子のように、同じ季節の旬のものである海の幸と山の幸を出会わせることでより豊かな味わいを楽しむ料理のことです。若竹とはワカメと新筍を一緒に料理することを意味し、若竹煮の他にも若竹椀・若竹焼き・若竹蒸し・若竹揚げなどがあります。

タケノコには、タンパク質・ビタミンＢ群・ミネラル・植物繊維・グルタミン酸・アスパラギン酸（アミノ酸の１つ）が豊富に含まれています。ワカメは、植物繊維の他にもアルギン酸・ヨウ素・カリウム・カルシウムなどを含んでいます。タケノコもワカメも、このように栄養豊かな食品であり、健康にも美容にも大変に優れた食材と言えます。

●**関連する年中行事と祭り**

この時期の祭りの代表格は、東京都江東区亀戸にある「花の天神様」として名高い亀戸天神社の藤まつりです。亀戸天神社は「亀戸の天神さま」または「亀戸天満宮」として親しまれていますが、「天神さま」とは天満宮、またその祭神である菅原道真を敬い親しんでいう呼び名です。

毎年４月中旬から下旬にかけて、この神社の境内に数多くある藤の花が一斉に咲き始めます。同所は、心字池（草書体の「心」の字にかたどって作られた池）に映る藤の花房の美しい姿と淡い香りから「東京一の藤の名所」として知られ、この時期は多くの花見客で賑わいます。

その境内は夜になると明かりが灯され、その明かりに照らされる藤の花が心字池の穏やかなさざなみに揺れ動き、見る人を幽玄の世界に引き込みます。この藤まつりの時期には境内に昔ながらの露店が数多く出て、江戸の下町の情緒を味わうこともできます。

日本的で、どちらかと言えばおとなしい感じのする単色の藤の花とは異なり、西洋的な花と言えば明るくて多色のチューリップをあげることができます。４月中旬から５月の連休にかけて約700品種、約300万本のチューリップが色鮮やかに咲き誇るのが、富山県西部にある砺波市で開催される「となみチューリップフェア」です。この祭りの歴史は古く、1952年に第一回目のチューリップフェアが開催され今日に至っています。

会場はＪＲ城端線の砺波駅から徒歩約15分のところにあり、広大な敷地にチューリップで描かれた地上絵や水上花壇などの趣向が凝らされています。砺波駅までは、東京駅から３時間弱、大阪方面から４時間弱かかり、北陸新幹線新高岡駅経由の城端線で行きます。

第II部　二十四節気と七十二候　77

●わかりやすい英語による説明

The solar term *Koku'u* "Grain Rain" is around April 20th when spring rains nourish the earth and cultivate grain staples such as rice, wheat, and beans. The first five days of Grain Rain are the 16th pentad, *Ashi hajimete shōzu* "First Reeds Sprout." *Koku'u* is the last solar term of spring, and the gentle rainfalls are called "blessing rains." It is an ideal time, not only for rice plants but also for summer vegetables.

The reeds in First Reeds Sprout are perennial grasses of the Poaceae family and, by extension, all reedy plants that grow along the waterways. In the *Kojiki*, Japan is often referred to as *mizuho no kuni* "country of lush rice ears," where reeds forever bear bountiful yields.

The representative fish of this period is Spanish mackerel, which is considered the most delicious of all fish. Its translucent flesh has a delicate sweetness and a smooth texture that is enhanced by simmering or frying. Grilled Spanish mackerel marinated in Kansai-style white miso is renowned.

Spring brings the harvest of fresh bamboo shoots, which can be enjoyed by various cooking methods. One particularly well-known dish is bamboo shoots cooked with fresh *wakame* seaweed. Dishes that bring together marine and mountain delicacies of the same season, such as seaweed and bamboo shoots, sea bream and turnip, and whitebait and rapeseed flowers in rolled egg, are known as "seasonal encounters."

The representative festival of this season is the Wisteria Festival at Kameido Tenjin Shrine, which venerates Sugawara no Michizane, in Kōtō Ward, Tokyo. The wisteria flowers in the shrine's precinct bloom all at once and are reflected in a heart-shaped pond. Traditional stalls filling the neighborhood create the nostalgic atmosphere of old downtown Edo.

Unlike the monochrome wisteria flowers that evoke a Japanese aesthetic, tulips, with their multicolored blooms, represent a Western aesthetic. From mid-April, the Tonami Tulip Fair has been held in Tonami City, Toyama Prefecture, since 1952.

❖二十四節気：穀雨 *Koku-u* 次候❖

【第十七候】霜止出苗　しもやんでなえいずる

17th Micro-season: Frost Ends; Rice Seedlings Grow （*Shimo yande nae izuru*）

●二十四節気における時期

　新暦の４月25日ごろから29日ごろまでの５日間が霜止出苗になります。まもなく始まる田植えの準備で農家が忙しくなる時期です。「田植え」は、苗代で育てた稲の苗を水田に移し植える作業全般を表します。最近ではその作業も機械化され、昔のように人が手にした苗を３〜４本ずつ水田に素手で植え付けていく風景を目にすることも少なくなりました。

　「苗代」とは稲の苗を仕立てる苗床、すなわち水田の一部を区切って種子を密植し、人工的に保護して一定の大きさになるまで育てる田のことです。稲の苗が20センチほどに成長し、抵抗力が付いてから水田に移すのですが、この稲が成長する時期は、地面や地表の真下を覆う霜が終わりを告げるころに重なります。霜は細かな氷の結晶です。

　寒い朝に郊外はもちろん、都会でも公園や校庭の片隅にある植え込み辺りをよく見ると霜が降りていたりします。子供のころにその霜を足で踏んで、ザクザクとした感触を楽しんだことのある人もいることでしょう。その霜もようやく終わりを告げ、苗が育ち、田植えの準備が進み、日が長くなり、穏やかな日よりが続くころが霜止出苗です。

●名付けの由来とエピソード

　語頭の「霜止」ですが、前項で説明した霜が、冬が終わり春を迎えるころには降りなくなってくることを意味します。冬から春に向かう時期に降りる霜で最も遅いものを終霜と言い、別名を忘れ霜・別れ霜・晩霜・遅霜などとも呼んでいます。これらの晩春に降りる霜は、育ち始めた草木の葉や芽を傷め、農作物に被害を与えます。

　穀雨の末候である牡丹華の中日（５月２日ごろ）は立春から数えて88日目になり八十八夜と言いますが、このころに降りる霜を「八十八夜の別れ霜」と言い、霜の季節も終わりを告げることになります。ただし、同じ国内でも北と西（あるいは南）の間ではこの時期の気温差はかなりあるため、霜も全国で一斉に終わりを迎えるというわけではありません。北海道

第Ⅱ部　二十四節気と七十二候　**79**

と九州では終霜の時期も2ヶ月ほどの違いがあります。

「出苗」は文字にあるとおり、この時期に稲・野菜・草木などが発芽してまだ間もないころを意味します。これらの植物の種子が発芽した幼若期の苗は外界の影響を受けやすいため、その時期を苗床で人工的に保護して育てます。その後十分に抵抗力が付いてから水田や畑に出すようにしたのが苗の始まりでした。

このころになると霜も止み（降りなくなり）、稲や野菜、また数多くの草木が芽を出し、苗が用意されて、農家ではまもなく始まる田植えの準備で忙しくなる活気のある時期が、春最後の二十四節気である「穀雨」の次候「霜止出苗」ということになります。

●自然の恵みと風物詩

天然ものの旬がちょうどこの時期になるタラの芽は、「山菜の王様」と呼ばれます。ウコギ科の落葉低木タラノキの新芽であるタラノメがそう呼ばれる理由は、まず食味が良いこと、次に栄養価が高いこと、そして3つ目に山菜の中ではアクが弱くて天ぷら・おひたし・胡麻和え・ソテー・パスタの具材など調理のバリエーションが広いことです。

最近ではハウス栽培ものも出回っていますが、我が国では、天然のタラノメは古代から春を告げる代表的な山菜として人々に親しまれてきました。ハウス栽培ものは、天然ものより数ヶ月早い12月ごろから市場に出回り、3月ごろにはピークを迎えます。

タラノメと並んでこの時期に人気の高い野菜に春キャベツがあります。春キャベツはふつうのキャベツに比べ若干小さめで丸く、葉の巻き具合もゆるくてふんわりとし、葉が柔らかくてみずみずしいところにその特徴があります。いろいろな料理に向く万能食材である春キャベツは、植物繊維やビタミンCが豊富に含まれています。ビタミンCは免疫力を高める働きがあり、風邪にかかりにくくなる効果がある他に、肌に潤いを与え、美しい肌を作るという美容効果も期待できます。

この時期の風物詩のひとつが、池や沼の水辺にその姿を見ることができるオタマジャクシです。オタマジャクシは、カエルの幼生で卵からかえってカエルになるまでの間は、脚はなく、尾だけで泳ぎます。その後に脚が出てエラと尾を失い、成体になりますが、その間の特異な姿形が飯または汁などの食物をすくいとる道具である杓子に似ているところから御玉杓

子と名付けられました。オタマジャクシの泳ぐ姿を見て春から初夏への移り変わりを感じる人も多くいることでしょう。

快適な気候が続く霜止出苗を中心とした晩春はツツジがちょうど見頃を迎えるころでもあります。花が筒の形をしているところから「ツツジ」と呼ばれるようになったというツツジは、日本や中国に数多くの種類があります。山野に自生している野生種に加えて、江戸時代以降はそれらの野生種を掛け合わせた園芸用としての改良品種も多く生み出され、その数は数百種類にもおよぶと言われます。

赤や白や、2色のマダラ模様、ピンクなどたくさんの色の花を咲かせ、『万葉集』や『源氏物語』にも登場するツツジですが、全国各地で街路樹や庭木にも用いられてきました。関東・関西を中心として各地にツツジの名所は数多く存在し、多くの観光客を魅了しています。

●関連する年中行事と祭り

霜止出苗の中日にあたる4月27日に和歌山県日高川町にある道成寺で鐘供養が執り行われます。天台宗天音山道成寺は、平城京（710〜784年）が誕生する9年前に創建された、紀州（和歌山県）では最古の寺院で、次のような安珍清姫伝説で知られる古刹です。

熊野へ修行に行く若い僧安珍が、旅の途中で清姫に会います。安珍に一目惚れした清姫は、「後でまた来る」と約束して別れた安珍が逃げたことを知って怒り狂い、大蛇となって安珍を追いかけます。安珍は、日高川を渡り道成寺に逃げ込み、鐘の中に隠れます。しかし、追いついた大蛇が鐘に巻きついて、恨みの炎で安珍を焼き尽くしてしまうのです。

この悲恋の伝説は、仏画や地獄絵などを示しながら仏の功徳を説く「道成寺縁起」という絵解き説法として同寺に飾られています。その後この安珍清姫伝説をもとにして、能・歌舞伎・浄瑠璃で「道成寺」ものという演目が数百年間にわたり広く演じられるようになりました。

道成寺の「鐘供養会式」の呼び物は、全長21メートルにもおよぶ張り子の大蛇が大暴れする「ジャンジャカ踊り」です。多くの地元の中高生や大人たちに担がれたこの大蛇が、赤い煙を吐きながら日高川を渡り、町内を練り歩き、鼓笛隊も加わって、道成寺の62段の石段を一気に駆け上がり、鐘に取り付いて安珍を焼き尽くす様子を再現します。

第Ⅱ部　二十四節気と七十二候　81

●わかりやすい英語による説明

From around April 25th to 29th is the micro-season *Shimo yande nae izuru* "Frost Ends; Rice Seedlings Grow." Rice seedlings are susceptible to frost and bad weather, so they are protected and nurtured in seedbeds. By this time, frost no longer forms, and the seedlings have grown large enough to be replanted in the paddies, and the farmers are busy with preparations. With the warming weather, vegetables, numerous grasses, and leaves on the trees have also sprouted.

The new shoots of *taranome* (*Aralia elata*) begin to appear. Known as the "king of mountain vegetables," *taranome* is well-loved because of its excellent taste, high nutritional value, and versatility. Its mild bitterness makes it suitable for tempura, marinating with sesame dressing, sautéing, and mixing in pasta dishes.

Another popular vegetable during this period is spring cabbage which is slightly smaller and rounder than regular cabbage and which has many nutritional and medicinal benefits.

Late spring coincides with the peak blooming season of innumerable varieties of azaleas, many of which were created since the Edo period by crossing different types with wild mountain species. Azaleas have been planted along streets and in gardens across Japan, and there are numerous famous azalea viewing spots that attract many tourists.

The appearance of *otamajakushi* "tadpoles" in ponds and marshes signals the transition from spring to early summer.

On April 27th, *Kane kuyō* "temple bell offering" is held at Dōjōji (built in 701) in Hidakagawa, Wakayama Prefecture. The temple is well-known for the legend of Anchin and Kiyohime that inspired nō, kabuki, and bunraku plays entitled *Dōjōji*. The highlight of the event is the Jangjaka Dance, where a 21-meter-long papier-mâché serpent, carried by many adults and local middle and high school students, goes on a rampage, crosses the Hidaka River, parades through the town, and in the finale climbs the temple's 62 stone steps to reenact the scene of coiling around the bell to burn Anchin who is hiding underneath.

❖二十四節気：穀雨 *Koku-u* 末候❖

【第十八候】牡丹華　ぼたんはなさく

18th Micro-season: Peony Flowers Bloom（*Botan hana saku*）

● 二十四節気における時期

　穀雨の末候である牡丹華は二十四節気においても、七十二候においても春の最後を飾る季候です。その時期は、新暦の４月30日ごろから５月４日ごろまでの５日間で、いわゆるゴールデンウィークに重なります。

　このころに大輪の花を咲かせるボタンは、ボタン科の落葉低木の観賞用また薬用の植物で、原産地の中国では「花王」と呼ばれます。中国はもちろん日本でも古代から栽培されていて、直径20センチもある羽状複葉の美しい花は、高さ１メートル余りにも達します。

　園芸品種の多いボタンですが、色は紅・紫・白・黄・淡紅などに分かれます。その根皮は漢方生薬の牡丹皮で頭痛・腰痛・婦人病などの治療に用いられます。別名を二十日草・深見草・名取草・山橘とも称します。

　この牡丹華の中日にあたる５月２日ごろは、二十四節気の立春（２月４日～２月18日ごろ）の始まりから数えて88日目になり八十八夜と呼ばれています。この時期は、茶葉の一番茶を摘む時期でもあり、農作物の種まきの時期にもあたります。日本人にとって昔から一番大事な食物である米は、その漢字を分解すると八と十と八になりますが、そこから立春後の88日目は、大変に縁起のよい農業の吉日となりました。

　「夏も近づく八十八夜、野にも山にも若葉が茂る、あれに見えるは茶摘みじゃないか～」で始まる『茶摘』は2007年に『日本の歌百選』に選ばれた文部省唱歌です。「文部省唱歌」は明治から昭和にかけて文部省が編纂し、尋常小学校・高等小学校・国民学校の音楽教科書に掲載された歌曲ですが、その多くは現在でもよく歌われています。

● 名付けの由来とエピソード

　ボタンは奈良時代に中国から渡来し、平安時代には国内で栽培されていたようです。日本ではその姿形や色合いの美しさから「立てば芍薬、座れば牡丹～」と謳われ、女性の美しさにたとえられてきたボタンは、中国では王者の象徴、また国を代表する「花の王」とみなされていました。

第Ⅱ部　二十四節気と七十二候　83

　「牡丹」の牡は牛と土を組み合わせた漢字で、牛はウシを、土はオスの性器をそれぞれ表し、牛のオスを意味したのが始まりです。現在では牡鹿のように鳥獣のオスを意味します。「丹」は赤土や辰砂（水銀の硫化鉱物）のことで赤色のことですが、このことから、中国ではボタンを「雄々しいほどまでに強烈な赤色をした花」と見ていたことが分かります。
　「獅子に牡丹」という慣用表現がありますが、獅子の堂々たる姿に絢爛豪華なボタンの花を配した図柄を意味します。そこから転じて、牡丹に唐獅子・梅に鶯・竹に雀などと、取り合わせや配合の良いことのたとえにも用いられます。獅子は、古代ペルシャアケメネス期（紀元前550〜前330年）で王を象徴する聖獣として紋様化され、紀元前400〜前220年ごろ中国に伝わり、邪気を祓う魔よけの聖獣とみなされるようになりました。
　その図柄は9世紀ごろ我が国に伝わり「唐風の架空の動物である獅子の紋様（文様）」ということから唐獅子と呼ばれ、人々に親しまれるようになります。その後唐獅子は和風化されて勇壮な厄よけの象徴として考えられるようになり、さらにボタンと組み合された唐獅子牡丹文として描かれることが多くなっていきます。それは、百獣の王である獅子と百花の王で富貴の象徴とされるボタンの組み合わせが、強大な吉祥の意味となるからでした。唐獅子牡丹文は、着物の意匠のほか江戸時代には大名の婚礼調度品にも用いられるなど、大変格調高い文様でした。

●自然の恵みと風物詩
　ボタンと言えば、牡丹餅を思い出す人も多いことでしょう。牡丹餅は、もち米とうるち米を等量に合わせて蒸し、軽く搗くか、すり鉢で粗ずりしたものを団子にし、それにあずき餡・きな粉・すりごまなどをまぶした家庭的な和菓子です。牡丹餅は江戸時代中期から庶民に人気があり、春秋の彼岸の供物として欠かせないものです。昔は春の時期にのみ牡丹餅と呼び、秋には同じものをお萩と呼んでいました。
　牡丹華の時候を旬とする魚をひとつ上げるとすれば、アイナメということになるでしょう。ただし、アイナメがこの時期から秋までの長い期間にかけて美味しい魚とされる地域もあります。アイナメは鮮度が落ちるのが早いので、料理をする寸前に絞める方が良いとされます。アイナメは漢字で鮎並・愛魚女・鮎魚女などと書きますが、アイナメ科に属する海水魚の一種であり、生育環境の異なるアユ（鮎）とは生態的に何の関係もありま

せん。ただ、その姿がアユに似ているとか、アユと同じく縄張り意識が強い点でよく似ているという理由から「鮎並み」と呼ばれ、アユナミ→アイナミ→アイナメと転訛したとも伝わります。

この候の代表的な風物詩はなんと言っても新茶の茶摘みです。茶葉は年に2〜4回収穫されますが、毎年5月初旬に摘まれる新芽を一番茶あるいは新茶と呼びます。新茶の中でも手摘みは最も品質が高く、茶葉の甘みを味わうことができます。一番茶には冬の間に蓄えた養分が豊富に含まれていて栄養価が高く、深い旨みがあり「八十八夜に摘んだ新茶を飲めば寿命が延びる」と言われてきました。茶の産地は各地にありますが、静岡県・鹿児島県・三重県・宮崎県・京都府がよく知られています。

●関連する年中行事と祭り

牡丹華の後半にあたる5月3日と4日の2日間にわたり福岡市で「博多どんたく」という大きな祭りが開催されます。この2日間福岡市内だけではなく、全国からも大勢の参加者が集まり、老若男女が仮装してしゃもじを叩いて街を練り歩き、特設会場の舞台や広場で踊りを披露し合い、町中が大賑わいとなります。

正式名称を「福岡市民の祭り 博多どんたく港まつり」と称する博多どんたくには約650団体・出場者約3万3千人・見物客約200万人という大勢の団体や人々が参加し、ゴールデンウィークの期間中における日本で最大の祭りと言われるようになりました。

「どんたく」はオランダ語のZondag（ドイツ語のSonntagと同じく日曜日という意味）から来た言葉で、博多では転じて休日という意味で使われるようになったそうです。

博多どんたくの起源には諸説ありますが、1179年に博多の町で行われた小正月の松囃子が始まりであったとされます。江戸時代になると、城下町である福岡と、町人の町である博多との間で、270年間にわたって博多松囃子を通じた交流が続いたと伝わります。

その後明治の混乱期や昭和の戦時中には中断されることがあったものの、博多松囃子は1946年に復活し、戦後の復興に大きな力を与えたと言われます。それからは年に一度の年中行事として定着するようになり、1962年に市民総参加による「博多どんたく港まつり」となりました。

第Ⅱ部　二十四節気と七十二候　　85

●わかりやすい英語による説明

Botan hana saku "Peony Flowers Bloom," marking the end of spring in both the 24 Solar Terms and the 72 Micro-seasons, is a seasonal division that lasts from around April 30th to May 4th.

The peony, which blooms with large, beautiful flowers during this time, is an ornamental and medicinal plant belonging to the Paeoniaceae family. Originating in China, it is known as the "King of Flowers" and has been cultivated in Japan since at least the Nara period. Peonies blossoms can be red, purple, white, yellow, or light pink.

Peonies and lions are an artistic motif, one of a number of combinations of plants and animals, such as *ume* blossoms with nightingales and bamboo with sparrows. This combination symbolizes the king of beasts and the king of flowers, representing grandeur and majesty. The lion motif is referred to as *karajishi* "Chinese lion."

Botamochi "peony rice cake" is a traditional Japanese sweet made by steaming an equal amount of glutinous and non-glutinous rice. In the past, it was called *botamochi* in the spring, while the same treat was referred to as *ohagi* in the autumn.

Fat greenling（Hexagrammos otakii）is a delicacy of the season. Because it deteriorates quickly, it is best eaten quickly as sashimi. It is also delicious in a light broth, braised in a sauce, or grilled with Japanese pepper.

One of the most iconic scenes of this season is the harvesting of *shincha* "new tea," or *ichibancha* "first tea." The new buds plucked in early May are full of nutrients and have a rich flavor. Drinking *shincha* picked on the 88th day after *Risshun* is thought to extend one's lifespan. Although Shizuoka, Kagoshima, Mie, and other areas are well-known tea-producing areas, Kyoto is famous for producing high-quality teas.

On May 3rd and 4th, the *Hakata dontaku* festival is held in Fukuoka. The celebration boasts 650 groups, 33,000 participants, and around 2 million spectators. *Dontaku* comes from the Dutch word *Zondag* "Sunday" and means a holiday. The festival is believed to have started with the *Matsubayashi* festival held in Hakata in 1179.

❖二十四節気：立夏 *Rikka* 初候❖

【第十九候】蠢始鳴　かわずはじめてなく

19th Micro-season: Frogs Start Croaking （*Kawazu hajimete naku*）

● 二十四節気における時期

二十四節気の七節目「立夏」の初候である蠢始鳴は新暦では5月5日ごろから9日ごろまでを表す時候です。二十四節気の考え方では、立夏から立秋の前日までが夏の季節です。立夏の文字通り、夏が立ち始めるこの時期から暦上は夏が始まります。

日本においてこの時期は5月に入り大型連休であるゴールデンウィークの締めくくりにあたり、さわやかな新緑の季節が到来し、本格的な梅雨の到来を前に五月晴れが気持ちの良い季節です。日本における5月5日はこどもの人格を重んじ、こどもの幸福をはかるとともに、母に感謝する日「こどもの日」であり国民の祝日です。加えて、五節句の一つである「端午の節句」の日でもあります。端午の節句は別名「菖蒲の節句」とも言われ、古代から邪気を払うためショウブ（ショウブ科の多年生草本）を軒に挿す、あるいは魔除けや無病息災を祈願してお風呂にショウブの根や葉を湯に入れる習慣があります。

さらにこの時期には薬狩りと呼ばれる薬草や鹿茸と呼ばれる鹿の若い角を採集する行事があり、競って薬草採集が行われていました。奈良時代から伝わる『日本書紀』には、611年5月5日に推古天皇が現在の奈良県宇陀市付近で薬狩りを実施したことが記されています。その後5月5日を「薬日」と設定し、宮廷儀礼として毎年この日には薬狩りが行われていたとされます。こうした背景から現代では、全国医薬品小売商業組合連合会が1987年に5月5日を「薬の日」と制定しました。

加えて、立春から88日目である八十八夜は、毎年5月2日ごろで蠢始鳴の候の数日前にあたりますが、日本全国各地の茶どころでは茶摘みの全盛期を迎え、その年に出来たばかりの香りが高い新茶を楽しめるのもこの時

期です。新茶は夏の季語としても知られます。

●名付けの由来とエピソード

　鼃始鳴の鼃とは蛙のことです。カエルは両生類の中でももっとも繁栄しているグループであり、全世界には約3,000種類ものカエルが生息しているとされます。日本最古の歴史書『古事記』では日本神話に登場する知恵の神とも呼ばれる「久延毘古」の使者「タニグク」としてヒキガエルが登場するなど、カエルは人々の信仰の対象にもなっていました。

　鼃始鳴の候、夏の初めを迎え全国では本格的な田植えの時期が始まり、水が田んぼにひかれ始めます。繁殖期のカエルたちが鳴き始めるのもこのころで、気温の上昇とともに田畑や川辺ではカエルの大合唱が至る所で聞かれます。カエルは俳句の世界で春の季語ですが、カエルの鳴き声とともに夏の到来を感じます。江戸時代の俳人・松尾芭蕉の俳句「古池や 蛙飛び込む 水の音」はあまりにも有名です。鼃始鳴とは、カエルの鳴き声が聞こえることで、夏の到来を感じることが出来るという意味が込められています。

　伊勢神宮参拝前の禊の地であり、境内にある「夫婦岩」で有名な三重県伊勢市にある二見興玉神社では、神の使いとされる二見蛙の置物が多数奉納されています。神社参拝で徳があった人からこれらのカエルが奉納され、「無事かえる」・「貸したものがかえる」・「若かえる」など、「かえる」にちなんだ縁起があるとされています。

●自然の恵みと風物詩

　鼃始鳴の候、民家の軒先によく見掛けるこの時期の風物詩があります。それは、「鯉のぼり」です。江戸時代初期、武士の家では端午の節句にそれぞれの家の家紋や鍾馗（疫病など払ってくれる神様）を描いた幟などを立てて家族の繁栄を願いました。その後江戸時代中期になると、この風習は商人などの庶民にも広がりました。

　当時、身分制度により社会的な地位が低かった商人たちは、武士の幟に対抗するように鯉のぼりを掲げました。コイは、「鯉の滝登り」という諺があるように、竜にまで出世する可能性のある魚として、中国の伝説では出世の象徴とされています。当時の庶民たちは、鯉のぼりを立てて子孫の立身出世を祈願したのです。

　また5月5日端午の節句・こどもの日には、縁起の良い食べ物として粽を食べる習慣があります。粽とは、餅菓子の一種で古くはチガヤ（イネ科

の多年草）の葉で餅を巻いていたところから、「ちまき」と呼ばれるように
なりました。端午の節句に粽を食べる習慣は中国から伝わったとされ、
日本での粽は粽を食することで厄除けになると解釈されています。端午の
節句以外にも、京都では夏に行われる祇園祭にちまきを作る習慣がありま
す。

　粽と同様に端午の節句に食される餅菓子が、柏餅です。柏餅は江戸時代
初期から端午の節句に食べる慣習が始まったとされます。柏の木の古い葉
は新芽が育つまで枯れないので子孫繁栄の縁起の良い葉とされたことや、
柏餅を包む手つきが神前でかしわ手を打つ姿に似て、武運を祈願する端午
の節句にふさわしいという意味もあったと言います。

●**関連する年中行事と祭り**

　蠢始鳴の候、京都市北区にある今宮神社では、今宮祭神幸祭と呼ばれ
る祭が行われ、3基の神輿を中心に約800名の行列が地域を巡行します。
このお祭りは、平安時代の「紫野御霊会」に起源を持ち、由緒と伝統の
ある「西陣の祭」としても地域に親しまれています。

　毎年5月8日には京都大学近隣の吉田神社において、山蔭神社例祭が行
われます。同神社境内にある山蔭神社は1957年に行われた吉田神社御鎮座
1100年大祭を機に、全国料理関係者が創建に協賛し、1959年に鎮祭された
社で、料理飲食の祖神とされる藤原山蔭が祀られています。平安前期貴族
の藤原山蔭は吉田神社の創建に貢献した人物で、日本で初めてあらゆる食
物を調理調味づけしたと伝えられています。

　そのためこの例祭では、生間流式包丁と呼ばれる式包丁の奉納などが
執り行われ、京都市内の料理・飲食業界関係者などが多く参列し、同業界
の発展と繁栄を祈願します。なお、式庖丁は平安時代・藤原道長の時代に
宮家より伝わる宮中の食の儀式です。儀式では烏帽子・袴・狩衣姿の包丁
人が大きなまな板に乗せた魚や鳥を、直接手を触れず、庖丁刀と真魚箸で
切り分け、華やかに盛りつけ、瑞祥というおめでたい形を表します。

　また蠢始鳴の候である時期は旧暦に読み替えると4月上旬ですが、旧暦
4月8日には、仏教の開祖であるお釈迦様の誕生日が4月8日であること
から起こった仏教行事「灌仏会」が全国各地で行われます。この行事は花
祭りとも呼ばれ、全国の寺院では新暦4月8日または毎年旧暦の4月8日
に近い5月8日に執り行われています。

第Ⅱ部 二十四節気と七十二候 89

●わかりやすい英語による説明

The 19th micro-season *Kawazu Hajimete Naku* "Frogs Start Croaking" is from around May 5th to May 9th. Water for planting rice is drawn into the paddies, the frogs' habitat, and their loud chorus can be heard everywhere during their breeding season.

At Futamiokitama Shrine in Ise, Mie Prefecture, devotees have offered many frog statues because the word for frog "*kaeru*" is a homonym for "return" as in "return safely," and "return to health."

Hachijūhachiya (the 88th night from the beginning of spring) is just a few days before this pentad. It is the peak of tea harvests across Japan, and people enjoy the fresh, fragrant new tea of the season.

May 5th is Children's Day, a national holiday promoting children's development and happiness. It is also known as *Tango no sekku* "celebration of the first day of the horse." Sweetflag leaves (Acoracea, Acorus calamus) were placed on the eaves of homes to ward off evil spirits, and people took baths infused with sweetflag roots to pray for good health.

During the early Edo period, the merchant class developed carp banners inspired by the Chinese legend of its ability to transform into a dragon symbolizing ascension and success.

On the Children's Festival, *chimaki* "a rice cake wrapped in bamboo leaves tied with *chigaya*, a perennial grass" and *kashiwa mochi* "oak rice cake" are customarily eaten. *Chimaki* is a talisman against evil and the *kashiwa mochi* symbolizes a prayer for descendants' martial success and prosperity.

The *Imamiya Shinkō* festival, an observance of historical significance dating from the Heian period, is held at the Imamiya Shrine, Kita Ward, Kyoto City. It features three portable shrines and a procession of about 800 people.

On May 8, the Yamakake Shrine, which enshrines the Heian-period noble Fujiwara no Yamakage as the god of culinary arts, holds a ritual that involves ceremonially slicing fish using only a knife and chopsticks and placing the ingredients in a celebratory arrangement.

❖二十四節気：立夏 *Rikka* 次候❖

【第二十候】蚯蚓出　みみずいづる

20th Micro-season: Worms Emerge（*Mimizu izuru*）

●二十四節気における時期

　蚯蚓出は二十四節気「立夏」の次候であり、新暦では５月10日ごろから14日ごろまでを表す時候です。また、５月は旧暦で「皐月」と呼びますが、５月が田植をする月、つまり田に盛んに早苗を植える月であることから「早苗月」と称したことに由来すると言われています。爽やかな風が薫り、新緑の美しくなるにつれサツキやツツジが咲きそろうのもこの時期です。

　前候蠹始鳴では、水辺で活発に鳴き始める蛙が登場しました。この蚯蚓出の候では、啓蟄の時期に冬眠から覚めた多くの生き物たちとは時期が少し遅れて、蚯蚓が冬眠から目覚めます。ミミズには目がなく、光を検知して暗がりを進んでいく習性があります。そのためミミズという呼び名は「目みえず」の語に由来する説がありますが、ミミズは地中の中を這い回って土を耕し、良い土を作るといわれています。

　この時期は「風薫る」という初夏の季語に表されるように、新緑の季節に差し掛かり、若葉の間を爽やかな風が吹き渡ります。全国各地で田植えの準備が始まる中、土の中では徐々にミミズたちが活動し始めるのです。

　また、蚯蚓出の候の真っ只中にあたる５月の第２日曜日には、「母の日」がやってきます。母の日は、母親に敬意と感謝を表する日として、アメリカ合衆国が発祥の地と言われています。実際にアメリカ合衆国では、1914年に当時のウッドロウ・ウィルソン大統領（1856-1924年）が公式に母の日を国民の休日として定めています。

　その後日本においても第二世界大戦後に母の日の風習が伝わり、各家庭で母に対してカーネーションを贈るようになったのです。なお、世界的に見ても５月に母の日を制定している国が多くある一方で、イギリス「イースターの３週間前の日曜日」やタイ「毎年８月12日」など異なる月日に定めている国もあります。オーストラリアにおいては、母の日には菊の花を贈る習慣があるなど、贈る花も国によってバラエティに富んでいます。

第Ⅱ部　二十四節気と七十二候　91

● **名付けの由来とエピソード**

　前候では、水辺で活発に鳴き始めるカエルが登場しましたが、この蚯蚓出の候は、草木の緑が色濃くなり、土の中で冬眠していた蚯蚓の活発になり始め、地中から這い出てくる時期が到来したことを表しています。前頁でも紹介したようにミミズには目がなく、そのため目みえずの語に由来すると言われています。ミミズは地域によっては「メメズ」や「メミズ」とも呼ばれ、多くの地方名があります。

　そして、このミミズは地中の中を這い回って土を耕すとされ、農業において重要な働きを担っています。実際にこうしたミミズの特性を生かし、オーストラリアやオランダといった国の中には、農業生産力を高めるためにミミズを活用している地域もあります。

　イギリスの博物学者で「進化論」を提唱するなど生物進化の理論を説いたことで有名なチャールズ・ダーウィン（1809-1882年）は、ミミズが動かす土を最初に測定した人物としても知られます。前述したダーウィンは長年ミミズの研究を重ね、その研究成果は、『ミミズの作用による肥沃土の形成およびミミズの習性の観察』（1881年）として出版されています。

　ミミズには様々な呼び方があり、土壌を豊かにする虫として知られてます。古代ギリシャの哲学者・アリストテレスはミミズを「大地の腸」と名付け、日本においてミミズは、「自然の鍬」と呼ばれます。英語名ではearthwormと呼び、直訳すると、地球の虫あるいは大地の虫という意味となります。不気味な外見で、どちらかと言うととっつきにくいミミズですが、このように自然界では世界中で重要な役割を果たしているのです。

● **自然の恵みと風物詩**

　この時期に旬を迎える食材には果物ではイチゴ、魚介類ではイサキやトリガイが挙げられます。野生のイチゴは石器時代から人により食されていたとされ、人類とイチゴは古くからの関わりがあります。そして、現代においてイチゴには様々な栽培方法があり、1年中市場に出回っていますがとりわけ普通栽培のイチゴがこの時期に旬を迎えます。

　また、イサキは初夏に旬を迎える代表的な魚の一つであり、夏の季語として俳句にも詠まれています。イサキは、夏の産卵前となるこの時期には魚肉に脂肪がのり、刺身などで食べると美味しいと言われます。夏にかけて美味しくなるイサキは「梅雨イサキ」として親しまれています。

そしてトリガイは、ホタテやアサリと同じ二枚貝の仲間で本州以南の内湾域に多く分布し、寿司種としても利用されます。特に、京都府北部にある丹後地域（舞鶴湾・栗田湾・宮津湾）で漁獲されるトリガイは「丹後とり貝」として知られる有名な高級食材です。

　京都府のブランド食材として全国に出荷される丹後とり貝は1年の間でも4月～7月ごろまでのみ水揚げされ、味わうことのできる食材の旬は非常に限られた期間のみです。丹後とり貝は、非常に肉厚で歯応えが良く、独特の甘みが特徴で人気の食材です。1年以上をかけて丁寧に育成されたトリガイは大きいものでは殻の直径が10センチ程にも成長し、一般的なトリガイの2倍以上とも言われます。

●**関連する年中行事と祭り**

　蚯蚓出の候に差し掛かる5月10日には、「あらゆる悪い縁を切り、良縁を結ぶ」ことでご利益があるとされる安井金比羅宮（京都府京都市）において春季金比羅大祭が行われます。当日は交通安全・家内安全・無病息災などを祈願し、境内の「縁切り縁結び碑」前庭に護摩壇が設置され、人々の願いごとが書かれた護摩木が焚き上げられます。

　また環境省「名水100選」にも選定されている清流・長良川（岐阜県岐阜市）では、5月11日の「ぎふ長良川鵜飼開き」を皮切りに、約5ヶ月にもわたって鵜飼漁がおこなわれます。長良川で行われる鵜飼は1300年もの長きにわたり続けられている伝統的な漁で、大分県三隈川、愛媛県肱川と共に日本三大鵜飼にも数えられます。この鵜飼いは毎年多くの観光客が訪れることでも有名で、例年10万人ほどの観光客が訪れるとされます。鵜飼は全国十数か所で行われていますが、その中でもぎふ長良川鵜飼は、2015年に「長良川の鵜飼漁の技術」としてその卓越した漁の技術が認められ、国の重要無形民俗文化財に指定されています。

　更に東京都千代田区にある神田明神では5月中旬になると「神田祭」が行われます。200を超える神輿たちが、神田の町を威勢よく進みながら神田明神を目指す「神輿宮入」はこの祭りの一番の見所です。この祭りは神田明神祭とも呼ばれ、2年に一度斎行されることが恒例です。神田祭は、山王祭（日枝神社）、深川八幡祭（富岡八幡宮）と並んで江戸三大祭とされ、江戸っ子・神田っ子の祭りとしても親しまれています。京都・祇園祭、大阪・天神祭と並び日本の三大祭りの一つにも数えられています。

第II部　二十四節気と七十二候　93

●わかりやすい英語による説明

The pentad *Mimizu izuru* "Worms Emerge" is typically from May 10th to 14th. This month is known as *Satsuki* "the month of active rice planting." In the previous micro-season *Kawazu hajimete naku*, frogs become lively around rice paddies and other bodies of water. Various creatures also become active during this pentad as the earthworms emerge from hibernation. Refreshing breezes blow through the new greenery. Meanwhile, across the country, preparations for rice planting begin as earthworms start their activity in the soil.

Seasonal delicacies include fruits like strawberries and seafood such as grunt fish and *torigai* "Japanese egg cockle." Grunt fish comes into season in early summer and is used in haiku as a *kigo* "seasonal word" for summer. Before spawning, the fat content of the fish increases making it delicious for sashimi, popularly known as Rainy Season Grunt.

Egg cockle is plentiful in the areas south of Honshu and is a very popular seasonal sushi ingredient. Cockle from Tango is in season for about two months, from May to June. These cockles are known for their unique sweetness, thick flesh, and large size.

May 10th, the Spring Konpira festival is held at Yasui Konpiragu, Kyoto. The festival, known for cutting bad ties and forming good ones, includes a ceremony where people's wishes written on votive sticks are burned at an altar in front of a stone monument.

The Gifu Nagara River cormorant fishing season opens on May 11th in Gifu City. It begins five months of cormorant fishing that has been taking place for over 1,300 years. It is one of Japan's three famous cormorant fishing sites. In 2015, Gifu Nagara River cormorant fishing was designated an Important Intangible Folk Cultural Property.

Kanda matsuri, held in mid-May at Kanda Myōjin Shrine in Chiyoda, Tokyo, features over 200 portable shrines that are paraded through the parish. *Kanda matsuri* is considered one of Edo's three major festivals and ranks among Japan's three major festivals, along with Kyoto's *Gion matsuri* and Osaka's *Tenjin matsuri*.

❖二十四節気：立夏 *Rikka* 末候❖

【第二十一候】竹笋生　たけのこしょうず

21st Micro-season: Bamboo Shoots Emerge（*Takenoko shōzu*）

● **二十四節気における時期**

　二十四節気「立夏」の末候にあたる竹笋生は新暦で5月15日ごろから20日ごろまでを表す時候です。竹笋生の文字にも表現されている、「たけのこ」は夏の季語であり、この時期はタケノコが地下から徐々に生え出すと言われる時期でもあります。また、この時期には竹の葉が春から初夏にかけて黄色く色づき、その様子を「竹の秋」と表現します。そして、竹の芽の部分にあたるタケノコが食材としても旬を迎えます。

　一方、いよいよ立夏の終盤に差し掛かる竹笋生の初日にあたる5月15日は、様々な記念日が制定されています。例えば、5月15日はJリーグの日です。Jリーグの日は1993年5月15日にわが国初めてのプロサッカーリーグ「Jリーグ」が開幕したことにちなんで、一般社団法人日本記念日協会により記念日として認定登録されています。

　また、世界に目を向けると同じく5月15日は「国際家族デー（International Day of Families）」です。奇しくもJリーグが開幕した1993年に国際連合総会によって制定され、世界各国において、家族に関係した問題についての認識を高め、適切な行動をとるよう奨励することを目的にこの記念日が制定されました。毎年の国際家族デーには国際連合事務総長がメッセージを発信し、わが国においてもNPO（非営利団体）法人を中心に、家族に関連する様々なイベントが行われています。

● **名付けの由来とエピソード**

　竹笋生の漢字の通り、この時候を迎えるころにはタケノコが生えてくると言われ、竹やタケノコが主役です。日本において竹は、平安初期の日本最古の作り物語『竹取物語』において、竹の中から出てくるかぐや姫の物語として、身近なものでしょう。

　また、アメリカの著名な発明家、トーマス・エジソン（1847-1931年）が手掛けた白熱電球の開発に、京都府八幡市にある石清水八幡宮の竹林にある八幡竹が用いられました。この経緯を記念して、石清水八幡宮の境内

第Ⅱ部　二十四節気と七十二候　95

にはエジソン記念碑が建てられています。エジソンは日本から輸出された八幡竹を用いて1881年頃から白熱電球を製造し、1,000時間以上も持続するその電球はたちまち大ヒット商品になりました。こうして製造された白熱電球は1894年に新たなフィラメント素材が見つかるまでの間、世界中に明かりを灯したのです。

　タケノコを漢字で表現すると竹かんむりと旬を組み合わせたものです。これは、タケノコは成長が早く10日間（一旬とも表現される）で竹に成長し、つまりは一旬で竹になることから、「筍」という漢字一文字に表現されたとも言われています。成長速度の極めて速いタケノコは、中には1日で1メートル以上伸びた記録もあるとされます。竹の種類は日本国内においてはおよそ150種類ほどあると言われ、正月を迎えるための門松や七夕の飾りや縁起物に用いられ日本人の生活と密接に結びついています。

　タケノコは竹の地下茎からでる若芽のことを指し、主として食用に供します。タケノコを食する際には地面に現れる直前に堀り出すものがもっとも美味しいとされ、日本料理や中国料理など多くの料理の食材に利用されます。3月の下旬の雀始巣の時候では、古くは唐から伝わった孟宗竹という品種が旬を迎えると解説しましたが、この候に差し掛かる時期には真竹と呼ばれる日本原産のタケノコが旬を迎えます。

●自然の恵みと風物詩

　この時期に旬を迎える魚にカツオがあります。日本近海の黒潮に乗って回遊し、この時期に水揚げされるカツオは「初ガツオ」と呼ばれ旬を迎えます。カツオの旬は年2回あると言われ、秋のカツオは「戻りガツオ」と呼ばれます。カツオを加工して出来る鰹節は和食の汁物や煮物などさまざまな料理の下地となる出汁をとる際に重宝されています。

　鰹節には旨味成分であるイノシン酸が含まれており、昆布に含まれるグルタミン酸と組み合わせることで、相乗効果が生まれ、出汁の旨味がさらに強くなるとされています。この旨味成分は1908年に旧東京帝国大学（現東京大学）の池田菊苗博士により発見され、当時の基本味（甘味、塩味、酸味、苦味）に更に「旨味」を加えることが提唱されました。現在では、和食の世界的な普及により旨味が umami としても認知され、国外の料理人にも注目されています。

　この時期の代表的な風物詩と言えば、東京浅草にある浅草神社で行われ

る三社祭です。700年以上もの歴史を有するこの三社祭ですが、期間中はおよそ100基のみこしを法被姿の担ぎ手たちが荒々しく振り回しながら域内を練り歩き、江戸下町全体が熱気に包まれます。

●関連する年中行事と祭り

　竹笋生の候、各地域では様々な祭りが行われます。その中でも毎年5月15日に京都市内で行われる有名な祭りが、葵祭です。葵祭は今から約1500年前に欽明天皇の時代に始まったとされ、京都市北区に所在する上賀茂の賀茂別 雷 神社（上賀茂神社）と左京区に所在する賀茂御祖神社（下鴨神社）の例祭です。この祭は、平安時代には賀茂祭と呼ばれ、当時は祭りと言えば賀茂祭を指すほど有名であったとされます。江戸時代に祭が再興されてから、祭員の挿頭や社殿や牛車の飾りに葵の葉を用いることに基づき、葵祭と呼ばれるようになりました。

　葵祭は、5月初旬より流鏑馬神事など前儀と言われるさまざまな儀式が前述した下鴨神社や上賀茂神社で行われます。そして5月15日当日には、京都市内の約8キロの距離を、平安装束をまとった人々が練り歩く路頭の儀が開催され、沿道は多くの見学客でも賑わいます。路頭の儀では、勅使を中心に検非違使、風流傘、牛車、斎王代など、総勢500名の行列が京都御所から出発し、新緑の都大路を練り歩きます。この葵祭は、7月の祇園祭、10月の時代祭と並ぶ京都三大祭の一つです。また、岩清水祭（京都府八幡市・石清水八幡宮）、春日祭（奈良県奈良市・春日大社）とともに、日本三大勅祭にも数えられています。

　5月第3日曜日には芸能の神様として有名で数多くの芸能人も訪れる車折神社（京都市右京区）では、三船祭という神事が行われます。三船祭では、嵐山にある渡月橋上流の大堰川に浮かべた船の上で、詩吟や舞楽などの平安時代の舟遊びを再現した伝統行事が披露されます。

　毎年5月の第3金曜から土曜日にかけて、世界遺産である奈良の春日大社と興福寺において能楽を奉納する伝統行事である薪御能が行われます。薪御能は869年に興福寺西金堂で執り行われた薪猿楽が始まりであるとされます。薪御能は1990年に奈良市の無形民俗文化財に指定されており、今や全国で広く開かれている野外能や薪能の起源とされ、奈良県においても市民に親しまれている貴重な年中行事の一つです。

第Ⅱ部　二十四節気と七十二候　97

●わかりやすい英語による説明

Rikka ends with the period *Takenoko shōzu* "Bamboo Shoots Emerge" around May 15th to 20th. Bamboo leaves start to turn yellow from spring to early summer, which is called "the autumn of bamboo." The plant is culturally significant, as seen in the ancient story *The Tale of the Bamboo Cutter* in which a princess emerges from a bamboo stalk.

Bamboo shoots are considered the most delicious when dug up in the morning just before they break the surface of the soil. *Mōsō* bamboo from China is in season in late March, but *madake*, the native species, reaches its prime during this term.

Katsuo（Skipjack tuna, katsuawonus pelamis）reaches its peak during this period and those caught are known as "first *katsuo*." Dried *katsuo* flakes, which contain inosinic acid, an *umami* component, are used for making *dashi* "broth," the essential ingredient of Japanese cuisine.

Sanja matsuri at Asakusa Shrine in Tokyo has a history of over 700 years. About 100 portable shrines are raucously carried around by bearers in traditional *happi* attire, engulfing the old downtown area in fervor.

Aoi matsuri originated around 1,500 years ago during the reign of Emperor Kinmei and is held at the Kamigamo and Shimogamo Shrines in Kyoto. The festival gets its name from the leaves of *futaba aoi*（*Asarum caulescens* Maxim）used in decorations and on costumes. The Aoi procession comprises over 500 participants and stretches out for over eight kilometers.

The *Mifune matsuri* takes place at Kurumazaki Shrine, Kyoto, on the third Sunday of May. Plays, dances, and chanoyu are performed on Heian-style boats on the Ōi River upstream from the Togetsu Bridge in Arashiyama.

The third Friday to Saturday in May, *Takigi nō* "firelight performances" are held at Kasuga Taisha and Kōfukuji Temple in Nara, UNESCO World Heritage sites. This event began as *Takigi sarugaku*（ancient drama）in 869 and has been designated as an intangible folk cultural property.

❖二十四節気：小満 *Shōman* 初候❖

【第二十二候】蚕起食桑　かいこおきてくわをはむ

22nd Micro-season: Silkworms Start Eating Mulberry（*Kaiko okite kuwa wo hamu*）

●**二十四節気における時期**

　新暦の５月21日ごろから始まる二十四節気を小満と呼びます。小満は、草木が茂ってあたりに満ち始めるという意味で、気温も上がり鳥獣・蟲類・草木が天地に満ち、さまざまな生き物に生気があふれ出てくる時候を言います。一説には、秋に蒔いた麦がこのころに実り始め、安心した農家の人々の気持ちを「小さな満足」と表したのが語源と言われます。

　この小満のはじめの５日間が蚕起食桑です。この第22候の表題は、長い間の冬眠から目を覚まし、起き出してきたカイコ（蚕）が、若草萌える野山に広がる緑色の桑の葉を食べ始める時期をよく表しています。

　カイコは、蛾の仲間である鱗翅目カイコガ科に属する昆虫カイコガの幼虫です。体長約７センチのカイコは、この時期に新芽を出す桑の葉を食べ、繭を作り蛹になりますが、その繭から絹製品の原料となる生糸が作られます。生糸は、繭からとった繊維をより合わせただけで、まだ練っていない段階の絹糸を意味します。

●**名付けの由来とエピソード**

　カイコが他の昆虫と異なる点は、カイコが繭から生糸をとるために最初から人が飼育している幼虫で、野外には生息していないことです。人類とカイコの最初の接点は、紀元前7000〜6000年ごろの中国においてでした。人々が、現在のカイコの祖先である野生の虫を飼い慣らし、その繭から繭糸を取り出し、練り合わせて生糸とし、織物の原料としたのが接点の始まりと言われます。そこからカイコと養蚕技術は、西方・南方・東方へ伝えられ、日本には紀元前300〜紀元300年ごろに渡来したとされます。

　カイコは、古代にはコと呼ばれていました。人々がカイコを飼うように

なると「飼うコ＝カウコ」となり、それが転訛してカイコになったと伝わります。また、神が蚕を産んだので「神蚕」と呼ばれていたものがカイコになったとも言われ、命名の由来には諸説があります。

　我が国では江戸時代に入ると多くの藩で養蚕が盛んになり、なかでも奥州の伊達地方（現在の福島県）・上州（同、群馬県）・信州（同、長野県）が繭の主要な産地として知られていました。実は、我が国の養蚕業が幕末から明治にかけて新日本の建国に果たした役割は非常に大きいものでした。当時の我が国の輸出品は生糸や茶などわずかなものでしたが、生糸は全輸出品の60％以上を占める主要な輸出品目であり、その後も1941年まで生糸の生産量と輸出量は一貫して増加し、この間の1909年には日本の生糸生産高は世界一になりました。

　明治時代を通して主要な貿易港であった横浜港から輸出されたもののうち、生糸と絹製品が約70％を占め、外貨獲得に大いに貢献したのです。その後も昭和の初期までこの傾向は続き、「繭を外国に売ったお金で軍艦を買う」とまで言われた時代もあったと伝わります。

● **自然の恵みと風物詩**

　作物や生物に生気があふれる蚕起食桑の時候には、魚介類や野菜類に美味しいものが多く出回ります。海の幸としては魚偏に喜と書く鱚をあげることができます。キスはスズキ目キス科に属する全長約30センチの海水魚で、アオギス・シロギス・ホシギスなどの種類がいますが、ふつうは天ぷらなどの料理に使われるシロギスを指します。透明感のあるその姿から海の貴婦人などと呼ばれることもあるシロギスですが、キスは岸辺に多く生息しているところからキシが訛ったものという説もあります。

　寿司や天ぷらの枕詞として使われる江戸前は、「江戸前面の海」すなわち江戸の近海、現在の東京湾のことです。そこから江戸前の海で獲れる新鮮な魚介類を指すようになり、「江戸前料理」など江戸風や東京風という意味にもなっていきました。キスは江戸時代から現代に至るまで「江戸前天ぷら」には欠かせないものでしたが、江戸時代から釣り人たちを楽しませ、天ぷらに用いられたキスは今では希少種となったアオギスでした。

　この時期を旬とする山の幸にはソラマメがあります。ソラマメは莢が空や天に向いて付いているところから空豆や天豆とも書かれ、その形が蚕の繭によく似ているから、また蚕を飼う初夏に食べるからという理由で蚕豆

とも書かれます。中国を原産地としたソラマメは、長さ10センチほどの太い円柱形で、その中に3〜4個の腎臓の形をして、白色を帯びた緑色の種子が入っています。その種子を塩茹でして食すほか、熟したものは炒り豆や甘納豆にも、また餡・味噌・醤油などの原料としても用います。

　このころの風物詩のひとつに、長野県千曲市の冠着山中腹に1,500余りもある小さな棚田に映る田毎の月があります。満月の夜、国の「重要文化的景観」にも選定されているこの棚田に、いくつも映る月影を一枚の浮世絵に表したのが歌川広重でした。また、平安時代の貴族たちは、月を直接眺めるのは無粋であって、池・川・湖・田などの水面、あるいは盃の酒に浮かぶ月を鑑賞することが粋であるとしていました。その趣向は庶民にも引き継がれ、日本人特有の月見の楽しみが生まれたのです。

●関連する年中行事と祭り

　蚕起食桑の候の終盤5月24日を宵祭り、5月25日を本祭りとするのが山形県の鶴岡天神祭（化けものまつり）です。これは、学問の神様と謳われる菅原道真を祀る鶴岡天満宮の祭りです。道真公が九州太宰府に配流された折に、同公を慕う人々が時の権力をはばかり、姿を変え、顔を隠して密かに酒を酌み交わして別れを惜しんだという言い伝えが祭りの由来です。祭りでは、「化けもの」と呼ばれる老若男女が、派手な花模様の長襦袢に帯を締め、尻をからげて、手ぬぐいと編み笠で顔を隠し、手には盃と徳利を持ち、見物客に無言で酒を振舞います。

　通称を「化けものまつり」と言い、祭りの当日は子供や大人など様々な化けものが、鶴岡市中心部を歩き回ります。全国には天神祭りが多くありますが、このように「化けもの」が祭りの主役として活躍するのはこの鶴岡八幡宮の祭りのみであると言われます。この「化けもの」たちが化けもの姿で3年間にわたって、誰にも知られずに八幡宮にお参りができると自分たちの念願がかなうといわれています。

　5月25日の本祭では、雅な時代衣装をまとった菅原道真公行列をはじめ、華やかな手踊りの行列、また神輿を担ぐ祭衣装に身を固めた子ども達など、総勢約2,500人の参加者が鶴岡公園を目指して進んでいきます。沿道でこのパレードを眺めている見物客には、編み笠と手拭いで顔を隠した化けものたちが無言で酒を注いでくれます。

●わかりやすい英語による説明

The 15-day period beginning around May 21st is *Shoman* "Small Ripening." Plants are growing thick and luxuriant, and as the temperature rises, all living things flourish, imbuing the natural world with vitality.

The 22nd pentad *Kaiko okite kuwa wo hamu* "Silkworms Start Eating Mulberry" aptly describes the time when silkworms, having awoken from their long hibernation, begin to feed voraciously on green mulberry leaves. Around 7000–6000 BCE people in China first domesticated silkworms; sericulture technology finally reached Japan around 300 BCE to 300 CE. Sericulture's role in the founding of modern Japan was significant. During the Meiji era, silk products contributed significantly to getting foreign currency.

During this pentad, many delicious fish and vegetables are available. Whiting（Sillaginidae Perciformes）, referred to as the "noblewoman of the sea" due to its translucent appearance, has been appreciated in Edo-style tempura since the Edo period.

Broad beans are especially delicious in early summer when silkworms are raised. They are enjoyed boiled in salt and used as an ingredient for soy sauce, miso, and sweet bean paste.

The "rice paddy moon" reflected in over 1,500 small terraced rice fields on the slopes of Mt. Kamuriki in Chikuma City, Nagano Prefecture has been designated an Important Cultural Landscape. In the Heian period, nobles enjoyed viewing the moon reflected on the surface of rivers, lakes, or even in a cup of sake. This aesthetic appreciation was passed down to the common people.

May 25th is the *Tsuruoka Tenjin matsuri*（a.k.a. the Monster Festival）in Yamagata Prefecture. A procession of over 2,500 people march to the shrine and along the route. Monsters disguised with woven hats and face coverings silently pour sake for the onlookers in remembrance of Sugawara Michizane's followers who disguised themselves and shared sake to mourn their separation at his exile.

❖二十四節気：小満 *Shōman* 次候❖

【第二十三候】紅花栄　べにばなさかう

23rd Micro-season: Safflowers Bloom（*Benibana sakau*）

●**二十四節気における時期**

　キク科の一年草でエジプトを原産地とするベニバナは、高さが30〜90セ
ンチほどの染料や油料用の植物で、黄色から赤になる花を咲かせます。我
が国では東北地方の山形が主な生産地ですが、その開花時期は7月上旬か
ら中旬です。この開花時期は、新暦の5月26日ごろから5月30日ごろとな
る「紅花栄」の候とはかなりずれていて、紅花栄は二十四節気のこの時候
の言葉としてはふさわしくないとも言えます。

　このベニバナが栄える時期のズレは、種まきの時期の違いが原因で起き
るものです。紅花栄の字句が意味するところの「紅花が咲き誇る（栄え
る）」という開花時期は、種まきの時期によって異なり、年に2回ありま
す。ベニバナの種まきに適した時期は9月〜10月の秋季と3月〜4月の春
季で、秋季に種をまいた方が大きく育ち花もよく咲きます。その開花時期
が5月〜6月で、ちょうどこの紅花栄の候にあたるわけです。

　それに対して、春季に種をまいた場合にバニバナが黄色の花を咲かせる
のは、梅雨明けの7月ごろになり、ベニバナの主な産地である山形などの
開花時期と重なります。ベニバナはその多くを染料・油料・医薬品などの
加工品にしますが、その場合には7〜8分咲きのころに収穫します。

●**名付けの由来とエピソード**

　和名の紅花（ベニバナ）は中国語の紅花（hónghuā）を訓読みしたも
のです。その音読みである紅花もこの花の名前として使用されますが、そ
れは特にベニバナの花弁を乾燥させたものを言い、血行を促進し、鬱血を
除く生薬（漢方薬）として用いるものを指します。紅花（コウカ）は薬局
や健康食品販売店などで入手でき、自宅で簡単に紅花茶や、焼酎を加えた
紅花酒を楽しむことができます。

　古代からベニバナは、その花弁から染料や口紅のもとになる色素がとれ
ることが知られていて、南西アジアや北アフリカを中心にして広い範囲で
栽培されてきました。ベニバナは夏にアザミに似た花を咲かせますが、そ

第Ⅱ部　二十四節気と七十二候　103

の色合いは時期を経て、鮮黄色から赤色に変わります。ベニバナが中国から朝鮮半島を経て我が国へ渡来したのは6世紀末から7世紀初めのころとされていましたが、その後の調査で、3世紀の中ごろに染料や化粧品の加工技術を持っていた渡来人が、栽培したベニバナを使ってそれらの製品を生産していたことが判明したそうです。

　ベニバナはその別名を末摘花と言いますが、それは開いた花の末端だけを摘み取って染料や口紅の原料にしていたからです。この末摘花ですが、『源氏物語』の中にある女性のあだ名として登場します。常陸宮の姫がその人ですが、当人は容姿が端麗ではなく、鼻が長く伸び、その先端が末摘花のように赤いことからそのように呼ばれました。

● 自然の恵みと風物詩

　前候の蚕起桑食で取り上げた「江戸前天ぷら」ですが、キスとならんで江戸っ子に好まれ、かつ現代においても天ぷらの王様とも称されるのがクルマエビ（車海老）です。最近ではクルマエビも年中市場に出回っていますが、本来の旬はこの時候と言われます。クルマエビは天ぷらの他にも、茹でて、あるいは生でも握られる人気の高い寿司ネタです。

　江戸前寿司のネタとして知られ、エビのような姿をしているのが体長12〜15センチほどのシャコです。シャコは漢字で蝦蛄・青龍蝦と書き、別名をシャコエビまたはガサエビと言います。シャコの旬は5月中旬から7月上旬ですが、産卵期を迎えてメスは卵を持ち、オスも身が充実するころが最高の賞味時期とされています。その主な産地は東京湾・伊勢湾・岡山県沖の瀬戸内海などです。

　刺身のツマとしてよく知られるシソも日本人には古代から馴染みの深い野菜です。青ジソは最近では、通年で市場に出回っていますが、本来の旬は初夏から盛夏です。また赤ジソの旬はそれよりも短いと言われます。シソは、生魚の臭みを防いでくれるだけではなく、その抗酸化作用で魚介類や甲殻類にあたってしまったときの下痢や吐き気、また腹痛を軽減させる効能があると言われています。

　この時期の風物詩として潮干狩りをあげることができるでしょう。潮干狩りの時期が春から夏まで、特に5月である理由ですが、それはその時期の大潮の干潮の時間帯が昼間であって、アサリやその他の貝類がとれやすくなるからです。潮干狩りは関東でも関西でも人気があり、海岸で親子連

れが楽しんでいる光景をよく目にします。

　場所にもよりますが、潮干狩りではアサリやハマグリのほかに、マテ貝やバカ貝を獲ることもできます。マテ貝は別名をカミソリガイと言い、馬刀貝とも書きますが、それはその形状が鞘に入った小刀によく似ているからです。マテ貝は、英語でも razor clam と言います。

● **関連する年中行事と祭り**

　紅花栄の中日である5月29日は、明治から昭和にかけて活躍した女流歌人であり詩人であった与謝野晶子（1878-1942年）の命日です。その日は「白桜忌」と呼ばれ、出身地である大阪府堺市の覚応寺で法要が行われます。その日またその前後には同市を中心にして、晶子を偲ぶ短歌の朗詠やその他白桜忌に関連するさまざまな催しが開催されます。

　処女歌集『みだれ髪』（1901年）で近代日本文学史上に残る詩歌の位置を確立した与謝野晶子は、1912年に『新訳源氏物語（上巻・中巻）』を、そして翌1913年に同下巻を刊行するほか、早くから女性解放運動にも参加し、文筆活動以外にもさまざまな活動に従事していました。

　晶子は晩年にソメイヨシノの桜を好み、自分の戒名を白桜院とするよう望んでいて、そのために晶子が他界したその日に「白桜忌」という名が付けられたと言われます。白桜忌は別名「晶子忌」と言い、ともに初夏の季語となっています。

　この時期にピークを迎える美しい光景を北海道で目にすることができます。それは、日本でも最大級と言われる北海道紋別郡滝上町の「芝ざくら滝上公園」に1ヶ月近くにわたって咲き誇り「日本で最大級のピンクのじゅうたん」とまで言わるようになったシバザクラです。そのシバザクラは、町民たちが60年以上もかけて「みかん箱一杯」の苗から10万平方メートルの大群落にまで育て上げたものです。

　同公園では、オホーツク海の遅い春を告げるかのように、ピンク色の小さなシバザクラが咲き誇り町全体を甘い香りで包みます。公園をピンク色に染め上げるシバザクラを育て上げた滝上町の努力と功績が認められ、2006年には「花の観光地づくり大賞」を受賞しました。同賞は、社団法人日本観光協会が花の名所や景観を整備する「花の観光地づくり」事業を推進し、地域の観光振興に寄与している団体を表彰するものです。

第Ⅱ部　二十四節気と七十二候　105

●わかりやすい英語による説明

Safflowers are planted in the spring (March to April) and autumn (September to October). The flowering season of the first sowing is May to June, the period of *Benibana sakae* "Safflowers Bloom," the 23rd microseason. Safflower, an annual plant of the Asteraceae family originating in Egypt, was introduced to Japan via the Korean Peninsula during the 7th century.

Safflower is also known as "*suetsumuhana*," which refers to the tips of the opened flowers that were used for dye and lipstick ingredients. In *The Tale of Genji*, Suetsumuhana is the nickname of a lady-in-waiting with a long, protruding nose that was red at the tip.

Kuruma prawn (Marsupenaeus japonicus) remains a favorite of Tokyo people and is known as "the king of tempura." Nowadays, available yearlong, the true peak season for these prawns is during this period. The mantis shrimp, another classic ingredient in Edo-style sushi, is at its peak from mid-May to early July when the females carry eggs and the males are plump.

Green perilla is available all year round, but its true season is from early to mid-summer. Green perilla often appears with sushi because it masks fishy smells and has antioxidant properties.

Clam digging is a seasonal custom due to low spring tides which make it easier to collect shellfish in shallow coastal waters in both the Kanto and Kansai Regions. Depending on the location, clams, razor clams, and gaper clams are gathered.

May 29th marks the death anniversary of Akiko Yosano (1878–1942), a prominent Meiji–Showa period poet. A memorial service is held at Kakuonji Temple in Sakai City, Osaka, her birthplace, and events, including recitations of her tanka, are held.

In Hokkaido, the moss phlox of Takinoue Park, covering a massive 100,000 square meters, announces the late spring in the Sea of Okhotsk area. The efforts of Takinoue townspeople were recognized when they won the Flower Tourism Creation Award in 2006.

❖二十四節気：小満 *Shōman* 末候❖

【第二十四候】麦秋至　ばくしゅういたる

24th Micro-season: Wheat Ripens for Harvest（*Bakushū itaru*）

●**二十四節気における時期**

　日本語の秋は、秋空がアキラカ（清明）であるから、あるいは草木の葉がアカ（紅）クなるからなど、その語源については諸説があります。その中のひとつに「収穫がア（飽）キ満チルから」アキと言う、とする説があり、「秋」には実りや収穫時期という別の意味も与えられていました。

　この麦秋至における秋もその意味で用いられていて、新暦の5月31日ごろから6月5日ごろまでの間のころが麦を刈り入れる季節であることを言い表しています。なぜ初夏の候なのに麦秋というのかという理由は、麦にとりこの時期がまさしく「収穫の秋」だからです。

　麦は一般的に冬季に種がまかれて年を越し、このころに至って麦が熟し、麦の穂がたわわに実り、麦畑が黄金色に染まります。畑の麦が熟して刈り入れ時期を迎えるのは初夏なのです。そこからこの時期のことを麦秋あるいは「麦の秋」と呼ぶようになりました。この他にも、この5月末から6月初めにかけての時期は梅雨が始まる前で、乾燥した日が多く、気候的にも秋の気配に近いのでそう名付けられたという説もあります。

●**名付けの由来とエピソード**

　なぜ初夏の候であるこの時期を麦秋というのかは、前項で説明した通りですが、この麦秋至の時候は、さわやかな初夏の新緑と大地を覆う麦畑の黄金色という鮮やかな対比を楽しめる季節です。この時期の季語に麦嵐があります。麦嵐は、寒暖の差が大きい春先から初夏にかけての天気が、晴れの日が続きさわやかな気候に変わるころに吹く風です。このころは梅雨入り前でもあり、吹きわたる風も心地よいものです。

　麦嵐は「嵐」という言葉の意味とは裏腹にさわやかな風なのですが、黄金色の麦畑いっぱいに吹き渡り、全面に広がる麦の穂をざわざわと揺らしながら去っていく様子が、嵐のように見えたところから名付けられたのでしょう。この点で麦嵐は、夏の終わり近くにやってきて、せっかく育てた稲をなぎ倒し、農家を苦しめる秋の台風とは大きく異なります。

第Ⅱ部　二十四節気と七十二候　**107**

　麦の収穫の時期でもある麦秋至は、さわやかな気候であると同時に気温
も上がり、ビールの美味しい時候でもあります。漢字で麦酒と書くビール
はオランダ語の bier が江戸時代に日本に紹介されたものです。ビールは、
大麦の麦芽にホップと酵母を加えて発酵させた、炭酸ガスを含むアルコー
ル飲料ですが、それを麦酒と訳したのは江戸時代中期の蘭通詞（幕府のオ
ランダ語通訳）であった今村市兵衛であったと言われます。麦酒は、彼が
同僚の名村五兵衛とともに著した『和蘭陀問答』（1724年刊）の中で bier
（ビイル）の訳語として初めて使われました。

　その後明治時代には、札幌で開拓使麦酒醸造所が、東京で日本麦酒醸造
会社が、そして大阪では大阪麦酒会社が創業され、サッポロビール・エビ
スビール・アサヒビールなどが発売されました。1890年代には全国に100
社以上の小規模な麦酒の醸造所が誕生したと伝えられます。

● **自然の恵みと風物詩**

　麦秋至の始まる6月から7月の夏場に旬を迎える魚介類のひとつがタコ
です。ミズダコ・ヤナギダコ・イイダコとともに我が国で食用とされる4
種類のタコのうちで最も消費量の多いのはマダコです。マダコの旬は海域
により異なり関西では夏、関東以北では冬といわれます。

　関西地方では、この時期のタコは「麦わらダコ」と呼ばれてきました。
夏場のタコは太くて短い足と甘みのある身が特徴で、食通は麦わらダコを
競って買い求めたと言われます。タコは我が国ではお馴染みの食材です
が、イタリア・スペイン・ポルトガル・ギリシャなどタコを好む人が多い
南欧諸国以外の欧米では、ほとんど食べられません。

　旬の果物としては枇杷をあげることができます。一昔前までは、ふつう
の家の庭先に枝もたわわに実り、ほんのりとした香りと甘い味のしたビワ
も、今では高級な果物として店頭を飾ります。枇杷は歴史の古い弦楽器で
ある琵琶に形が似ているのでビワと名付けられたと言われます。古くから
「大薬王樹」と呼ばれていたビワの木には、さまざまな薬効があることが
知られ、現在でも民間療法に活用されています。ビワの葉を煎じた枇杷茶
の薬効としては血液浄化・骨粗鬆症防止・肥満防止・咳止め・喘息の改
善などがあり、癌に有効であるという説もあります。

　ガンなど渡り鳥が北へ去った後のこの時期に、池や湖川でカルガモを見
ることがよくありますが、それは、一部の個体や群を除き、カルガモは渡

りを行わずに日本に留まっているからです。カルガモは雑食性ですが、主要な餌は植物です。水中や水面では藻などを、そして陸に上がっては木々の葉や種子などを食べます。他のカモの仲間とは異なり、カルガモは雌雄ともに同じような地味な茶色をしています。

●関連する年中行事と祭り

麦秋至の時期に催される祭りの中で最大の規模を誇るのが石川県金沢市で挙行される「金沢百万石まつり」です。5月末から6月初めの金曜日から日曜日までの3日間にわたり、豪華絢爛な加賀藩前田家の百万石行列をはじめ、金沢市の文化財に指定されている加賀獅子の行列や勇壮な武者行列、さらにははっぴ姿が勇ましい加賀鳶行列など、多彩な行列が次々と披露され、4時間にわたる一大パレードが繰り広げられます。

現在の金沢百万石まつりは、大正時代から続いていた金沢市祭や尾山まつりを引き継ぎ、1952年に金沢市と金沢商工会議所が中心となって開催した商工まつりを母体とし、その後毎年行われています。開催時期が6月はじめであるのは、加賀藩の藩祖である前田利家が1583年6月14日に金沢城に入場し金沢の基礎を築いた偉業を偲ぶためです。

金沢百万石まつりの「百万石」ですが、正確には「加賀百万石」といいます。加賀藩は、総石高102.5万石を誇り、江戸時代を通じ一貫して最大の藩でした。2位以下は、薩摩藩（72.9万石）・仙台藩（62.6万石）・尾張藩（61.9万石）・紀州藩（55.5万石）でした。

この麦秋至からはじまるひと月あまりは全国のどこでも、美しいアジサイ（紫陽花）を目にすることができますが、東京都日野市にある関東三大不動の一つである高幡不動尊金剛寺ではこの時期に「あじさいまつり」が開催されます。境内と隣接する山林を合わせると3万坪という広大な敷地に、約250種類以上、7,800株余りのアジサイが咲き誇ります。

あじさいまつりの期間中はあじさい市・植木市・写真コンクール・俳句短歌大会・クイズめぐりなどさまざまなイベントも実施されます。また、金剛寺には貴重な文化財も多くあり、その中でも14世紀ごろに作られた「仁王門」や「不動堂」、そして総重量1,100キロを超える日本一の巨像といわれる「丈六不動三尊」などは必見です。また、高幡不動尊金剛寺は幕末に活躍した新選組副長土方歳三の菩提寺としても有名です。

第Ⅱ部　二十四節気と七十二候　109

●わかりやすい英語による説明

Bakushū itaru "Wheat Ripens for Harvest" is from May 31st to June 5th. Wheat is typically sown in winter and matures by this period. The wheat fields turn a golden color from the ripening wheat ears, signaling it is time to harvest.

The pleasant weather and higher temperatures make it an excellent time for enjoying beer. The characters for beer 麦酒 "wheat liquor" is based on the Dutch word "bier," introduced to Japan during the Edo period.

One of the seafood delicacies of this period is octopus. Four different types are eaten, and the peak season for the most-consumed type, *madako* (Octopus vulgaris), varies by region. It is said to be in summer in the Kansai Region.

Loquats are at their peak and until a few decades ago, trees full of loquat fruit were abundant in ordinary home gardens. Today, loquats have become luxury fruits. Loquat is named after a stringed instrument, *biwa*, because of their similar shapes. Loquat leaf tea is known for its medicinal properties.

During this season, migratory birds like geese have departed for northern climes, but non-migratory mallards become noticeable in ponds, lakes, and rivers.

Takahata Fudōson Kongōin Temple in Hino City, Tokyo, holds the Hydrangea Festival highlighting the more than 7,800 plants of more than 250 varieties blooming over the surrounding mountains. The festival also features many different cultural events and exhibitions.

The *Kanazawa hyakumangoku matsuri* "Kanazawa Million Bushel Festival" is held from the end of May to early June in Kanazawa City, Ishikawa Prefecture. It features a grand procession, including people dressed as historic figures, Kaga lion dances, and Kaga *tobi* "firefighters performing acrobatics." The festival is held in early June to commemorate the achievement of Maeda Toshiie, the founder of the Kaga domain, who entered Kanazawa Castle on June 14, 1583.

❖二十四節気：芒種 *Bōshu* 初候❖

【第二十五候】蟷螂生　かまきりしょうず

25th Micro-season: Praying Mantises Hatch（*Kamakiri shōzu*）

●**二十四節気における時期**

二十四節気における夏は、新暦5月5日ごろに始まる立夏から7月23日ごろに始まり8月6日ごろに終わる大暑までの3節気と3中気に分かれます。芒種はその中間の6月6日から10日までの期間になります。

芒種の「芒」は稲科植物の穂先にある針のような細長い突起物（毛）の部分を、そして「種」は種をまくことを意味します。すなわち、この時期が稲や麦などの種をまくのに最適の時候であることを示しています。

実際にこの時期に行われる農作業では、麦は刈り取られ、稲は苗を田に植え替えられるのであって、「種をまく」わけではありません。しかし、最近では、田植えをしないで直接水田に種（種子、種籾）をまく直播（ちょくは、ちょくはん）という水稲生産技術が、ドローンの活用とあいまって注目を集めるようになり、かなり普及が進んでいます。

「稲の種まき」の時候の初候が蟷螂生です。なぜここにカマキリが登場するのかの理由は次項で詳しく説明しますが、実はカマキリは水田にも多く生息し、稲を食べるイナゴなどを捕食する農家の味方であり、カマキリの子が生まれ出てくることは好ましいことなのです。

●**名付けの由来とエピソード**

前項で説明したように、カマキリは稲を害虫から守ってくれる益虫でもあるのです。近代的な農業においては、稲に多大な害をおよぼすイナゴなどの害虫を各種の農薬を使って駆除しています。しかし、昔は作物には手を付けずに害虫を捕まえるカマキリが、その大事な仕事を担っていたのです。そこからカマキリがこの時候の言葉となりました。

カマキリは、秋に農家の壁や大地の草の茎などに卵を産み付けます。そ

の卵がピンポン玉ほどの大きさになり、薄茶色になってくると、1つの卵の中から数百匹もの小さなカマキリが生まれてきます。蝶や蛾の幼虫はイモムシの形をしていますが、カマキリの子は卵からかえった時点で成虫と同じ姿をしています。このミニチュアサイズのカマキリは、その後脱皮を繰り返して成長します。成虫はオスに比べてメスの方が大きく、交尾中にメスがオスの頭を食べてしまうこともある、肉食系昆虫です。交尾と産卵を終えたカマキリはその数ヶ月後に一生を終えます。

　「カマキリ」と言う名前の由来には、その前脚である大きな「鎌で切る」からという説と、「鎌を持つキリギリス」からきたという説があるようです。カマキリは、その姿や色からバッタやキリギリスの仲間と思われがちなのですが、実際にはゴキブリと同じ仲間に属する昆虫です。

● 自然の恵みと風物詩

　この時期になるとスーパーの野菜売り場に、きれいな黄色の粒を緑の外皮で包んだトウモロコシが姿を見せ始めます。中南米が原産地とされるイネ科の一年生作物であるこのトウモロコシは各地で生産され、小麦・稲に次ぐ生産高世界第3位の食用作物です。16世紀に唐（外国）から伝来した、キビの一種であるモロコシ（蜀黍）というのがその語源です。

　この候の旬の魚と言えば、川魚ではアユ、そして海魚ではマナガツオをあげることができます。アユは体長20センチを超える細長いきれいな姿をしています。アユ（鮎）に占という文字が使われているのは、古代にはアユを神前に贄として供えて占いに用いていたからだと言われます。

　アユは、秋に川の中流域で産卵し、孵化すると海に下り、春になると川に再遡上してきます。海では小エビなどを食べ、川に上がると珪藻や藍藻などを食べるようになるアユは、我が国では縄文時代にまで遡ることができるほど古い時代から人々に馴染みの深い魚です。旬は夏で、塩焼き・生食・天ぷらなどさまざまな料理で楽しまれています。

　マナガツオは、真魚鰹・鯧・真名鰹とも書きますが、カツオと名前が付いているものの、カツオが属するサバ科ではなく、イボダイの仲間のスズキ目イボダイ亜目マナガツオ科に属する魚です。その名前の由来には、カツオの獲れない瀬戸内海で初夏に獲れるため「真似ガツオ」と呼んだとか、逆にこれこそ本物の（真名の）「堅い身をした堅魚（カツオ）」であるからとか、さまざまなものがあります。また地方により、その名もカツ

オ・マナ・マナガタ・ギンダイ・チョウキン・メンナ・チョオチョなど各種あり、古くから広い地域で好まれてきた魚であることが分かります。

マナガツオは、西日本では初夏から夏にかけて、懐石料理などに用いられる白身の高級魚として知られ、瀬戸内の夏を代表する魚の一つであるとされます。刺身にも、煮付けや照り焼きにも、また味噌漬けにしてもよく、さらには蒸し物や揚げ物にもよく、白味噌に漬けた西京漬け、そしてそれを焼いた西京焼きはよく知られます。

この時期の風物詩に芸事の世界に残る「稽古はじめ」があります。昔から歌舞音曲の伝統芸能では、子供がその稽古を始めるのは6歳になった歳の6月6日が良いとされてきました。この日に稽古を始めると上達が早いとされ、これにちなんで今日でも6月6日が楽器の日・邦楽の日・いけばなの日などと制定されています。

習い事を始めるのは6歳の6月6日からが良いとされるようになった理由はいろいろあるようです。そのひとつに次のようなものがあります。片手の指を使って数を数えるときに、親指から順に指を折って数えていくと、6のときに小指を立てることになります。「小指が立つ」から「子が立つ」と縁起を担いだ語呂合わせであるというものです。

● 関連する年中行事と祭り

この時期に開催される祭りに東京都の「水元公園葛飾菖蒲まつり」があります。これは江戸時代から花菖蒲の名所として古くから知られる堀切菖蒲園と、都内で唯一水郷の景観を有する水元公園を会場として開催される規模の大きいハナショウブの大展示会です。その時期は年により多少異なりますが、5月末あるいは6月上旬から中旬にかけて開催されます。

荒川沿いにあって、有名な歌川広重や歌川豊国らの浮世絵にもなっている堀切菖蒲園に植えられているハナショウブの種類は約200種、6,000株にもおよびます。また1年を通してさまざまな植物を鑑賞することができ、豊かな自然を楽しめる都立水元公園では、例年6月になると、約100種、14,000株のハナショウブが咲き誇ります。

料金は無料で約3週間にわたる水元公園葛飾菖蒲まつりでは、期間中の土日を中心に歌謡ステージやパレード、ライトアップなど、さまざまなイベントが開催され、期間中の来場者数は40万人を超えます。

第II部　二十四節気と七十二候　**113**

●わかりやすい英語による説明

Summer is divided into six solar terms starting from *Rikka* around May 5th and ending with *Taisho* around August 6th. The first micro-season of Grain Beards and Seeds solar term is *Kamakiri shōzu* "Praying Mantises Hatch." Mantises lay their egg sacs on stalks of grass, and when these grow to the size of a ping pong ball and turn light brown, hundreds of tiny mantises emerge from a single egg case. Mantises are often found in rice paddies where they prey on locusts and other insects that feed on rice, making them the farmers' ally. The emergence of mantis offspring is a welcome event.

Around this time, corn with beautiful yellow kernels wrapped in green husks appears in markets. Corn originated in Central and South America. It arrived from Tang China in the 16th century, hence the name *tōmorokoshi* (*tō* "literally Tang, meaning foreign" and *morokoshi* "a type of millet").

Sweetfish with slender, beautiful bodies, are at their peak during this period, having stored nutrients from living in the ocean since the autumn. They are enjoyed in various ways, such as salt-grilled, raw, or in tempura.

Butterfish (family Stromateidaeis) is considered a representative summer fish. It is enjoyed in simmered dishes, such as sashimi, teriyaki, and steamed or fried. *Saikyo-yaki*, butterfish grilled after being marinated in white miso, is particularly famous.

Keiko hajime "the first practice session" is celebrated in the world of performing arts on the sixth day of the sixth month. This tradition comes from the belief that starting performing arts practice at the age of six helps children learn quickly and make faster progress.

The Katsushika Iris Festival in Tokyo is held at two locations from late May to mid-June. The Horikiri Iris Garden is home to 6,000 plants of approximately 200 varieties of irises. The Mizumoto Park boasts 14,000 plants of 100 varieties of irises that bloom magnificently every June. Over 400,000 visitors come to enjoy the iris and other events.

❖二十四節気：芒種 *Bōshu* 次候❖

【第二十六候】腐草為蛍　ふそうほたるとなる

26th Micro-season: Decaying Grasses Turn into Fireflies（*Fusō hotaru to naru*）

●二十四節気における時期

　新暦の6月11日ごろから15日ごろの5日間は芒種の次候にあたり、腐草為蛍と呼んでいます。それまで草の根際や切り株などの土中に隠れていたホタルの蛹が、成虫となる時期を表す言葉です。ホタルは、甲虫目ホタル科の昆虫の総称で、体長は6〜18ミリメートル、色は黒く、体は長い舟形をしています。夜光ることでよく知られる昆虫ですが、実際に発光する種はわずかで、我が国では大きなゲンジボタル、小さなヘイケボタル、そしてさらに小さいヒメボタルなど約40種類が知られています。

　ゲンジボタルとヘイケボタルは古代から蛍狩りの対象で、ときには飼養もされてきました。夏の風物詩として知られる「蛍狩り」とは、夜の川縁を優雅に光りながら舞い踊るホタルを眺めたり、捕まえたりすることです。ほとんどのホタルの幼虫は陸上で過ごすのですが、この2種類のホタルの幼虫だけは水生で、世界でも珍しいと言われます。

　ゲンジボタルの幼虫は、主にカワニナという水生の巻貝を食べています。この貝は、きれいな水がないと生きていけないため、ホタルにはきれいな水のある環境が必要ということになります。ゲンジボタルは成虫になると口が退化して何も食べず、葉についた夜露を飲むだけで過ごしますが、成虫になってからの寿命は約2週間と言われます。

●名付けの由来とエピソード

　ホタルは夜間に光る虫ということから「火照（ほてり）」あるいは「火垂り（ほたり）」が転訛して「ほたる」になったと言われます。また、蛍の別名には「なつむし」や「くさのむし」があります。最後の「草の虫」ですが、昔の人は水辺の腐って蒸れた草が生まれ変わって蛍になると考えていて、それが腐草為蛍という命名の由来であるとも言われます。

　ゲンジボタルの場合には、卵から成虫になるまでふつうは1年、ときには2年以上を要します。しかし、成虫になって光を発しながら舞うその姿を見せてくれるのはわずか約2週間だけです。蒸し暑い夏の夜にやわらか

第Ⅱ部 二十四節気と七十二候 115

い光で清涼感を与えてくれるホタルに、人々は昔から親しみと同時に、一
抹の哀れさも感じてきたようです。ホタルに哀れさやもの悲しさを感じる
理由は、こうしたホタルのはかない一生にあるのでしょう。

　そのような短命の生き物に対する人々の思いや弱者に対する気持ちが、
ゲンジボタルとヘイケボタルの名前の由来にもあらわれているように思い
ます。ゲンジボタルの名の由来には諸説あるものの、『源氏物語』に登場
する光源氏にちなんで付けられたというのが一般的です。

　体長がオス15ミリ、メス17ミリほどで光も強い大きな蛍が、かつて権勢
を誇った源氏にあやかってゲンジボタルと呼ばれるようになり、その後光
も弱くオス9ミリ、メス11ミリ程度と体も小さい方のホタルに哀れさを感
じた人々が、勝者の源氏に対する敗者の平家ということからヘイケボタル
としたのでしょう。なお、平家とは平を名乗った平氏の武家全般ではな
く、特に壇ノ浦の戦いで滅びた平家政権を言うとされます。

●自然の恵みと風物詩
　夏を代表する薬味に茗荷があります。ミョウガはショウガ科ショウガ属
の多年草で、麺類や冷奴の薬味・漬物・天ぷら・酢の物・味噌汁の具など
に用いられます。その爽やかな香りには食欲を増進させる働きがあるほ
か、発汗や消化の促進・血液循環や呼吸機能の向上・覚醒効果があり、夏
バテ予防にもなる優れた食材です。ミョウガの語源は、香る芽という意味
の「芽香」であるという説があります。

　旬の魚介類としてはシマアジ（縞鰺）が昔からよく知られています。シ
マアジは、スズキ目アジ科の海水魚で、マアジ（真鰺）よりも体高が大き
く、体側の中央に幅の広い黄色の縦走帯が1本あるのが特徴です。大きい
ものは体長1メートル、体重10キロに達します。

　アジ類の中でもっとも美味とされるシマアジは、寿司のネタとしては高
級品の部類に入ります。西日本では養殖のシマアジも多く出回りますが、
市場に入るのは体重1〜1.5キロ程度のものが多いようです。アジ類特有
の銀色の魚肌が美しく、薄造りをポン酢で味わう刺身のほかにも、塩焼
き・照り焼き・潮汁などにしても大変美味な魚です。

　腐草為蛍のころの風物詩は、全国各地で見られる蛍狩りです。一般的に
ホタルの見頃は初夏で、湿度の高い梅雨の時期ですが、地域によっても違
いがあり、さらにホタルの種類によって鑑賞時期は異なります。一応の目

安としては、ゲンジボタルが5月～7月、ヘイケボタルが7月～9月、そしてヒメボタルが6月～8月と言われます。

また、ホタルが活発に飛び回り、強く発光する時の条件には、曇りで月明かりがない夜／雨上がりで湿度が高いころ／19～21時、23時前後、そして2時前後の3つの時間帯／川面や水田の近くなどがあります。

●関連する年中行事と祭り

例年6月上旬のこの時期に、鎌倉の鶴岡八幡宮では「蛍放生祭」が執り行われます。これは、ホタルの生育と放生を通じて豊かな四季と生命の尊さを思い、その中で生きることを神々に感謝するための祭りです。仏教の儀式のひとつに、捕えられた虫類・鳥獣・魚介類を仏教の不殺生戒に基づいて解き放す放生会があります。この放生会が神道にも取り入れられ、その対象が蛍に限定されたのがこの蛍放生祭です。

その日に備えて鶴岡八幡宮の境内にある柳原神池で育ったゲンジボタルが祭りの当日に神殿に供えられ、夕方から厳かに祭儀が執り行われます。巫女が舞い、雅楽の管楽器である笙が吹き鳴らされる中を、神官たちの手によってそのホタルが再び柳原神池に放たれます。解き放たれたゲンジボタルが神池を囲む森一帯に光を放ちながら飛び交う光景は大変に神秘的なものです。この蛍放生祭には限られた人しか参加できませんが、翌日から1週間ほど続く「ほたる祭り」は一般に広く公開されていて、暗闇に光りながら舞う蛍を鑑賞することができます。

腐草為蛍の中日である6月14日には、全国の住吉神社の総本社である大阪の住吉大社で「御田植神事」が行われます。田植えの神事は全国各地で行われてきましたが、住吉大社の御田植神事は、その規模が大きいだけではなく、現代に至っても、古代からの儀式を省略せず、厳かな格式を守り、華やかで盛大に行われる我が国で唯一のものです。この古式豊かな神事は、1979年に国の重要無形民俗文化財に指定されました。

祭典では、植女や稚児など行事に加わる人々がお祓いを受け、本宮で神事の奉告祭を行い、その後行列を整えて祭場である水田へ向かいます。水田では、御神水を四方に注ぎ清め、早苗の授受が行なわれた後に田植えが始まります。水田を囲むように設営された中央舞台やその周囲では、舞や踊りが繰り広げられ、観光客や参加者を楽しませてくれます。

●わかりやすい英語による説明

Around June 11th to June 15th is *Fusō hotaru to naru* "Decaying Grasses Turn into Fireflies," the time when pupae transform into adult fireflies. In Japan, there are about 40 species of fireflies (Lampyridae). Observing or catching fireflies as they gracefully dance and glow along riverbanks has been enjoyed since ancient times. The best conditions for seeing fireflies at their most luminous and active are cloudy nights without moonlight shortly after rain when the humidity is high. They are typically seen near rivers, streams, or rice fields.

Myoga (Japanese ginger, Zingiberaceae family) is a representative summer condiment for noodles, chilled tofu, pickles, tempura, vinegar dishes, and miso soup. Its refreshing aroma not only stimulates the appetite but also promotes digestion and prevents summer fatigue.

Striped jack (Carangidae family) is highly valued as a high-end sushi ingredient. It is delicious as sashimi with *ponzu* sauce, grilled with salt, teriyaki-style, or made into soup.

In early June each year, the *Hotaru hōjōsai* "Freeing Fireflies Festival" is held at Tsurugaoka Hachimangu Shrine, Kamakura, to reflect on the blessings of the seasons and the preciousness of life. In the evening, a solemn ritual is conducted, during which priests release fireflies back into the Yanaihara Sacred Pond, accompanied by dancing shrine maidens. Following the religious ritual, the Firefly Festival is open to the public for about a week, allowing everyone to enjoy the sight of fireflies around the pond.

The *Otaue shinji* "Rice-Planting Ritual" is held at Sumiyoshi Taisha, Osaka, on June 14th. This large-scale ceremony performed with grandeur and spectacle retains the solemn formality of ancient rituals. During the rite, participants undergo purification rites and make ritual offerings at the shrine. The participants then form a procession to the rice paddy. Around the central stage set up in the rice field, dances and performances are held. The *Otaue shinji* was designated an Important Intangible Folk Cultural Property by the government in 1979.

❖二十四節気：芒種 *Bōshu* 末候❖

【第二十七候】梅子黄　うめのみきばむ

27th Micro-season: Ume Turn Yellow（*Ume no mi kibamu*）

●二十四節気における時期

　芒種の末候を梅子黄と言います。その時期は新暦の6月16日ごろから6月20日ごろとなります。庭先のウメの木にたわわに実った梅の実の一部がだんだんと赤みを帯び、黄色くなってくるのがこのころです。ウメはバラ科サクラ属の植物で、花を鑑賞するものを花梅、そして果実を食用にするものを実梅と区別して呼ぶこともあります。

　ウメの実は全体が青い状態から一部が少しずつ赤みを帯びはじめ、徐々に黄色く熟していくのですが、ウメの実をどのような目的で使うのかの違いにより収穫する時期も異なってきます。青梅は、実が丸みを帯び、皮が張ってくる6月上旬が収穫時期です。お茶受けに好まれる小梅と呼ばれる小さな梅は5月中旬から下旬にかけて収穫されます。6月上旬ごろに収穫しなかった青梅は、その後徐々に黄色く熟していきますが、ちょうどこの時期がこの第27候梅子黄の時季に重なります。黄色く熟したウメは完熟梅と呼ばれ、6月中旬から7月はじめにかけて収穫されます。

　青梅は、酸味や爽やかな香りを楽しむことができ、梅酒・漬け物・甘露煮・カリカリ梅・シロップ漬け・梅ジャムなどに使われます。青梅に比べて甘みやフルーティーな香りがある完熟梅は、紫蘇の色も味も染み込みやすく、梅干し・梅漬け・梅ジュースなどに適しています。

●名付けの由来とエピソード

　ウメは古くから日本に自生していたとも言われますが、古代に中国文化と共に一種の薬木として日本に渡来したようです。ウメという名前は、薬用として渡来した燻し梅の「烏梅」に由来するとも言われますが、ウメの中国語音が mui あるいは mei であるとすれば、烏梅は「うばい」よりはむしろ「うむい」あるいは「うめい」に近かったことでしょう。そのほか、ウメは中国語の「梅（メイ）」の転訛したもの、あるいは「うむみ（熟実）」が音韻変化したものという説もあります。

　ウメは、青梅と完熟梅ではその旬の時期も異なり、地域によっても違い

第Ⅱ部　二十四節気と七十二候　119

はありますが、早い時期で5月下旬から7月中旬までになります。青梅と呼ばれるウメは、まだ実が青い（緑色）状態の早い時期に収穫されるものを言います。ウメが収穫されるころは、梅雨と呼ばれる季節ですが、それはウメの実がちょうど熟すころの雨だからと言われます。もともと梅子黄は、黴が生えやすい時期であり、「黴雨」と言われていたものが、読みが同じで季節的にも合う「梅」の字を当てたという説もあります。

● 自然の恵みと風物詩

　雨の多いこの時候に、人々の目を楽しませくれるのが色とりどりの花を咲かせる紫陽花です。アジサイの語源は、「真の藍色の花が集まって咲いている」という意味を表す「集（あつ）真藍（さあい）」に由来すると言われます。アジサイは、我が国を原産地とする額紫陽花が欧米に渡り、観賞用に品種改良されたものであるという説もあります。

　この時候に開花時期を迎える花のひとつに梔子があります。クチナシには一重ものと八重ものがあり、前者は早咲き、後者はやや遅咲きです。いずれの種類も良い香りがし、遠くからでもその香りを感じることができます。後者は実がなりませんが、前者の一重咲きは実がなります。その実の口が開かないところから、「口無し」という名前になったと言われます。また、その実にある突起部分が「くちばし」に似ているところからクチハシと名付けられ、それが転訛したという説もあります。

　クチナシは、暖地に自生するアカネ科の常緑低木で高さ約2メートル、夏に香りの高い白い花を咲かせ、果実は熟すと黄赤色になります。漢方薬としては山梔子と呼ばれ、消炎剤や利尿剤として用いられます。

　我が国では、その名前から「嫁にもらう口なし」と言われ、女子がいる家では植えてはいけないという風習もあったようです。しかし、西洋では白一色のクチナシは「天使が地上に降ってきた花」といわれ、甘い香りが女性の喜びや幸せを表していて、そのために「とても幸せです」という花言葉が生まれたと言われます。

　梅子黄の時候を旬とする魚は、スズキ目スズキ科スズキ属に属する肉食性のスズキです。体長は比較的大きめで、1メートルを超えるものも捕獲されます。身が白色をしているのが特徴で、あたかも水ですすいで洗ったように見えるので「すすぎ」から「スズキ」となったともいわれます。スズキは出世魚で、成長するにつれてセイゴ（20～30センチ）・フッコ（40

〜60センチ）・スズキ（60センチ以上）と名前が変わります。

　スズキは全国に生息していて、各地で水揚げされますが、主な産地は千葉県や兵庫県です。通年通して水揚げされる魚種でが、夏頃に水揚げされるスズキは脂がのっていて特に美味しく食べられます。旬のスズキは刺身で食べるのが最高とされますが、淡白でクセがないためアクアパッツァ・ムニエル・甘酢あんかけ・柚子胡椒焼き・胡麻焼き・包み焼き・唐揚げ・ピリ辛照り焼き・フリットなど多種多様な料理に合います。

●関連する年中行事と祭り

　この時期の年中行事に鎌倉の長谷寺で公開される「あじさい巡り」があります。大和（奈良県）と信濃（長野県）にある長谷寺とともに、日本三大長谷寺のひとつと言われるこの海光山慈照院長谷寺は、736年に開創された鎌倉でも有数の古刹で、景勝地としても有名です。

　観音山の山裾から中腹に広がる広大な境内には、四季を通じて花が絶えることなく「鎌倉の西方極楽浄土」と呼ばれています。その中でも梅雨空に映える膨大な数のアジサイは圧巻で、その美しさからまたの名を「あじさい寺」とも言い、多くの人々に親しまれています。

　山門を入り地蔵堂に近づくと、卍池があり、色とりどりのアジサイが水面を覆っているのが見えます。地蔵堂を過ぎ、観音堂へ向かうと「あじさい路」が見えてきますが、そこにはセイヨウアジサイ・ガクアジサイ・ヤマアジサイなど、40種類・2,500株にわたるアジサイが植えられています。さらに眺望散策路を上っていくと、美しいアジサイとともに、遠くに広がる相模湾の眺望を楽しむことができます。

　梅子黄の末日に当たる6月20日には京都市左京区鞍馬の鞍馬寺で鞍馬竹伐り会式が行われます。僧兵の姿をした鞍馬法師らが、近江座と丹波座に分かれて、大蛇に見立てた根付の細い竹（雌竹）と根無しの太い竹（雄竹）4本を断ち切る速さを競い合い、豊凶を占います。竹伐り会式は、1000年以上も続く古い行事で、次のような伝説に基づいています。

　鞍馬寺中興の祖峯延上人が、修行中に襲ってきた雄の大蛇を法力で倒したところ、雌の大蛇が現れて鞍馬寺の香水を守護することを誓ったために閼伽井護法善神として祀られることになりました。竹伐り会式は、水への感謝と吉事の招来を祈る行事として始まったと言われます。

●わかりやすい英語による説明

Ume no mi kibamu "Ume Turn Yellow" occurs around June 16th to June 20th. Ume "Japanese apricot, Prunus mume" ripen around the time of *tsuyu* "the rainy season," which is written with the characters for ume and rain.

During the rainy season, hydrangeas, with their vibrant, colorful blossoms, bring joy to people's eyes. A Japanese variety of hydrangea was introduced to the West where it was cultivated and improved for ornamental purposes resulting in over 600 named cultivars worldwide.

Gardenias bloom during this season. They come in single-flowered and double-flowered varieties, and both types have a pleasant, far-reaching fragrance. In Japan, it was said, "Don't plant gardenias in homes with daughters," because it was believed that plants would prevent them from getting married.

Japanese sea bass is a carnivorous fish belonging to the family Moronidae. It is a specialty of the season. Sea bass caught in the summer is especially delicious as it is rich in fat. It is enjoyed as sashimi, but its mild flavor and aroma make it suitable for different preparations, such as lightly poached, meunière, sweet and sour, yuzu pepper grill, sesame grill, fried, spicy teriyaki, and fritters.

One of the annual events is the Hydrangea Tour held at Hasedera Temple, Kamakura. Founded in 736, it is one of the oldest temples in Kamakura and is a famous scenic spot. The vast number of hydrangeas that bloom during the rainy season is particularly impressive, leading the temple to be affectionately known as the "Hydrangea Temple."

On June 20th, the *Takekiri-e shiki* "Bamboo Cutting Ritual" is held at Kurama Temple, Kurama, Kyoto. Monks dressed as warrior monks are divided into two teams, the Omi and Tanba, and compete in cutting four bamboo stalks—two thin ones representing a female serpent and two thick ones representing a male serpent—to divine the year's harvest. The observance has a history of over 1,000 years and began as a ritual to express gratitude for water and to pray for auspicious events.

❖二十四節気：夏至 *Geshi* 初候❖

【第二十八候】乃東枯　なつくさかるる

28th Micro-season: Woundwort Withers（*Natsukusa karuru*）

●二十四節気における時期

乃東枯は夏至の初候で、新暦では6月21日ごろから26日ごろまでの6日間を言います。夏至は夏の季節の真ん中の時期であり、北半球では昼がもっとも長くなります。

乃東はシソ科のウツボグサ（靫草）の古名です。漢方では生薬の1種で夏枯草と呼ばれ、夏バテ予防にも飲用されていた薬草です。利尿作用があり、むくみや口内炎にも効力があると言われ、現在でも漢方薬として利用されています。ウツボグサは、英語名をselfhealといい、治療効果があるとされる薬草です。

雨の多いこの時期には、アジサイに見られるように、青や紫の色をした花が多く花を咲かせます。ラベンダーに似て、青紫色の花穂をつけるウツボグサもその1つです。ただ前者が今を盛りとばかりに夏の時期に咲き誇るのとは異なり、後者は多くの草花が生い茂るこの時期に枯れるところが異なっています。「枯れる」とは言っても、全体が死んで干からびてしまうということではありません。その花穂が枯れて、全体が褐色になることから人目に付きやすいためにそのように表現されたのでしょう。

●名付けの由来とエピソード

この乃東枯に対比する七十二候の1つが冬至のころの「乃東生」です。夏至に対して冬至、「枯」に対して「生」と正反対になっていますが、ウツボグサは冬至のころに芽を出し、その花穂が真夏を迎えるころには枯れてしまいすっかり褐色に変わってしまうのです。

ウツボグサを、花が咲いたころに茎ごと刈り取って乾燥させたものが夏枯草（カコソウ、あるいはカゴゾウ）と呼ばれる生薬になります。この夏枯草は、1～2世紀ごろに編まれたと言われる中国最古の薬物書である

『神農本草経』にも採録があるという古くからある薬草です。また、ウツボグサは、ヨーロッパにおいても古くから「自ら癒す」を意味するselfheal と名付けられるほど、優れた自然治癒力があり、利尿剤や消炎剤の他にも止血剤など、幅広く用いられてきた生薬でした。

ウツボグサは、その枯れた穂の部分が、昔の武士が戦場や狩場で腰に付けていた「靫」と呼ばれる中空で、筒形をした矢入れに似ていたために付けられた名前です。武士たちは、矢が雨や露で濡れるのを防ぐために、靫（あるいは空穂とも書きます）を猪や熊などの毛皮でくるんだりしていたのですが、それが植物の穂によく似た形をしていたのでした。

乃東枯に使われている漢字の「乃」ですが、ダイあるいはナイと音読みし、アイと読む場合もあります。乃は、部首として特定の意味を持つわけではないものの、斜めに垂れ下がるものなどを示す文字であるとされます。垂れ下がるウツボグサの花穂を表しているのでしょう。カタカナの「ノ」は乃の字体を省略したもので、ひらがなの「の」は乃の草書体です。

●自然の恵みと風物詩

我が国には、地域ごとに、そして季節ごとに、その地や季節独自の風物詩と謳われるような慣習が多くありますが、夏至ではその数も限られます。この時期が農家にとり際立った繁忙期であることや、雨季のために戸外での行事に不向きであったことなどの理由が考えられます。

しかし、自然の恵みに関しては、海の幸も山の幸も豊富にあり、食を楽しむにはよい時候です。旬の魚介類には海のものとして、タチウオ・アジ・カマスが、そして淡水のものとしてはドジョウをあげることができます。このころに旬を迎える山の幸には、アンズ・夏ミカン・サクランボなどの果物をはじめキュウリ・水ナス・実山椒などがあります。

タチウオ漁は6月ごろから始まります。タチウオには鱗はなく、魚肌は輝くような銀色をしています。タチウオは脂がのっていて、その特徴を楽しめる「炙り」が、歯応えと脂ののりを楽しむことができる刺身とともに好まれます。焼き物やカルパッチョにしても美味な魚です。

夏の季語のひとつにもなっているドジョウは、味にうるさい江戸っ子を魅了し続けました。夏負けしない「精が付く食材」として一般家庭でも食されていたドジョウですが、現在でも東京の浅草には「どぜう鍋」や「どぜう汁」を楽しむことができる料理屋がいくつもあり、蒲焼・から揚・南

蛮漬け・丼物まで、様々な料理が楽しめます。

　この時期の水ナスは、柔らかくて、皮は薄く、水分を豊富に含み、甘みがあって果物に近い味わいがあります。水ナスはふつうのナスとは違い、エグ味の素である灰汁が少なく、生で食べることもできます。糠漬けには最適で、浅漬けでの風味や食感を楽しむことができます。

●関連する年中行事と祭り

　毎年夏至の日の前日から、夫婦岩で有名な三重県二見浦近くにある二見興玉神社で夏至祭が行われます。6月20日の午後4時に鎮魂祭が斎行され、翌21日の午前3時30分から夏至祭の祭典が始まります。参加者は全員ともに白衣白袴、もしくは白ズボンと白シャツに身を固め、古代より禊浜と尊ばれてきた二見浦の浜辺で汐水を浴び、心身を清め、罪穢れを祓うために禊ぎをします。

　二見浦にある夫婦岩には、夏至の前後だけ大小2つある岩の間から朝日が登るのですが、夜が明け始めるころ、海に入った老若男女の参拝者たちはその夫婦岩を通して霊峰富士を仰ぎ見て、その背景から昇り始め、かつ洋上を照らし始めた太陽を拝みます。その神々しく、また神秘的な太陽の荘厳さは何物にも替え難い崇高なものであると言われます。

　この乃東枯のころ、すなわち6月下旬に広島県尾道市で、同地の久保八坂神社の例祭「祇園祭」が執り行われます。尾道の祇園祭は3体の神輿が繰り広げる「三体廻し」で有名です。もとは住民の無病息災を祈って江戸時代に始まった祭りであると伝わります。その後諸事情により中断されていましたが、1978年に復活し今日に至っています。

　昔はそれぞれの組の幟を奪い合う喧嘩さながらの激しい祭だったそうですが、現在では神輿が幟の周囲を回る速さを競い合う形に変わっています。それでも祭りの豪壮さは残り、八坂神社での神事の後に宮出しした3地区の神輿は、「よいやさ〜のよいやさ〜」という掛け声とともに市内を練り歩き、神の幟が掲げられた柱が立つ渡場通りに集結します。

　その後幟柱を中心に「三体揃い踏み」が始まり、3体の神輿が一列になって幟の周りを厳粛に回ります。次に、それぞれの神輿が幟の周りをまわる速さを競います。競走に勝った神輿を中心にして3体が高速で回転する迫力満点の「三体廻し」で、祭りの熱気は最高潮に達します。

第Ⅱ部 二十四節気と七十二候 **125**

●わかりやすい英語による説明

Natsukusa karuru "Woundwort Withers," the 1ˢᵗ micro-season of the summer solstice, falls between June 21ˢᵗ and 26ᵗʰ. *Natsukusa* is the old name for the plant *utsubogusa* (woundwort, Prunella vulgaris). Unlike other flowers that bloom during the summer, *utsubogusa* flower spikes wither and turn brown. In Chinese medicine, this plant has been used as a medicinal herb for preventing summer fatigue.

Around the solstice, cutlassfish (Trichiurus lepturus) fishing begins. These white-fleshed fish have no scales and are rich in fat. One of the best ways to enjoy them is by lightly searing them, known as "*aburi*." They are also delicious when grilled or made into carpaccio.

Dojo "loach" is a stamina-boosting fish that helps withstand the summer heat. In Asakusa, Tokyo, there are specialty restaurants where loach hotpot or loach soup are served. Loach grilled with soy sauce, fried, or served over rice are also popular.

Water eggplants, in season during this time, are tender, thin-skinned, filled with moisture, and sweet with an almost fruit-like taste. Unlike ordinary eggplants, water eggplants have less astringency, so they can be eaten raw. They are ideal for pickling.

Every year, the Summer Solstice Festival is held at Futami Okitama Shrine near the famous *Meoto Iwa* "Married Couple Rocks" in Futamiura, Mie Prefecture. During this time, the sun rises between the two rocks, which are joined by a giant sacred rope. The participants, who have entered the sea, look up at Mount Fuji through the conjoined rocks and pray to the sun as it begins to rise and illuminate the ocean.

In late June the annual Gion Festival is held at Kubo Yasaka Shrine in Onomichi, Hiroshima Prefecture. The festival is famous for the *Santai mawashi* "Three Sacred Palanquins Procession," where the palanquins are lined up in a row and carried around a banner in a solemn procession. Then, each palanquin group competes to see which palanquin can circle the banner the fastest. The festival is said to have started in the Edo period as a prayer for the residents' health and well-being.

❖二十四節気：夏至 *Geshi* 次候❖

【第二十九候】菖蒲華　あやめはなさく

29th Micro-season: Iris Blooms（*Ayame hana saku*）

●二十四節気における時期

菖蒲華は新暦の 6 月27日ごろから 7 月 1 日ごろまでの 5 日間にわたる時候を表す言葉です。曇り空や雨が続く梅雨の季節に咲き誇るアヤメは、雨に映えるアジサイとともに人々の心をなごませてくれます。

我が国でよく見かけるアヤメ科アヤメ属の花はアヤメ・ハナショウブ・カキツバタです。アヤメは、アヤメ科アヤメ属の代表的な花で 5 月上旬から中旬に咲きます。その後にカキツバタが続き、 6 月の梅雨に入るとハナショウブが開花します。この 3 種のアヤメ属の植物は、花の姿がよく似ていますが、次項で述べる各々の特徴を知れば判別可能です。

アヤメの見頃時期は、南北に長く中央部から西へ広がる日本では、地域によって異なっています。沖縄の大宜味村ではアヤメの一種であるオクラレルカが 4 月上旬に野原いっぱいに花開き、北海道のアヤメは 6 月中旬から 7 月中旬にかけて花を咲かせます。また、日本列島中央部の大阪府堺市では 5 月下旬から 6 月上旬にハナショウブが見頃を迎えます。

●名付けの由来とエピソード

この候の名前である「菖蒲華」ですが、いろいろと問題のある言葉です。最初の菖蒲の漢字ですが、これは「あやめ」とも読み、かつ「しょうぶ」とも読みます。同じ漢字ではあるものの、アヤメはアヤメ科の植物で、ショウブはサトイモ科に属するまったく別の植物です。

また、アヤメは1000年ほど前に刊行された『伊勢物語』の中でも謳われているように、ショウブの古語としても使われていました。このように複雑な命名の歴史を持つアヤメは、現代においても別種の花であるハナショウブ（花菖蒲）と混同されている場合が多く見受けられます。

七十二候の成立時期（時代）と地域（中国と日本）は 1 つではありません。そのため、この候で言う「菖蒲」を昔の人々が、どの種類を意味していたのかにより、「華」が表す開花時期もそれぞれ異なってきます。アヤメ科の代表的な 3 種類の特徴は次のとおりです。

漢字で菖蒲・文目・綾目とも書かれるアヤメですが、紫色の花びらの根元に網目模様があり、畑や草原など乾燥した場所に群生します。ハナショウブは、花びらの根元に細長い黄色の模様があり、紫だけではなく、ピンク・ホワイト・ブルーの花を咲かせ、乾燥地や湿地に群生します。江戸中期の画家尾形光琳の代表作として名高い「燕子花図屏風」に描かれているのが、カキツバタ（杜若）です。カキツバタは、紫色の花びらの根元に一本線の白い模様があり、湿地に群生する植物です。

アヤメ・ハナショウブ・カキツバタは、このように互いによく似ていてその区別を付け難く、「何れ菖蒲か杜若」（どちらもすぐれていて優劣のきめがたいという意味）ということわざがあるほどです。『広辞苑』で「あやめ」を引くと菖蒲・文目・漢女という３つの漢字が出てきますが、それぞれがアヤメの語源に関係しているようです。

アヤメが菖蒲の古語であったことは前述したとおりです。文目は模様や色合いのことですが、花びらの根元の網目模様を表しています。この網目模様を綾織の模様に例えてアヤメと読んだという説があります。漢女は「古代の渡来人のうちで大陸式の技術による裁縫に従事した女性」であったことから、綾織との関係が窺い知れます。

●自然の恵みと風物詩

この候に美味しくなる海の幸はアジだと言われます。アジは年間を通して獲れる身近な魚で、暖かい海を好むと言われ、暖流に乗り日本列島を回遊しています。多くは北九州の海域で漁獲されますが、特に長崎県は全国でも有数のアジの水産県で、漁獲量日本一を誇ります。

特に６月から７月にかけて獲れるアジは、脂がのっていて旨みがたっぷりと詰まっています。アジは干物がよく知られていますが、刺身でも、塩焼きでも、またフライにしても美味しく、日本人の食卓には欠かせない食材のひとつと言えるでしょう。

初夏からこの時期にかけての風物詩のひとつに、果物店の店先にならび始めるサクランボがあります。宝石のように輝く色も鮮やかなサクランボですが、正式には桜桃と言います。桜桃は、バラ科サクラ属の落葉高木で、花はサクラに似た白い色をしています。桜桃の果実、すなわちサクランボは、甘酸っぱくて美味なものですが、それは野生のサクラの中から美味しい果実が実るものを選び、品質改良を行ってきたからです。

ウメの場合も、花を鑑賞する花梅と果実を利用する実梅に分けますが、サクラもソメイヨシノなどの観賞用と桜桃のような食用の品種に2分できます。紅さやか・佐藤錦・紅秀峰という名のサクランボが有名です。桜桃は、ソメイヨシノが散った後に、サクラに劣らないほど美しい花を咲かせますが、ソメイヨシノはほとんど実を付けません。

旧暦の6月を水無月と言います。京都ではこの時期に白い外郎の上に小豆を乗せ、三角形に切り分けた冷菓「水無月」を食べる習慣があります。貴族たちが氷室に蓄えていた氷を口にして暑気払いしていた昔のこと、氷を口にする機会などほとんどない庶民たちが、氷のかたちを模した「水無月」を食べるようになったのが始まりであったと言います。

●関連する年中行事と祭り

菖蒲華の後半にあたる6月30日は1年の前半を終え、後半を迎える日です。この日に各地の神社で「夏越の祓（夏越大祓）」という神事が行われます。夏越の祓は、その年前半の半年間に身に付いた穢れを清め、災厄を祓い、後半も大過なく過ごせるようにと祈る行事です。この日、参拝者は神社の境内で、茅という草を編んで作った茅の輪をくぐって自分の身についた罪や穢れを祓い落とします。

我が国では天候の悪いこの時期に疫病が流行ることが多かったため、厄払いと無病息災を祈る儀式として、茅の輪くぐりが執り行われるようになったと言われます。茅の輪のくぐり方は、「祓え給い、清め給へ、神ながら守り給い、幸え給へ」という唱え詞を唱えながら、左回り・右回り・左回りの順で、8の字に3度くぐり抜ける方法が一般的です。

この茅の輪くぐりは日本神話に由来します。スサノオノミコトが旅の途中の備後国で宿を求めたところ、貧しいにもかかわらず喜んでスサノオノミコトをもてなした蘇民将来と、裕福であるのにもかかわらず宿を貸そうともしなかった巨旦将来という兄弟がいました。数年後に再び蘇民将来のもとを訪れたスサノオノミコトは、疫病を逃れるために茅の輪を腰に付けているように、と教えました。その教えを守った蘇民将来とその家族は難を逃れることができたと伝わります。それ以来、子孫の無病息災を祈願するため、腰につけていた茅の輪が、江戸時代になり、現在のように神社でくぐり抜けるものに変化したそうです。

第 II 部　二十四節気と七十二候　**129**

●わかりやすい英語による説明

Ayame hana saku "Iris Blooms" refers to the period from June 27th to July 1st. During this time, irises bloom magnificently brightening the rainy season with their flowers. *Ayame*, the representative flower of the Iris family, blooms from early to mid-May. It is followed by the *kakitsubata*, and as the rainy season begins in June, the *hanashōbu* come into bloom.

The name of this micro-season, *Ayame hana saku* "Iris Blooms," is problematic because the same characters used to refer to *ayame*, a plant of the Iris family, are also used to refer to *shōbu*, a completely different plant belonging to the Araceae family.

Horse mackerel caught from June to July are particularly delicious. They are especially rich in fat and packed with umami flavor. Horse mackerel are frequently found on dinner menus served as sashimi, grilled with salt, or fried. Air-dried horse mackerel is also very popular.

One of the seasonal delights of early summer is the appearance of cherries in stores. Cherries are a delicious blend of sweet and tart flavors, which is derived from selectively bred wild cherry varieties. Famous varietals include *Beni sayaka, Satō nishiki*, and *Beni shūhō*.

The sixth month is called "*Minazuki*." In Kyoto, it is customary to eat *Minazuki*, a triangular confection with azuki beans on top of white *uiro*（a type of rice cake）, at the end of the month. In ancient times, nobles endured the heat by eating ice stored from the winter. Common people created the *Minazuki* sweet in imitation of the court custom.

June 30th is the end of the first half of the year. Many shrines hold *Nagoshi no harae* "Summer Purification Ceremony" to cleanse impurities accumulated over the first six months, to ward off misfortunes, and to pray for a smooth second half of the year. Worshippers pass through a *chinowa* "large ring made of cogon grass" to purify themselves. The protection of the *chinowa* is rooted in the legend of the god Susanoo-no-Mikoto and a poor man, Somin Shōrai, who welcomed him and was rewarded for his goodness.

❖二十四節気：夏至 *Geshi* 末候❖

【第三十候】半夏生　はんげしょうず

30th Micro-season: Crow-dipper Sprouts （*Hange shōzu*）

● 二十四節気における時期

　半夏生は、字句的にはサトイモ科の多年草である烏柄杓が生えるという意味になります。烏柄杓のことを半夏と呼ぶところから生まれた表現で、農村では、梅雨が明けて田畑にこの半夏（烏柄杓）が生えるのを目安に田植えを終えました。二十四節気では、夏至から11日目の新暦7月2日ごろに始まり、6日ごろまで続く期間です。

　少しややこしくなりますが、同じ漢字で半夏生と書いて「はんげしょう」と名詞形で読む言葉があります。こちらの名詞形の半夏生には2つの意味があります。最初の意味は、雑節の1つで夏至から11日目の7月2日ごろのことで、農家ではこのころを田植えの終期としました。2つ目は、水辺に自生し独特の臭気があるドクダミ科の多年草のことです。前述のサトイモ科の多年草である烏柄杓を半夏と呼び、このドクダミ科の多年草は半夏生と言うため、両者を混同しないように注意が必要です。

　ちなみに、「雑節」とは二十四節気以外の季節の移り変わりを示す我が国独自の暦用語で、土用・節分・彼岸・八十八夜・入梅・半夏生・二百十日などがあります。

● 名付けの由来とエピソード

　前項で述べた雑節の各々は、いずれも農作業を行う上で重要な意味を持つものですが、雑節における半夏生は田植えを終える目安とされてきました。経験則から半夏生以降に植えられた稲は秋までに十分実らず、収穫にはつながらないことを知っていた農家の人々が、この日までには田植えは終わらせるという目安として半夏生を設けたと言われます。

　半夏生の日以降に植えられた稲は、平年の半分ほどしか実らないために、そのような不作になることを「半夏半作」と呼んで忌み嫌い、そのためにこの日を田植え終了の祝日とした地方も多くあります。

　植物の方の「半夏生」ですが、水辺に生える半夏生は高さ60センチほどに達する多年草で、全体に独特の臭気があります。ちょうどこの夏至の終

わり近くになると、茎の先に白色の小花を密生して、最初は青々としていた葉の下半分が真っ白になります。そのために片白草とも呼ばれ、葉の半分だけが白粉で化粧したように見えるところから、この半夏生に対して「半化粧」という漢字をあてる場合もあります。

　半夏生のころには梅雨も後半に入り、地域によっては大雨に見舞われることが多くなります。そのため、特に西日本では、半夏生のころの大雨を半夏雨と言い、その大雨から起きる洪水を半夏水と言います。

●**自然の恵みと風物詩**

　この時候には田植えが終わり、また麦の収穫を終えるころとも重なるため、雨や太陽に感謝し、豊作を祈願する各種のしきたりが各地にみられます。その多くが自然の恵みに感謝して、神と食事を分かち合うという神人共食の形をとります。そのいくつかを紹介しましょう。

　奈良県や大阪府の一部などでは半夏生のころに「半夏生餅」を作り、田の神に供えて、その後家族または仲間内で共に食します。半夏生餅は、つぶした小麦ともち米を混ぜて搗いた餅のことで小麦餅とも言います。この小麦餅は、田植えが終わり田の神に感謝する祝い事である早苗饗に食べられることから「さなぶり餅」ともいわれています。

　関西地方では、稲の根がタコの足（８本）のように八方に強く、広く、深く大地に根付くようにという願いを込めて、半夏生にタコを食べる習慣があります。タコは全国で獲れますが、特に瀬戸内海産のものが美味とされます。その中でも、明石のタコはよく知られます。タコの旬は６月から８月と言われ、この時期のタコはその美味しさから、麦が熟す時候にかけて「麦わらダコ」と呼ばれ、食通に持て囃されてきました。

　福井県の大野市では半夏生の日に、脂ののった丸焼きの鯖を食べる習慣があります。これは江戸時代に大野藩の藩主が、田植え作業に疲れた農民たちの疲労回復と、盆地特有の蒸し暑い夏を乗り切るための活力源として、領民に焼き鯖を食べることを奨励したのが始まりと伝わります。

　うどんで有名な香川県では半夏生に、農作業を手伝ってくれた人々に農家がその年に収穫した新麦でつくったうどんを振る舞うというしきたりがあります。本場さぬきうどん協同組合は1980年に半夏生の７月２日を「うどんの日」と定め、小麦が収穫できたことへの感謝と「さぬきうどん」の発展を祈願するために献麺式を行っています。

●関連する年中行事と祭り

　前述したように、関西地方の一部では半夏生の日にタコを食べる風習があります。この風習を祭りにしているのが、兵庫県明石市で6月末から7月中旬までの間にわたり開催される「明石半夏生たこまつり」です。この期間中、明石市内の多くの店舗で明石焼きやタコづくし定食など、本場の明石ダコをふんだんに使った商品が提供されます。

　その祭りの目玉と言えるのが、毎年7月2日前後に開催される「魚の棚半夏生七夕夜市」です。山陽電鉄の山陽明石駅近くにある魚の棚本通りと銀座通りに、活気あふれる夜店がいくつも並び、明石ダコ釣り・浴衣姿の子供の撮影会・冷やしスイカの振る舞い、など盛りだくさんの催し物で街全体が賑わいます。

　魚の棚という名前は、江戸時代に魚屋が板の上に魚を並べて売っていたところからきています。400年前の明石城の築城とともに誕生したと伝わる明石の「魚の棚」は「うおんたな」と呼ばれ、長い間市民たちから親しまれてきました。魚の棚の主な漁場である明石海峡は、プランクトンや甲殻類など魚の餌が豊富なだけではなく、潮流が激しいため、身の引き締まった魚介類がよく育ち、有名な明石ダコや明石ダイをはじめ、約100種類に及ぶ魚が水揚げされると言われます。

　瀬戸内海にある小豆島では、毎年7月2日に300年の歴史を有する半夏生に関わる伝統行事「肥土山の虫送り」が行われています。これは稲の害虫を追い払う虫除けと豊作を願って行われる民俗行事です。この日の夕闇が迫ってくるころに、火手と呼ばれる松明を持ったたくさんの地元の子どもたちが、稲が植えられた畦道を練り歩きます。

　虫送りの行事は、江戸時代にイナゴの大発生により飢饉が起き、たくさんの人々が餓死したことが由来と言われます。また、この日は「足洗い」と言い、田植えを終えた慰労の日で、土庄町肥土山地区や隣接地域一帯では、たらいうどんを家族そろって食べる習慣もあります。

　午後6時ごろに多聞寺で住職が虫除けと五穀豊穣を祈願し、約200メートル離れた虫塚で稲の虫を供養します。その後子ども会の児童らが近くの離宮八幡神社に集合し、竹などで作った長さ約1.5メートルの火手を畦道にかざしながら、約1.5キロの蓬莱橋まで練り歩きます。

●わかりやすい英語による説明

Hange shōzu refers to the growth of *karasubishaku* (Crow-dipper, Pinellia ternata). The 30th micro-season, marking the end of the rainy period, is when crow-dipper grows in the fields after the rice planting has finished. The same characters for *Hange shōzu* can also be read as "*hangeshō*" which has two easily confused meanings. One is the name of a *Zassetsu* "miscellaneous seasonal period" occurring around July 2nd, and the other refers to a perennial plant belonging to the Saururaceae family, which grows in wetland areas also during this period.

In the Kansai Region, it is the custom to eat octopus on *Hangeshō*, embodying the hope that the rice roots will spread like the octopus's eight tentacles. Octopus from the Seto Inland Sea is considered particularly delicious.

In Akashi City, Hyogo Prefecture, this custom has become a festival known as the *Akashi hangeshō tako matsuri* "Octopus Festival," which takes place from late June to mid-July.

The *Uontana hangeshō tanabata yoichi* "night market" is held annually around July 2nd. The lively night market is set up near Sanyō Akashi train station and features various activities creating a vibrant atmosphere throughout the city.

In Ōno City, Fukui Prefecture, there is a tradition of eating roasted mackerel on *Hangeshō*. This custom began in the Edo period when the lord of the Ōno domain encouraged people to eat roasted mackerel to restore their strength and to help them endure the hot, humid summer.

In Kagawa Prefecture, there is a tradition of farmers serving udon made from newly harvested wheat on *Hangeshō* to those who helped with the farming.

On July 2nd, an event related to *Hangeshō*, known as the Hitoyama Insect Extermination Ritual, is held in the Hitoyama area, Tonoshō, Kagawa Prefecture. The chief priest of Tamonji offers prayers for protection from pests and a bountiful harvest, followed by a procession of children carrying torches along the levees of the rice fields.

❖ 二十四節気：小暑 *Shōsho* 初候 ❖

【三十一候】温風至　あつかぜいたる

31st Micro-season: Warming Winds Arrive （*Atsukaze itaru*）

● **二十四節気における時期**

温風至は7月7日ごろから7月11日ごろになります。温風は「おんぷう」と読んでも間違いではありませんが、一般的には「あつかぜ」と読みます。また、「あつかぜ」を熱風や暑風と書き表すこともありません。

温風至は、鬱陶しい梅雨がまもなく明け、夏の暖かい風が吹き始めるころに当たり、沖縄では6月下旬、九州では7月の上旬から中旬、本州では7月20日前後、そして東北や北海道では7月下旬に梅雨明けを迎えるのがふつうです。梅雨が明けたところでは一気に本格的な夏を迎えることになりますが、梅雨明けごろに吹く暖かい風を温風と呼んでいます。

じめじめとして、うっとうしかった梅雨が明け、やっと温かくて、さわやかな風が吹き始めてくれるという歓迎の気持ちが「至る」に込められています。その風は、その後にやってくる酷暑のころに吹く熱気のこもった暑い風とは違って人に優しい風といえるでしょう。

しかし、梅雨明けのころは温かいとはいえ、湿った空気が流れ込みやすいために、雷雲が発生しやすく、突然に雷雨や突風が発生することもあります。また、このころは日差しが強くて急激に気温が高くなることもあるために、注意が必要な候ともいえます。

● **名付けの由来とエピソード**

梅雨が明ければ全国各地ともに一気に夏らしくなっていきますが、このころに吹く温風を南風ともいいます。「南風」は「なんぷう」や「みなみかぜ」と読み、また中国・四国・九州などを中心に西日本一帯では「はえ」と呼んでいます。南風は、別名白南風とも呼ばれ、亜熱帯地方から吹いてくる温かい風のことです。

「至る」は、目的地やその場所に到達することですが、梅雨明けを待ち望んでいた人々の気持ちがこもっています。梅雨の初めやその間に吹く南風は、黒南風と呼ばれます。雨雲で覆われた梅雨空のもとで吹く風には黒を、そして梅雨明けのさわやかな青空のもとで吹く風には白をと、それぞれ明暗を表す色をつけて呼んだ昔の人々の思いが伝わってきます。

　南風には地方により、「まじ」「まぜ」「おき」「きぜ」「さがり」「ふぇー」「わて」など数多くの呼び方があります。このことから、南風が如何に漁師たちの生活に密着しているのかが分かります。実際に、南風が熱帯低気圧を伴うと暴風雨になり、出漁できない日が続くのです。

● **自然の恵みと風物詩**

　朝の散歩や通勤・通学途上に夏の始まりを感じさせてくれる夏の風物詩の一つが朝顔です。7月6日から8日までの3日間、東京都台東区下谷にある入谷鬼子母神（真源寺）の境内とその付近に朝顔市が立ちます。

　約12万鉢ともいわれるアサガオが並ぶこの「入谷朝顔まつり」は、江戸時代末期の1804～1829年頃に10数軒の植木業者が、同所のあたりでアサガオを育てたのが始まりと伝わります。現在では、約120軒の朝顔業者と約100軒の露店が立ち並び、毎年40万人もの人出で賑わいます。

　植物の「市」といえば、7月9日と10日に東京の浅草寺境内に立つほおずき市もよく知られています。江戸時代中期に「ほおずきの実を飲めば大人は難病の癪を切り、子供は腹痛などの虫気を去る」という民間信仰が生まれ、庶民の間に広まりました。その影響から、観世音菩薩の縁日に芝の愛宕神社境内でホオズキを売るたくさんの屋台が並ぶようになり、大いに賑わうようになったといわれます。

　その後「四万六千日の縁日」の大本である浅草寺にもほおずき市が立ち、9日と10日の両日に参拝すれば四万六千日、すなわち126年分の功徳が与えられるといわれました。時期的にもお盆の季節でもあり、今でもホオズキを盆棚飾りに用いる家庭が多くあります。

　時候の挨拶である「暑中見舞い」の葉書や書状を送るのも、この候からということになっています。「温風至」の文字は「温風至の候、皆様におかれましては益々ご清祥のこととお慶び申し上げます。」とか「温風至、温かい南風が夏の気配を感じさせる季節となりましたが、皆様におかれましては～。」などという書き出しの言葉としてよく使われます。

●関連する年中行事と祭り

　この時期に全国各地の多くの家庭や市町村で、大々的に祝われる祭りが七夕です。代表的なものに、7月第1木曜日から日曜日にかけて神奈川県平塚市で開催される「湘南ひらつか七夕まつり」があります。七夕が終わると「七夕送り」が行われます。7月8日に笹飾り一式を海や川へ流して穢れを祓う行事ですが、七夕送りには、依代の笹竹に迎えた神様を天に送り返すという意味も含まれています。

　日本で「たなばた」と呼ぶ7月7日は、正式には「七夕の節句」といい、天の川を境にして天帝により離ればなれにさせられた織姫と彦星がこの日の夜だけ再会できるという伝説がもとになっている節句です。その日には織物が上手であった織姫にあやかり、裁縫がうまくなるようにと女性が供え物をして織女星を祀り、星に祈る乞巧奠という儀式が行われていました。この風習が伝来したとき、すでに日本にあった棚機津女が行う儀式と結びついて我が国独自の七夕となっていったのです。

　「棚機津女」の儀式は、祖先の霊を迎えるお盆の前の7月7日に行われる祓えの行事の1つでした。それは、棚機津女と呼ばれる女性が、清らかな水辺の機小屋に一晩籠り、「棚機」という織り機で神様の衣装を織り、それを神棚に供え、村人たち全体の穢れを神様に持ち去ってもらうという儀式でした。旧暦7月7日のころは、すでに梅雨も明けていて、お盆の前に梅雨の穢れを祓っておくためでもありました。

　このように、織物が上手な女性にまつわる古代中国の乞巧奠と日本古来の棚機津女の行事が結びついて生まれたのが日本の七夕です。乞巧奠では七夕の夜に7枚の梶の葉に詩歌を書いて裁縫の上達を祈ったといわれます。その風習は日本にも引き継がれ、室町時代には貴族たちが短冊に和歌を書いて供えるようになります。江戸時代には、貴族や武士たちだけではなく、寺子屋で文字の読み書きを習っていた庶民も、それぞれ書道が上達するように祈り、短冊に詩歌を書いて笹竹に飾るようになりました。

　現代では色紙の飾りや、試験の合格祈願や恋愛成就などの願い事を書いた短冊を笹竹に飾りますが、本来の七夕は裁縫や書道が上手になるようにと祈る行事でした。笹飾りを家の外にできるだけ高く立てるのは、それが天から神様が降臨されるときの依代となるからとも、自分たちの書いた願いが、天の神様に届きやすいからともいわれます。

第Ⅱ部　二十四節気と七十二候　**137**

●わかりやすい英語による説明

Atsukaze itaru "Warming Winds Arrive" micro-season #31 is from July 7th to July 11th, which marks the end of the gloomy rainy season and the beginning of gentle, warm summer winds. *Itaru* means reaching a destination, and in this case, captures the anticipation of people eagerly awaiting the end of the rainy season. Unlike the oppressively hot winds of the upcoming peak of summer, these are mild and benevolent. The south wind, also known as *kuro hae* "black south wind" during the rainy season, is contrasted with the refreshing *shira hae* "white south wind" of the post-rainy season. This wind plays an integral role in fishermen's lives, but is often accompanied by a tropical low-pressure system, which can keep them from going to sea.

The Iriya Morning Glory Market, originating in the late Edo period, is held from July 6th to 9th near Tokyo's Shingenji temple and attracts over 400,000 people each year. It boasts around 120,000 morning glory plants sold by 120 vendors at 100 stalls. Another renowned plant market is the Chinese Lantern Market at Sensōji Temple in Asakusa, Tokyo, held on July 9th and 10th, and visiting the temple on both days was believed to bring blessings equivalent to 126 years.

During this period, it is customary to send midsummer greeting postcards or letters, beginning with phrases like "Warming Winds Arrive," conveying the sender's best wishes for well-being during the hot summer days that are to follow.

July 7th is *Tanabata no sekku* that originated in the Chinese legend of the Weaving Princess and Cowherd who are separated by the Milky Way and are only allowed to meet on this night. *Tanabata* in Japan evolved as a combination of Chinese and Japanese traditions. Modern *Tanabata* involves decorating paper ornaments or writing wishes on long slips of paper which are hung from bamboo branches.

The *Shōnan Hiratsuka tanabata matsuri* in Kanagawa Prefecture, held from the first Thursday to Sunday of July is a notable festival and concludes with the bamboo decorations being cast into the ocean.

❖二十四節気：小暑　*Shōsho*　次候❖

【第三十二候】蓮始開　はすはじめてひらく

32nd Micro-season: Lotus Begins to Bloom（*Hasu hajimete hiraku*）

●二十四節気における時期

　例年6月下旬から8月上旬にかけて池や沼に美しい花を咲かせるハス科ハス属の多年草である蓮は、7月12日ごろから17日ごろに見頃を迎えます。そこからこの時候を蓮始開という名前で呼ぶようになりました。地域によっては見頃も少し変わりますが、上品な香りを放つ白・淡紅・紅などの花は、早朝から咲き始めて数時間でつぼみに戻ります。ハスの花の開花には通常6～8時間以上の日照時間が必要なため、梅雨時には咲きません。しかし、梅雨明けの雨上がり後、大きなハスの葉に大きくて透明な雨粒がコロコロと動く様子を見るのは楽しいものです。

　ハスの花は、開花と閉花を繰り返し3日ほどで散ってしまうため、その美しさを誇る期間は短いものです。ハスは古代に中国大陸から渡来し、仏教とも関わりの深い植物です。仏教寺院内の建物や宗教用具の飾り付け、また家庭の仏壇や仏式の冠婚葬祭の飾り物や小間物類にはハスをモチーフにしたものが多く、昔から日本人には親しみのある植物でした。

　ハスによく似た水生植物にスイレン（睡蓮）があります。仏教用語としても使われる「蓮華」は、ハスとスイレンを含む言葉です。その育つ環境や花の姿が似ているために、両者はよく同属と誤解されますが、後者はスイレン科スイレン属の植物であり、ハスとは別のものです。

●名付けの由来とエピソード

　ハスは、その美しい花が散った後、花の付け根に花托が残ります。その花托の形は、多孔体をしていて蜂の巣によく似ています。そこから古代では、ハスを「はちす（蜂巣）」と呼んでいたそうです。その後このはちすが転訛して「はす」になったと言われます。

　前述したように、ハスとは別の植物であるスイレンも蓮華と呼ばれます。蓮華は仏教とともに中国から日本に伝来した言葉ですが、仏教において蓮華は、「尊い仏の悟り」を意味します。蓮華は、仏教の祖仏陀の生地であるインドを原産国とするハスやスイレンの総称です。

第Ⅱ部　二十四節気と七十二候　139

　スイレンは、その姿がハスに似ていますが、ハスに比べて開花する時間が遅いために、「睡る（眠る）蓮」の字をあてて睡蓮と言われるようになりました。前述したように、仏教では蓮華の花は重要な意味を持ちます。その中にはハスではないスイレンも仲間入りしています。仏教教典には白蓮華・紅蓮華・青蓮華・黄蓮華の４蓮華が紹介されていますが、そのうち清浄な仏の心を表す白蓮華と、仏の大悲から生まれる救済を意味する紅蓮華が、釈迦の生まれ故郷に咲いていたハスと言われます。

　青蓮華と黄蓮華はスイレンのことです。スイレンも古代からインドで崇拝されていた神々や、ヒンズー教など古くからある宗教とも深い関係があり、神聖で重要な花です。インドでは蓮華（ハスとスイレン）はめでたい花とされ、泥沼から生じるのにもかかわらず、濁りに染まらず、清く美しく咲くことから、その後仏教思想の中心的な象徴となっていきました。そのような歴史を持つハスはインドの国花とされています。

●**自然の恵みと風物詩**

　前項で述べたハスとスイレンですが、その違いを見分けるのは意外と簡単です。ハスの花は水面から１メートル以上の高さまで茎を伸ばしたところで花を咲かせますが、スイレンは、ほぼ水面に等しいか、水面よりほんの少し高いところで開花します。ハスの葉は水面よりも高いところにあり、表面にツヤがありません。それに対して、表面に光沢があるスイレンの葉には大きな切り込みがあり、水に浮くように茂っています。

　この候の旬の魚には、カレイとアナゴがあります。カレイは、マガレイ・マコガレイ・イシガレイ・アサバガレイなど、カレイ科の海魚の総称ですがその旬は種類によりさまざまです。初夏から秋にかけては、メイタガレイやマコガレイ、イシガレイが旬であり、その淡白な味わいから、煮付けや唐揚げなど、さまざまな料理と相性がよい魚と言われます。

　味噌汁の具としてよく使われるシジミは、貝類のうま味成分であるコハク酸の含有量が多く、肝臓病に効果があることで知られます。また、カルシウムも多く、栄養価が高いために夏バテの予防にも役立つすぐれものですが、この時期に食べる「しじみ汁」は格別とされています。

　この候の少し前から赤紫または黄色に熟し始めるスモモは、酢桃あるいは李とも表記されるバラ科の落葉小高木で、中国を原産地とする果樹です。古代に我が国に渡来し、栽培されてきた果樹またその球形あるいは長

球形をした食用の果実を一般的にスモモと言いますが、その後いろいろな品種が開発されてきました。古代の中国においても幾多の詩に詠まれた李（スモモ）は、我が国でも『万葉集』に1首が取り上げられています。

●関連する年中行事と祭り

　仏教とも縁のある蓮始開は、地方により新暦または旧暦の7月13日から16日にかけて行われる盆に重なります。盆行事は、6世紀に中国から仏教が伝来する以前より我が国にあった死者の霊や先祖の御魂を祀る先祖祭りと仏教の盂蘭盆会が1つになったもので、別名を精霊会とも言います。精霊は冥界から牛馬に乗ってくるという言い伝えから、ナスやキュウリに箸を刺して作った牛（ナス）と馬（キュウリ）を盆棚に飾ります。馬は先祖が早く冥界から戻ってくるように、牛は盆明けに先祖がゆっくりと冥界へ帰っていくようにという願いが込められた供物です。

　7月は京都で1ヶ月にわたり祇園祭が催されますが、その目玉は17日の山鉾巡行前祭と24日の山鉾巡行後祭と言えるでしょう。祇園祭は祇園会あるいは祇園御霊会の略称で、もとは疫病などの祟りを起こすと考えられていた死者の霊（御霊＝祟りをあらわす御霊）をしずめるための祭でした。平安時代の前半に京都で疫病が流行し、多くの人たちが犠牲になり、その疫病をしずめるため869年に祇園社から神輿を出して厄災の除去を祈ったのが祇園祭の起源と伝わります。平安時代中頃からはその規模も大きくなり、山車や鉾の飾りも豪華なものになっていきました。

　その後も京都の各町や商人たちは、山車や鉾のきらびやかさを競い合い、京都の夏を大いに盛り上げる賑わいを見せるようになります。応仁の乱（1467〜1477年）により京都の町が灰燼に帰した時には、祇園祭も中絶を余儀なくされたものの、その後すぐに復活し現在に至ります。

　山鉾巡行の順番は7月2日に京都市会議場で行われる「くじ取り式」で決まります。その結果で、山と鉾33基のうち長刀鉾などあらかじめ順番が決まっている9基を除く24基の順番が決まり、長刀鉾を先頭にした巡行が始まります。長刀鉾の頂上部には荘厳な大長刀が飾られ、その長刀がコンチキチンと鳴りわたる祇園囃子と共に、町中に蔓延している疫病神や悪霊を断ち切っていくのです。山鉾巡行で鉦・笛・太鼓でコンチキチンと囃すのは、荒ぶる疫神を鎮めるためのものでした。

第Ⅱ部　二十四節気と七十二候　**141**

●わかりやすい英語による説明

Hasu hajimete hiraku "Lotus Begins to Bloom" is the 32nd micro-season. Lotus blooms beautifully in ponds and marshes from late June to early August and reaches its peak bloom around July 12th to 17th each year. The lotus is an ancient plant that was brought to Japan from the Chinese continent and has a deep connection with Buddhism.

The water lily is a similar aquatic plant. The water lily blooms later in the day; thus, it is called *suiren* "sleeping lotus." In India, the lotus and water lily are considered auspicious flowers.

Flounder（flatfish, Pleuronectidae）are in season during this period. Their mild flavor makes them well-suited for various dishes, such as in simmered or fried preparations.

Fresh-water clams, commonly used in miso soup, are high in calcium and other nutrients, making them an excellent food for preventing summer fatigue.

The *sumomo*（plum, Prunus salicina）was introduced from China in ancient times and has been cultivated ever since. Japanese cultivars were introduced into the United States in the latter half of the 19th century, and now most of the fresh plums grown around the world are descended from them.

The *Hasu hajimete hiraku* micro-season coincides with the *Obon* observance. *Obon* combines indigenous ancestor worship with the Buddhist *Urabon-e*（Sanskrit, *Ullambana*）. This observance honors the spirit of the deceased ancestors by welcoming them to their homes, where altars are set up for offerings of flowers, incense, and food.

July is also the month for the *Gion matsuri* in Kyoto, which takes place over an entire month. The highlights are the processions of floats on the 17th and 24th. The festival began around 869 when during an epidemic in Kyoto, portable shrines were brought out from the Gion Shrine（now called Yasaka Shrine）to pray for the remission of calamities. The bells, flutes, and drums of the *Gionbayashi* music were meant to pacify the wrathful spirits that caused plagues.

❖二十四節気：小暑 *Shōsho* 末候❖

【第三十三候】鷹乃学習　たかすなわちわざをならう

33rd Micro-season: Hawks Learn to Fly（*Taka sunawachi waza wo narau*）

●**二十四節気における時期**

　鷹乃学習の振り仮名には、表記以外にも「たかのがくしゅうす」や「たかすなわちわざをなす」などいろいろとあります。いずれの場合も、ここで言う「学習」とは、春に孵化したタカの雛鳥が生まれ育った巣を離れて独り立ちしていくにあたり、自立のために必要な知識や技術を親から教わることを意味します。この小暑の末候、すなわち7月18日ごろから22日ごろがその教育期間にあたることから名付けられたのでしょう。

　その学習には、巣から出てその周りを歩くことに始まり、羽ばたくことや空中に飛び出していくこと、そして獲物を捕らえる狩りの仕方に至るまでさまざまなものがあります。タカの狩猟法は獲物によって異なります。空中で鳥を追いかけて後ろから掴むもの、空中を飛び回って地上の獲物を探し、見つけると急降下してそれを捕らえるもの、枝の上で待ち伏せして地上の獲物に襲いかかるもの、などがその代表的なものです。

　いずれも猛禽類に属するタカ科の鳥は世界に分布していて、我が国には22種類がいるとされます。多くの種は高い木の上に枯葉を使って大型の巣をつくり、1個から5個程度の卵を産みます。雛鳥は綿羽（雛鳥に最初に生える幼綿羽、綿毛のこと）に覆われて、数十日間にわたり親鳥の哺育を受けた後に巣立っていきます。

●**名付けの由来とエピソード**

　タカという名称は、タカの羽ばたきの力強さや、時速300キロ近いとも言われる飛翔（下降）速度などを称える、猛々しい羽を意味する「たけは（猛羽）」から来ているとも言われます。タカはタカ目タカ科に属する鳥で中型から小型のものを言います。大型のものはワシと呼ばれていますが、タカとワシの区別はかなり便宜的なものであり、科学的あるいは分類学的な分け方ではないようです。

　我が国では街中や郊外でトンビ（トビ、鳶）やハヤブサを目にすることができますが、この2種の猛禽類もタカに含まれるとされてきました。訓

第II部　二十四節気と七十二候　**143**

練したタカを放って野鳥などを捕らえる狩猟を鷹狩と言いますが、鷹狩は中国では紀元前2000年ごろからすでに行われていたようです。我が国でも『日本書紀』にその記述が見られ、平安時代以降は天皇・貴族・武家の間でも練武を兼ねて盛んに行われてきました。我が国の鷹狩で主に使われる「鷹」はオオタカ・ハイタカ・ハヤブサです。しかし、近年DNA分析に基づく研究が進んだ結果、日本鳥学会は2012年にハヤブサを「インコ、スズメの仲間」と分類変更しています。

　次に、タカの大きさを見てみましょう。オオタカは雄の全長が約50センチで雌の全長が約60センチ、全開した翼の長さは約100～130センチあります。オオワシの雄は全長が約88センチで、雌はそれより大きくて約100センチ、翼を広げた時の長さは約200～250センチあり、それに比べるとオオタカは小型と言えます。ハイタカの体長は雄31センチ、雌39センチ程度、ハヤブサは全長が雄42センチ、雌49センチ程度の鳥です。

● **自然の恵みと風物詩**
　土用の丑の日という言葉があります。土用は、二十四節気の立春・立夏・立秋・立冬の前の18日間のことであり、「丑の日」とは子丑寅～と動物の名前で表す十二支で数えたとき、丑に該当する日のことで、12日周期で訪れます。すなわち「土用の丑の日」は実際には一年に何回も周ってきます。しかし一般的に「土用の丑の日」といえば、この夏の時期の土用で、その間に周ってくる丑の日を指します。それはなぜでしょうか。

　その理由は「土用の丑の日にウナギを食べると夏バテしない」という話が江戸時代に広がり、それ以来「土用の丑の日にはウナギを食べる」という風習が日本人の間に定着していったからです。人々は、1年のうちでももっとも暑くなる7月末の丑の日を、特に「土用の丑の日」として夏バテの対処法を色々と考えました。その日に薬草入りの風呂に入り、ウナギ・瓜・梅干し・うどんなど名前に「う」のつくものを食べると、夏バテや病気回復に効果があると信じたのです。ウナギはビタミンAやビタミンEが豊富で、脂質やタンパク質が多く、消化器や呼吸器の粘膜を保護し、夏バテの予防や、胃もたれや夏風邪にも効果があるといわれます。

　ウナギと同様に、この時期に旬を迎える魚がハモ（鱧）です。ハモは、ウナギ目ハモ科ハモ属に属する魚で、夏季に料亭などで提供される高級魚として知られます。淡白で繊細な味わいがあり、ビタミンA・ビタミン

B2・カルシウムなどを豊富に含む栄養満点の魚として、特に西日本で根強い人気のある魚です。漁獲量では徳島県が全国1位で、ハモ料理は京都の祇園祭や大阪の天神祭には欠かせないもののひとつになっています。特に京都では、祇園祭のことを別名で鱧祭と呼ぶほどで、涼やかな器に盛られたハモの薄造りやお吸い物のハモ落としは京都の夏の風物詩です。

●関連する年中行事と祭り

毎年7月20日と27日には島根県の津和野町の弥栄神社で神事「津和野弥栄神社の鷺舞」が挙行されます。高さ85センチ、重さ約3キロの鷺頭の被り物と、杉板で作った白い大中小の3種の羽39枚を扇形にした重さ12キロもある鷺羽を身に着けて舞うこの古典芸能神事は、国指定重要無形文化財であると同時に、2022年には他の40件の民俗芸能とともに、「風流踊」としてユネスコ無形文化遺産にも登録されました。

この鷺舞は、1542年（天文11年）に津和野城主であった吉見正頼が、疫病鎮護のため京都から山口に伝わっていた祇園会の鷺舞を津和野でも行うようにしたのが始まりとされています。その後一時途絶えましたが、1644年（寛永20年）に、津和野藩主となった亀井茲政が、京都から直接に移入して復活し、今日まで継承されていると伝えられます。

国民の祝日「海の日」は、「海の恩恵に感謝するとともに、海洋国日本の繁栄を願う」日ですが、2003年にそれまでの7月20日から7月の第3月曜日に改められました。毎年この海の日に神奈川県の茅ヶ崎西浜海岸で夏の到来を告げる「浜降祭」が開催されています。その日は、夜明けとともに、茅ヶ崎市とその隣の寒川町にある各神社から大小さまざまの約40基の神輿が同海岸に集結し「どっこい、どっこい」という相州神輿（相模国の神輿という意）独特の勇ましい掛け声とともに、練り歩きます。

諸説ある浜降祭の起源の主なものは次のとおりです。江戸時代後期の1838年、例年春に大磯町国府本郷で行われる国府祭に渡御した寒川神社の神輿が、その帰途相模川の渡し場で寒川の氏子が喧嘩を始めたため、川に落ちて行方不明になってしまいました。その数日後、茅ヶ崎の孫七という網元が、漁の最中にこのご神体を発見し、寒川神社に届けました。それが契機となりその後毎年同神社の神輿が、お礼のため茅ヶ崎の浜に赴き、禊をするようになったと伝わります。

第II部　二十四節気と七十二候　**145**

●わかりやすい英語による説明

Taka sunawachi waza wo narau "Hawks Learn to Fly" refers to the process by which hawk chicks, hatched in spring, leave the nests to begin their independent lives. During this time, around July 18th to 22nd, they acquire the knowledge and skills necessary to become independent, such as various hunting techniques that they adjust according to the prey. There are 22 species of birds of prey（family Accipitridae）in Japan.

Hunting with trained hawks to catch wild birds dates back to 2000 BCE in China. In Japan, records of falconry appear in the *Nihon Shoki*, and from the Heian period onwards, it became a popular practice among the nobility and samurai as a form of martial training.

The 18 days before the start of each of the four seasons is known as *"Doyō."* It is believed that eating eel on the Day of the Ox, one of the 12 animals of the Chinese zodiac, during *Doyō* will prevent summer fatigue. Eel, rich in vitamins A and E, is also high in fats and proteins.

Another fish that reaches its peak season is *hamo*（family *Muraenesocid Anguilliformes*）, a premium fish served in upscale restaurants. *Hamo* dishes are an essential part of the Gion Festival in Kyoto and the Tenjin Festival in Osaka, and dishes like thinly-sliced *hamo* or clear *hamo* soup are served.

Every year on July 20th and 27th, the Tsuwano Yasaka Shrine in Shimane Prefecture holds the sacred Tsuwano Yasaka Shrine Heron Dance ritual. The performers wear an 85-centimeter-tall heron headpiece and don heron wings made from 39 white cedar boards arranged in a fan shape to perform the dance.

Marine Day, a national holiday, was established in 1995 to appreciate the blessings of the sea and to wish for the prosperity of Japan as a maritime nation. Every year on this day, the Hamaori Festival, which marks the arrival of summer, is held on the Nishihama beach, Chigasaki, Kanagawa Prefecture. On that day, about 40 large and small portable shrines from shrines in Chigasaki City and the neighboring Samukawa Town are gathered on the beach at dawn.

❖二十四節気：大暑 *Taisho* 初候❖

【第三十四候】桐始結花　きりはじめてはなをむすぶ

34th Micro-season: Aogiri Blossoms（*Kiri hajimete hana wo musubu*）

●二十四節気における時期

　二十四節気の半期、すなわち第12番目に当たるのがこの大暑です。大暑とは、1年のうちで最も暑さの厳しくなる時季を言います。

　この大暑の初候を桐始結花と呼び、新暦では7月23日ごろから27日ごろまでの5日間にあたります。まさに盛夏とも言えるこの時期に桐が花を結

ぶというのですが、「結ぶ」とは形をなす、あるいは結実するという意味であり、簡単にいえば花が咲くということです。

　大暑の初めごろに咲く桐の花という点に注意を向けると、ここでの「桐」とは何かという問題が出てきます。詳しくは次項で説明しますが、桐始結花における桐は、軽量で、防湿・防虫の効果があり、耐火性に優れ、箪笥や琴などの材料として知られるキリではないようです。

●名付けの由来とエピソード

　キリの花の開花時期は、地域によりますが、サクラの花が終わるころから初夏にかかる5月下旬から始まるころになります。それに対してアオイ科の落葉樹であるアオギリは真夏日となる7月ごろに咲き始めます。我が国にはこのアオギリとキリが混同されてきた歴史があります。

　アオギリは、葉がキリに似ていることと、幼木の樹皮が青色（中国語や日本語では緑色も意味する）になることから付けられた名前で、漢字表記では青桐（和名）あるいは梧桐（漢名）または碧梧と表記されることがあります。なお、「梧」だけでもアオギリと読みます。キリ（桐）は、切ってもすぐに芽を出し、成長が早いために短期間で「キル（切る、伐る）」というところからキリと名付けられたそうです。また、その木目が美しいために「木理（キリ）」がその語源であるとする説もあります。

第Ⅱ部　二十四節気と七十二候　　147

　アオギリは、中国では最も古くから栽培されている庭木で、伝説上の霊鳥「鳳凰」が止まる木であるとされます。中国には「鳳凰は、梧桐にあらざれば栖まず」という格言があり、鳥の王である鳳凰は、木の王である神聖なアオギリにしかとまらないということを意味します。現代でもこの格言は、ふさわしい環境があれば、そこにふさわしい優秀な人材は留まるという意味で用いられたりします。

　奈良時代に日本へ渡来し、関東以南また四国や九州南部などで野生化したアオギリは、その後庭木・街路樹・公園樹として多くの地域で利用されてきました。中国での格言は日本にも導入され、アオギリは「桐の紋章」として象徴化され、皇室や日本国、また貨幣の装飾になどに使われています。イラストにある図柄は、中心に7つ、左右に5つの花を立てた五七桐紋と言い、桐紋の中でも最も権威の高いもので、かつては天皇家の家紋のひとつでした。その後、功を挙げた臣下に賜与されるようになり、その変形（例えば、五三桐）とともに次第に広まって行きました。

●**自然の恵みと風物詩**

　7月に出荷の最盛期を迎える果物に杏があります。アンズはバラ科サクラ属の落葉高木で、中国を原産地とする果樹として世界で栽培されています。中国では古代から栽培されていましたが、果実を利用していたのではなく、種の中にある仁（ニンともいう）と呼ぶ胚と胚乳を生薬として利用していました。中華料理のデザートでよく知られる杏仁豆腐（キョウニンドウフともいう）の「杏仁」がそれにあたります。

　古代に日本へ渡来したアンズですが、果物として利用されるようになったのは大正時代であったそうです。近代医学の発達とともに、化学合成医薬品が消費者の間に広まり、仁の需要が減少し、そのため新規の需要を求めて果実の利用を目的とした栽培が広まったと言われます。

　アンズと同じように古代に渡来した野菜のひとつにレタス（チシャ）があります。平安時代にはすでに栽培されていたという記録が残るレタスは、茎を切ると断面から乳液が出るところから乳草と呼ばれていたものがチチクサからチシャへと転訛したと言われます。レタスの学名は*Lactuca sativa*ですが、語頭の lac は乳糖を意味するラクトース（lactose）にも通じ、また医学用語として、処方箋で lac はミルクを意味します。

この白い液体はラクチュコピクリンと呼ばれる苦味成分で鎮静作用があると言われます。そのため、レタスはイライラした気持を落ち着かせ、眠りを促す働きがあり、不眠解消にも良い野菜と言われます。

夏を告げる魚のひとつに小肌があります。寿司ネタとしても人気の高いコハダはニシン目ニシン科に属し、成長するとともに名前が変わる出世魚としても知られます。6月ぐらいまでに産まれた体長約10センチの幼魚シンコが夏には約15センチのコハダになります。その後は、約18センチでナカズミ、約20センチ以上でコノシロと呼び方が変わっていきます。寿司ネタの他に酢締め・唐揚げ・塩焼きで賞味されます。

●関連する年中行事と祭り

京都の祇園祭と東京の神田祭にならび日本三大祭りの1つと言われる大阪天満宮の天神祭の諸行事が、6月下旬吉日から約1ヶ月にわたって行われます。天神祭の歴史は1000年を超える古いものです。天満宮鎮座の翌々年にあたる951年に神職たちが、社頭の浜から神鉾を流し、流れ着いた浜に斎場を設けて禊祓いを行いました。その際に氏子たちが船を仕立てて一行を奉迎したのが天神祭の始まりとされます。その後も天神祭は浪速（大阪）の繁栄の象徴として隆盛をきわめ今日に至っています。

本宮の7月25日の夜は、大川に多くの船が行き交う船渡御が行われ、奉納花火が上がります。天神祭は、大川の水面に映える篝火や提灯灯り、花火などの美しさから、「火と水の祭典」とも呼ばれます。前日の24日は宵宮で宵宮祭・鉾流神事・催太鼓・獅子舞氏地巡行があり、25日の本宮では本宮祭・神霊移御・陸渡御・船渡御・奉納花火が挙行されます。

この桐始結花の候の中日にあたる7月25日に新潟県西蒲原郡弥彦村にある彌彦神社で「燈籠神事」が行われます。五穀豊穣と疫疾退散を祈念するこの神事は、平安時代に始まる長い歴史を有する祭りで、1978年に大々神楽、小神楽と共に国の重要無形民俗文化財に指定されました。

7月25日の夜は、神歌楽と天犬舞を奉じる2人の舞童、宮司以下の神職、そして総代役員らが供奉する二基の御神輿を中心とし、県下各地の講中から献燈の大燈籠と、地元氏子より献燈の燈籠多数がその前後に連なり渡御を展開します。その後拝殿前に特設された舞殿の周囲を大燈籠が取り囲み、神歌楽と天犬舞が厳かに奉奏されて深夜に終了します。

第Ⅱ部　二十四節気と七十二候　**149**

●わかりやすい英語による説明

The first micro-season of *Taisho* "Large Heat" is *Kiri hajimete hana wo musubu* "Aogiri Blossoms" between July 23rd and 27th. During this time, the flowers of the *aogiri*（Chinese parasol tree, Firmiana simplex）bloom. The *aogiri* is a deciduous tree of the mallow family. It is often confused with *kiri*（Empress tree, Paulownia tomentosa）, the flowers of which bloom much earlier. The *aogiri* was introduced to Japan during the Nara period and is now widely grown in gardens, parks, and along streets.

In July, apricots reach their peak shipping season. In ancient China, apricots were primarily grown for the kernel inside the seed, used as a medicinal ingredient, rather than for their fruit. Apricots only began to be eaten as fruits in the Taishō period, when demand for the kernels declined due to synthetically produced medicines.

Lettuce "*chisha*" was introduced to Japan in ancient times and records show that it was cultivated as early as the Heian period. *Chisha* is believed to have evolved from *chichikusa*, meaning "milk grass," because of the milky sap that oozed out from the cut stem.

One of the fish that heralds the arrival of summer is dotted gizzard shad （Konosirus punctatus）which is known as a "progessive fish" because its name changes as it grows. Highly popular as a sushi topping, dotted gizzard shad is also enjoyed pickled, deep-fried, or salt-grilled.

The month-long *Tenjin matsuri* at Osaka's Tenmangū shrine is considered one of Japan's three great festivals with the *Gion matsuri* in Kyoto and the *Kanda matsuri* in Tokyo. On the night of July 25th, boats fill the Okawa River for the *funatogyo* "boat procession," and fireworks are set off as offerings.

On July 25th, the *Tōrō shinji* "Lantern Ritual" is held at Yahiko Shrine in Yahiko Village, Nishikanbara District, Niigata Prefecture. On the night of July 25th, two children perform sacred dances as part of a procession centered on two sacred palanquins which are accompanied by large and small lanterns donated by parishioners.

❖二十四節気：大暑 *Taisho* 次候❖

【第三十五候】土潤溽暑　つちうるおうてむしあつし

35th Micro-season: Earth is Damp; Air is Humid（*Tsuchi uruoute mushiatsushi*）

●二十四節気における時期

　大暑の次候で、新暦の７月28日ごろから８月１日ごろまでの５日間を土潤溽暑と呼びます。日中の気温が摂氏40度近くまで達するような日には、水分を含んだ大地から水蒸気が立ち上り、息苦しいほどの熱気がまとわりつきます。１年でもっとも蒸し暑い時季を迎えるのです。

　我が国は、アジアモンスーン地帯に属し、ほとんどの地域が温暖で雨も多く、温和な気候に恵まれています。年間降雨量は世界平均降雨量の倍以上となる約1,800ミリに達します。そのため、全体的に緑豊かな国土であり、国土の68.5％が森林で、偏西風の影響を受け、世界に類を見ないほどに四季の変化がはっきりとしている国です。

　四季の区別ははっきりしていますが、春と夏の間にほぼ１ヶ月から１ヶ月半に及ぶ梅雨があります。その梅雨時に大地に降り注いだ雨は地中にたっぷりと貯蔵されています。そのような我が国の地理的特性が、他国にはないような「蒸し暑い夏」をもたらすわけです。

　扇風機やエアコンという冷房器具など何もなかった昔の人たちはどのようにしてこの我が国特有の蒸し暑い夏を過ごしてきたのでしょう。京都の公家や地方の有力大名たちなど上流階級の裕福な人々は、冬の間に池や沼に張った氷を切り崩して氷室に貯蔵しておいた氷で身体を冷やし、喉を潤していたと伝わります。庶民たちは、打ち水や夕涼みなど暑さをしのぐ工夫をいろいろと考え、実践していたことでしょう。

●名付けの由来とエピソード

　盛夏のころの極端な暑さを表現する言葉として炎暑や酷暑がよく知られていますが、特に蒸し暑さを言う場合には蒸暑や、七十二候の本候で使われている溽暑の音読みである「溽暑」という言葉を用います。漢字の「溽」には、蒸し暑い・湿気が多くて暑い、という意味のほかに、潤う・湿る、さらには濃い・濃厚という意味もあります。音符（漢字で字意を表す部分のこと）の辱は、草を刈り重ねるという意味であり、そこから湿気

が重なって蒸し暑いという意味を表すようになりました。

●自然の恵みと風物詩

　土潤溽暑の最終日である 8 月 1 日を八朔と言います。八朔とは本来、旧暦の 8 月の朔（ついたち）のことです（八番目の朔）。一般的に八朔と言えば、甘みと酸味に特徴のある柑橘類のことですが、どのような関係があるのでしょうか。八朔は、広島県尾道市因島田熊町浄土寺の住職が、1860年に寺領内で偶然に見つけた実生果実だったと言われます。当初はジャガタと呼んでいたものを、1886年になり八朔（旧暦八月一日）のころから食べられるという理由で八朔と命名したと記録されています。

　古来我が国には旧暦 8 月 1 日にとれたばかりの新米を贈答し合って祝う民間行事があり、これを田の実・タノミの祝い・タノムの日・タノモ節供、あるいはまた八朔節供と言っていました。稲の実りを神にタノム（祈願する）という意味だったものが、転じて「頼むの節供」として、武士が贈答し合い、奉公人や嫁は里帰りをする習慣になっていきました。

　京都の祇園一帯の花街は、この日芸妓や舞妓たちが、正装の黒紋付き姿で、芸事の師匠やお茶屋に「おめでとうさんどす。おたのもうします」とあいさつ回りをする八朔を迎えます。街全体が、艶やかな風情でいっぱいになり、京都の夏の風物詩と言えます。

　夏の風物詩としては、御中元の品の定番でもある索麺があります。冷たくて、喉越しがよく、蒸し暑い夏の時期の食事には欠かせない索麺は、本来の索麺の音便「そうめん」が、その当て字の素麺とともに日常に使われるようになりました。索麺は、小麦粉に水と塩を加え、捏ねて作った種に植物油を塗り、細く引き伸ばして、天日干しにして作ります。

　索麺が御中元やお歳暮の贈答品として人気があるのは、索麺が細長いからです。ふだん会うことのできない知人や友人に、縁が細くとも長く続くようにとのの願いを込めて贈ります。また、御盆の間は、乾麺の束のままで仏壇に供えたり、茹でで器に盛った索麺を供えたりします。

　暑さのために疲労しやすいこの時期に栄養価の高い食事をすることが大事ですが、この時期にぴったりの海の幸はイワシです。イワシには身体に良い脂として知られる不飽和脂肪酸・丈夫な骨や歯を作るカルシウム・美容または発育ビタミンと言われるビタミン B6 などが豊富に含まれているからです。強い日差しで傷みやすい皮膚や髪を守り、健康にも良いイワシ

は生でも、焼いても、煮ても、またミョウガやショウガを混ぜ込んだ種を摘み取って出汁に入れたつみれ汁としても美味しい魚です。

●**関連する年中行事と祭り**

　夏には、全国各地で夜空に美しい大輪の花を咲かせる大小さまざまな花火大会が催されますが、その規模と伝統や歴史の長さという基準からすると、例年7月の最終土曜日に行われる隅田川花火大会が一番というのが定説です。隅田川花火大会という名称は1978年から使われ始めた比較的新しいものですが、その母体となったのは1733年に両国橋周辺の何軒かの料理屋が幕府の許可を取って花火を打ち上げた「両国の川開き」でした。両国の川開きが始まったいきさつは次のようなものでした。

　江戸時代の半ばに享保の大飢饉（1732年）が発生し、全国で多くの餓死者が出て、疫病まで流行し、多大な被害をもたらしました。この災害を憂いた当時の江戸幕府8代将軍徳川吉宗は、隅田川端で法会を催して死者を供養し、その翌年には両国橋近くで水神祭を営みました。その際に周辺の料理屋が花火を奉納したのが「両国の川開き」の始まりでした。

　この催しは明治維新や第二次世界大戦時に一時途絶え、また隅田川の水質汚染のため1962年から1977年頃までの間も中断しましたが、水質改善や護岸整備により1978年に「隅田川花火大会」と改称され、今日まで続いています。隅田川に架かる桜橋から言問橋の間に設けられた第1会場と駒形橋から厩橋の間に設けられた第2会場で競って花火が打ち上げられ、毎回100万人近くの人出で賑わいます。

　7月31日には富山県滑川市中川原海岸で「滑川のネブタ流し」が行われます。このネブタ流しは、夏越の節供にあたり沐浴と形代流しによって、穢れや疫病、睡魔を海に流し、身を清める禊の民族行事であり、国の重要無形民俗文化財に指定されています。

　青竹や角材を芯にして周囲を藁と筵でくるみ、荒縄で縛って松明状につくったネブタは、町内を練り歩いた後に、筏状の木組に乗せ海上に浮かべられます。ネブタの胴体には、七夕飾りやナスやキュウリで作った人形や紙の形代が取り付けられ、先端に火を点けて沖に押し流し、燃やすのです。この行事は、大松明に眠気や穢れを託して海に送り出すもので、滑川ではこの日を境に昼寝をしてはならないといわれているそうです。

●わかりやすい英語による説明

The second micro-season of *Taisho*, *Tsuchi uruoute mushiatsushi* "Earth is Damp; Air is Humid" lasts from around July 28th to August 1st. Japan's annual rainfall is more than double the world average, in part due to the rainy season which lasts about four to six weeks. All the water is stored in the ground, and when it evaporates from the earth during intense heat, it creates Japan's steamy summers.

In ancient Japan, *Hassaku*, a folk tradition of exchanging freshly harvested rice on the first day of the eighth month, celebrated the harvest. This later evolved into presenting gifts to ask for favorable consideration. In the Gion district of Kyoto, on *Hassaku*, *geiko* and *maiko* visit their teachers to greet and thank them with the greeting "Congratulations, we ask for your continuing good favor."

Nowadays, *hassaku* commonly refers to a citrus fruit known for its unique balance of sweetness and acidity. In 1886, this fruit, originally called *jagata*, was renamed *hassaku* because it ripened around the first of August.

A popular summer tradition is *sōmen*, which is served cold and is perfect for hot, humid days. These very thin, smooth noodles are popular as a summer gift because the long, thin noodles symbolize the hope for continued and lasting relationships with friends and acquaintances.

Sardines are delicious and plentiful at this time of year. They are known for their health benefits and are tasty whether eaten raw, grilled, boiled, or made into fishball soup.

Various fireworks festivals light up the night sky across Japan. The Sumida River Fireworks Festival, held on the last Saturday of July, is considered the largest with the longest tradition and history, dating from 1733.

On July 31st, the *Namerikawa nebuta nagashi* is held in Namerikawa City, Toyama Prefecture. This ritual involves people purifying themselves by washing away impurities, diseases, and sleepiness into the sea.

❖二十四節気：大暑 *Taisho* 末候❖

【第三十六候】大雨時行　たいうときどきふる

36th Micro-season: Big Rains Occur Intermittently（*Taiu tokidoki furu*）

●二十四節気における時期

　大暑の末候であり、かつ七十二候を寒暖の物差しにたとえれば、その折り返し点とも言える第三十六候にあたるのが大雨時行です。新暦で８月２日ごろから７日ぐらいまでの期間になります。「大雨」が示すように、このころに降る雨は間断的で、しかも降れば土砂降りであるということを表しています。前項「土潤溽暑」でも説明したように、日本全体の平均年間降水量は1,800ミリに達しますが、これは地球表面全体の平均降水量1,000ミリの1.8倍であり、我が国は四季を通じて雨の多い国です。

　日本人にとって雨は自分の命にも密接に関わってくる重要なものでした。雨は、高温多湿な気候とあいまって、日本人の主食である米の生産には欠かせない慈雨とも言うものでした。その反面、雨は昔も、また科学技術の発達した現代においても、多くの災害をもたらす災の雨でもあったのです。そのような背景もあり、古代の人々はその時折々の雨の特徴をとらえ、それをさまざまな言葉で言い表してきました。

　日本人は四季のうつろいとともに千変万化する雨の姿をさまざまに言い表してきた結果、雨の種類を表現する言葉だけでも150語ほどあるとも言われます。さらに、季語・気象用語・各地の方言など雨にまつわる言葉を1,190余語も集めた『雨のことば辞典』（講談社学術文庫、倉嶋厚・原田稔編著、2014年）まで刊行されています。我が国で雨の名前がそれほどまでに多いということは、それだけ人々の日々の暮らしに雨が深く関わっていたことを示すものと言えるでしょう。

●名付けの由来とエピソード

　この候の雨は烈しい雨になりがちですが、烈しく降る雨を表現する言葉には土砂降り・篠突く雨・滝落とし・鉄砲雨・大抜け・鬼雨・山賊雨などがあります。また、急に降り出した雨を急雨と言い、烈しいにわか雨のことを白雨と言います。「しらさめ」と読まれることもある白雨は、字義的には、雲が薄く空が明るいのにもかかわらず降る雨ですが、強い雨のこと

第Ⅱ部 二十四節気と七十二候 **155**

を指し、夕立など暑い季節のにわか雨を表す夏の季語です。

以前には「ゲリラ豪雨」という言葉もありましたが、現在ではゲリラという言葉がテロリズムや戦争を想起させるからという理由から公式には使用されません。代わりに気象庁では、1時間雨量（ミリ）の程度により、やや強い雨（10以上〜20未満）・強い雨（20以上〜30未満）・激しい雨（30以上〜50未満）・非常に激しい雨（50以上〜80未満）・猛烈な雨（80以上）という5段階の気象用語を使用しています。

さらに気象庁は、それらの雨量をザーザーと降る・どしゃ降り・バケツをひっくり返したように降る・滝のように降る（ゴーゴーと降り続く）・息苦しくなるような圧迫感がある・恐怖を感ずる、のように「人の受けるイメージ」として分類しています。

●**自然の恵みと風物詩**

夏を代表する果物（果実的野菜）と言えば西瓜です。スイカは中国語の西瓜に由来し、広東語のサイクヮが転訛したものです。「西からきた瓜」という意味で、その生まれは南アフリカの砂漠に生育する野生種で、その後エジプトで栽培されていたものが中国へ渡ったとされます。日本に伝来したのは江戸時代前半（1650年ごろ）で、その後明治に入ってから多数の品種が輸入されるようになりました。

スイカは成分のほとんどが水分（約90％）と糖質（約10％）で、ビタミン類・ぶどう糖・果糖・しょ糖も多く含みます。そのため、スイカには疲労回復効果もあり、体力を消耗しやすい夏の時期に体調を整え、スタミナを補う効果があることが知られています。

涼をもたらす野菜にはキュウリもあります。キュウリは「黄瓜」が語源と言われ、昔は完熟して黄色くなってから食されていたウリを、未熟なうちに収穫したのが始まりといわれます。成分の約95％が水分でカリウムを含むキュウリは、身体を中から冷やしてくれる上に、利尿作用もあり、ぬか漬けにすると乳酸菌の効果も加わり疲労回復にも役立ちます。

キュウリを胡瓜と表記することもありますが、胡は中国語で異民族を指し唐代には広く西域民族を言いました。キュウリの原産地はヒマラヤ山脈であり、数千年前から栽培されていたそうです。それが古代中国に入り西方からの瓜という意味で胡瓜と呼ばれたようです。日本には平安時代に中国から渡来したと伝わります。

この時期に旬を迎える魚介類にアナゴ（穴子）があります。アナゴは低カロリーで、たんぱく質が潤沢な上に、ビタミンＡ・Ｅ・Ｄが豊富に含まれる健康的な食材として、昔から夏バテや疲労回復に効果のある栄養素が多く含まれていることが知られています。アナゴは、ウナギに似ていますが、ウナギよりあっさりとしていて、甘みのある味がします。

アナゴは、ウナギと同じように関東では背開き、関西では腹開きにして料理しますが、その料理法も両地域には特徴があります。関東では頭部を落としてぬめりを取り、柔らかく煮上げますが、関西では腹開きにして頭付きのまま何度も甘辛いタレをくぐらせて焼き上げます。

●**関連する年中行事と祭り**

毎年８月２日から７日まで青森県で催される「青森ねぶた祭」は、後述する『弘前ねぷたまつり』とともに、1980年に国の重要無形民俗文化財に指定された大規模な民俗芸能です。全国また世界からも約250万人を超える観光客が訪れます。歌舞伎・歴史・神話を題材にして、腕利きのねぶた師が作り上げた高さ５メートルにもなる巨大な人形灯籠は、各々が勇壮・華麗・哀調などさまざまな表情で見物客を魅了します。

ねぶた祭りを盛り上げ、観衆を沸き立たせる大事な役割を担うのがハネト（跳人）です。派手な色のタスキを掛けた白地の浴衣と履き物や鉢巻にまで鈴を結んだハネトは賑やかな音を鳴らして跳ね回ります。活発な動きをすることで、悪運を跳ね飛ばすのです。歓喜乱舞のねぶた祭りは、７日の夜に青森花火大会とねぶた海上運行でフィナーレを飾ります。

青森ねぶた祭りは、中国から伝わった七夕祭と、古来の津軽にあった習俗と精霊送り・人形流し・虫送りの行事が一体化して始まったものであろうと推測されています。「ねぶた」は、七夕ごろの夏の眠気を追い払う「眠り流し」という行事から来ていて、ねむり→ねむた→ねぶた→ねぶたと転訛していったという説が有力だと言われます。

同じ時期に青森県弘前市で「弘前ねぷた祭」が開催されます。ねぷたの語源は前述のとおりですが、『三国志』や『水滸伝』の武者が描かれた弘前ねぷたの特徴は、その多くが平面的な扇形をしていることです。また、弘前ねぷた祭の主役は地域の子どもたちで、ハネトがいません。しかし、弘前ねぷた祭こそ本来の祭りの姿を残しているという説もあります。

●わかりやすい英語による説明

Taiu tokidoki furu "Big Rains Occur Intermittently" runs roughly from August 2nd to August 7th. The rain during this period is sporadic, but when it falls, it often does so in torrential downpours. Rain is essential to the production of rice, making it truly a "blessed rain." *Ame no Kotoba Jiten* "The Dictionary of Rain Words" lists over 1,190 rain-related terms, including seasonal words, meteorological terms, and regional dialects.

Watermelons are a representative summer fruit. They were originally cultivated in Egypt before reaching China, hence the name *suika*, "western melon." They were introduced to Japan around 1650.

Another cooling vegetable is the cucumber which was originally cultivated in the Himalayas for thousands of years. It is said that cucumbers brought to ancient China were introduced into Japan during the Heian period.

Eels such as *anago* (conger eel, congridae) are thought to prevent summer fatigue and help with recovery from exhaustion. While it resembles *unagi* (Anguilla japonica) in appearance, *anago* is milder in taste and sweeter.

Aomori nebuta matsuri is held annually from August 2nd to 7th in Aomori Prefecture. The festival attracts over 2.5 million tourists from across Japan and worldwide. The 5-meter-tall *ningyō tōrō* "lantern floats" depict personages from kabuki, history, and mythology. The jumping dancers "*haneto*" energize the festival and stir up the crowd. The festival culminates on the night of the 7th with the Aomori Fireworks Display and the Nebuta Sea Procession.

The *Hirosaki neputa matsuri* is held in Hirosaki City, Aomori Prefecture, concurrently. The origin is the same, but the *Hirosaki neputa* is characterized by its flat, fan-shaped displays featuring warriors from Chinese literature, specifically the *Romance of the Three Kingdoms* and *Outlaws of the Marsh*. In the *Hirosaki neputa*, local children are the main participants, and there are no *haneto* dancers.

✣二十四節気：立秋 Risshū 初候✣

【第三十七候】涼風至　すずかぜいたる

37th Micro-season: Cool Winds Blow（*Suzukaze itaru*）

● 二十四節気における時期

暦の上では8月8日ごろから11月7日ごろまでの間が秋になります。秋とはいえ、立秋のはじめは夏の気配がまだ色濃く残る時季です。その立秋の始まりの8月8日ごろから8月12日ごろまでの期間を涼風至と言い、厳しい暑さが依然として残るものの、やっと時折涼しい風が吹くこともあるような時期になったことを意味します。

気候的には立秋以降の暑さを残暑と言い、暑さは続くもののそれ以降は季節の挨拶も暑中見舞いから残暑見舞いに替ります。暑中見舞いの書状や葉書は立秋の前日までに出しておくべきで、その日が過ぎると残暑見舞いにしなくてはならないというしきたりがあります。

吹く風にもなんとなく涼しさを感じるころになり、日中の焼けるような暑さも夕方になると打って変わってしのぎやすく、夕闇が迫ってくるとどこからともなく虫の声が聞こえてくるのがこの時期です。

● 名付けの由来とエピソード

涼風は「すずかぜ」のほかに「りょうふう」と音読みされることもあります。涼は、暑さを避けて涼しさを味わうことを意味する納涼や、涼しい秋を意味する涼秋に使われています。納涼は、夏の間によく目にする漢字で、次のように用いられます。納涼花火大会・納涼盆踊り・納涼船などのほか、夏の間料理店や茶屋が川原や川の上に桟敷を張り出して、そこで料理や酒類を提供する納涼床などです。

涼秋は、手紙文で拝啓や謹啓など頭語の後に続ける時候の挨拶として「涼秋の候～」などと用います。また、涼秋は旧暦9月の別称です。涼は夕涼みや清涼飲料などにも使われ、すずしい・ひややか・快い冷たさ・

第II部　二十四節気と七十二候　**159**

すがすがしくひややか・うすら寒い、という意味のほかに、うすい・少ない・低い・ものさびしい・荒れはてている・かなしむ・うれえる、という意味もあり、後者には、景色などの荒れはてて物寂しいことを意味する荒涼という言葉があり、「荒涼たる風景」のように用いられます。

　夏の暑さをしのぎ、涼しさを求める気持ちを満たすために昔の人々が工夫したものには、すだれ・よしず・打ち水・うちわ・風鈴・浴衣などがあります。すだれ（簾）は、細く割った竹を糸で編み列ねて垂らし、室の内外を隔たり、日光をさえぎるのに用います。よしず（葦簀）はヨシを編んで作ったすだれで日除けに使います。打ち水とは、暑さをやわらげるために道や庭先などに水を撒くことです。

● **自然の恵みと風物詩**

　語呂合わせですが、この涼風至の5日間の中に、ある果物の名前が含まれています。それは何でしょうか。答えは白桃（八・九・十）です。白桃は、ブドウとならんで「くだもの王国」と言われる岡山県を代表する果物で、岡山県はこの8日・9日・10日に地元だけではなく、東京や大阪でも白桃を使ったフルーツパフェの特別販売に力を入れています。

　白桃は、明治のはじめ（1875年ごろ）に日本に伝来した中国産のモモをもとにして品種改良を重ね、1901年（明治34年）に岡山県で果樹栽培を研究していた園芸家が作り上げたものです。それは完熟しても果肉が赤くならず、香りが良くて果汁は多く、甘くてなめらかな食感を特徴とする新品種で、白い色をしているため白桃と呼ばれました。全国で栽培される大半の桃のルーツはこの岡山産の白桃であるというのが通説です。

　この時期を旬とする果物にはモモのほかに、果糖とクエン酸を豊富に含み、乾燥したものは生薬に用いられ、美肌効果もあるというイチジクがあります。果肉の赤い色はアントシアニンで、ガン抑制効果があると言われます。イチジクの漢名は無花果ですが、それはイチジクの実の中にある粒状の白い花が外側からは見えないためです。アラビア半島が原産地のイチジクの名は旧約聖書にも見られ、アダムとイブがイチジクの葉で陰部を隠している絵画や話はよく知られています。

　その後時代を経てアラブ地域から中国に入ったイチジクは、7世紀ごろにはすでに同地でも栽培されるようになりました。日本には映日果（インジークオ）という漢字名で江戸時代に伝来したそうです。映日果はイチジ

クの中世ペルシャ語を中国語に音訳した語であり、それがエイジツカと音読みされ、さらに転訛してイチジクになったという説があります。

●**関連する年中行事と祭り**

　涼風至の期間中に四国では2つの大きな祭りが催されます。最初が8月9日に始まり12日に終わる高知県の「よさこい祭り」で、次が12日から15日にかけて行われる徳島県の「阿波踊り」です。

　よさこい祭りは華やかな衣装と手に持った鳴子が特徴的な日本の代表的なお祭りの一つですが、その発祥の地は高知県です。第二次世界大戦後の不況を吹き飛ばし、市民の健康と繁栄を祈願し、併せて夏枯れの商店街振興を促すことを目的として高知商工会議所が中心となり1954年に発足した祭りです。

　「よさこい」とは「今晩いらっしゃい」を意味する「夜さり来い」という古語が転訛したものと言われます。高知では9日の前夜祭から12日の後夜祭・全国大会までの4日間にわたり市内17の競演場・演舞場で約200チーム、総勢2万人の踊り子が参加します。踊り子たちが両手に鳴子を持ち、よさこい節に合わせてカチカチと鳴らして踊り歩き、艶やかな飾り付けをした地方車とともに市内を乱舞する風景は、土佐高知のカーニバルとも言えるほど華やかなものです。

　阿波踊りは、現在では高円寺（東京都）や南越谷（埼玉県）などのほか全国各地で開催されていますが、その本場は四国の徳島市で、徳島の阿波踊りは毎年8月12日から15日までの間に、国内外から130万人もの観光客が訪れるほど年々人気が高まっている祭りです。

　諸説ある阿波踊りの起源には、次のようなものがあります。昔阿波国と呼ばれていた徳島は、農業や漁業も盛んな土地でしたが、山が多く海に面している地勢のため水害にも悩まされ、同地では質素倹約が推奨されました。人々はそのような辛い生活に潤いを与え、かつ夏季の農作業の疲れを癒すために、この時季に群になって踊り出したと伝わります。

　阿波踊りは、手拭いを頭に巻いた男性と編笠を被った女性に分かれ、腰を落として右手右足、左手左足を同時に出して進みます。そのリズムを刻む大小の鼓と太鼓、そしてお互いを認め合い、励ます意味を込めた「えらやっちゃ」という掛け声、などが大事な付き物です。

第Ⅱ部　二十四節気と七十二候　161

●わかりやすい英語による説明

The beginning of autumn, starting with *Risshū* around August 8th, still retains much of summer's ambiance. The period from August 8th to August 12th is *Suzukaze itaru* "Cool Winds Blow" indicating that the intense heat persists, but the breeze has become refreshing. The heat following *Risshū* is called "lingering heat," and greetings on cards or letters acknowledge that it is no longer the heat of summer, but autumn.

Ryō "cool" used in terms like *nōryō* "enjoying the coolness," *nōryō hanabi* "cooling fireworks," *nōryō yakatabune* "cooling excursion boats," and *nōryō yuka* "cooling platforms extended over riversides to serve food and drinks" are especially appropriate during August.

To cope with the summer heat and provide coolness, people in the past devised many items like bamboo blinds, reed screens, hand fans, wind chimes, and summer cotton kimono. Also sprinkling water on roads or gardens "*uchi-mizu*" helped to alleviate the heat.

Peaches and grapes are representative fruits of Okayama Prefecture. White peaches were developed there from Chinese peaches around 1901. Fully ripened, these peaches are white on the inside and outside, and have a lovely fragrance, abundant juice, and a sweet, smooth texture.

Figs, in season during this period, entered China from the Arab world and were first introduced during the Edo period, when they were called "*eijitsuka*," a transliteration from medieval Persian into Chinese, which later evolved into *ichijiku*.

During this micro-season, two major festivals are held in Shikoku. The *Yosakoi matsuri* in Kochi is known for its colorful costumes and hand-held clappers to pray for the health and prosperity of citizens and to revitalize business activity of shopping streets.

The *Awa odori* in Tokushima City, Shikoku, attracts 1.3 million tourists between August 12th and 15th. To relieve and enrich the harsh lives of the farmers, *Awa odori* was developed with rhythmic beating of small and large drums, chanting "*erayaccha*," and energetic dancing of the entire community.

❖二十四節気：立秋 *Risshū* 次候❖

【第三十八候】寒蟬鳴　ひぐらしなく

38th Micro-season: Evening Cicadas Sing（*Higurashi naku*）

●**二十四節気における時期**

　立秋の次候を寒蟬鳴と言いますが、この寒蟬は「かんぜみ」あるいは「かんせん」と読む場合もあります。寒蟬は秋の末に鳴くツクツクボウシやヒグラシのことですが古文や謡曲の一節に出てきます。寒蟬鳴の時期は新暦の８月13日ごろから17日ごろで、旧暦でいえば夏もそろそろ終わりのころを迎え、蟬の声に季節の移ろいを感じるころです。

　漢字で茅蜩または蜩と表記するヒグラシは、セミ科の一種で、全長約５センチ、全体的には栗褐色をしていますが、頭部は緑色で黒色のまだら模様があり、胴体の側部や尾部も緑色をしています。翅は透明で、オスの腹部は大きくて薄く、共鳴器になります。成虫は７月から８月にかけて、夜明けや日暮に「ケケケケケ…」と甲高く、美しい声で鳴きます。それが遠くからでは「カナカナカナ…」と聞こえるため、ヒグラシは昔から別名のカナカナとも呼ばれてきました。

　ヒグラシに似ているセミがツクツクボウシです。ヒグラシが茶色っぽい色をしているのに対してツクツクボウシは黒っぽいところ、そして「ツクツクボーシ、ツクツクボーシ…」とリズミカルに繰り返す、その鳴き声が違っています。ツクツクボウシは法師蟬とも呼ばれます。

●**名付けの由来とエピソード**

　ヒグラシには日暮という漢字をあてる場合もあります。この「日暮」という文字から、茅蜩または蜩と表記するセミにヒグラシという呼び名がついたのかの理由を知ることができます。ヒグラシは、日の暮れようとする時、すなわち太陽の沈む日没前後の薄明時によく鳴くからです。古代においては、１日は夜明けとともに始まり、日没とともに終わるものとされていました。日暮は１日の終わりでもあったのです。

　世界には約1,600種、そして日本には約30種類がいると言われるセミですが、昔から我が国のセミの代表格と言っても良いのがこのヒグラシです。そのひとつの証拠として、『万葉集』にはセミを詠んだ歌が10首ある

第Ⅱ部　二十四節気と七十二候　**163**

ものの、そのほとんどは、次の1首のように、ヒグラシを詠んだものであるという説をあげることができます。「ひぐらしは　時と鳴けども　片恋に　たわやめ　我は　時わかず　泣く」（ヒグラシは時間を決めて鳴くけれども、片思いに悩んでいるこのか弱い私は、いつも泣いている）。

●自然の恵みと風物詩

　この時期に旬を迎える魚にイナダがあります。イナダは成長とともに名前が変わる出世魚で、成魚はブリです。ブリは寒ブリと呼ばれるように旬は冬ですが、イナダは夏～秋ごろに多く獲れ、この時期に市場に出回ります。ブリの成長段階ごとの名前と大きさは以下の通りです。モジャコ（稚魚、6～7センチ）、ワカシ（35センチ以下）、イナダ（35～60センチ）、ワラサ（60～80センチ）、ブリ（成魚、80センチ以上）。

　イナダは、生で刺身・寿司ネタ・昆布締・カルパッチョに、焼いては塩焼き・照り焼き・香草焼きに、また煮てはブリ大根に、と幅広く調理されます。栄養価も高く、記憶能力の向上にも役立ち、動脈硬化・心筋梗塞・脳梗塞・糖尿病など生活習慣病にも予防効果があると言われるイナダですが、関西地方ではハマチとも呼ばれています。

　夏から秋にかけて旬を迎える魚介類にスルメイカがあります。アカイカ科スルメイカ属で、別名をマイカ・バライカ・ムギイカなどとも呼ばれるスルメイカは人気の高いイカです。スルメは「墨を吐く群れ」が「墨群れ」となり「するめ」になったと言われます。また、スルメイカを干した加工品は「寿留女」とも表記され、結納品などの縁起物としても用いられています。昔から「生でよし、焼いてよし、煮てよしの優れもの」と言われてきたスルメイカは、捨てるところがない海の幸です。

　この時期が旬の山の幸には冬瓜があります。トウガンは、厚い皮で覆われているウリ科の野菜で、全体の約95％が水分のため、みずみずしく、果肉は白くさっぱりとした味わいです。皮が硬くて厚いため冷たい所に置けば、冬まで日持ちすることから冬瓜と呼ばれるようになったものです。カリウム・カルシウム・マグネシウムを豊富に含むトウガンは、あっさりとして淡白なため濃い味付けに合い、肉や魚介類などと組み合わせても、煮ものやあんかけにしても、うまみがよくしみ込みます。

　この時期は月遅れのお盆にあたり多くの地方であの世から先祖の霊を迎え、家族とともに過ごし、その後にあの世へ送りかえす行事が行われま

す。その際によく目にするのがナス科ホオズキ科に属する多年草の植物のホオズキです。ホオズキは漢字で鬼灯と書きますが、それはオレンジ色をした温かみのある色合いと、ふくらんだ形が提灯に似ているホオズキを、先祖を安全にこの世に導く目印の灯と見立てているからです。

●関連する年中行事と祭り

旧暦の7月15日ごろに行われてきた祖霊を迎え、日頃の恩に感謝し、見送る盂蘭盆会の行事が、この寒蟬鳴のころに行われます。古くから「お盆」という名前で親しまれてきたこの仏事は、仏教伝来以前から我が国で行われていた魂祭という祖霊祭と合体して生まれたものと言われます。お盆には、現世の人々が祖霊を迎え、慰め、送るという3つの目的があり、そこから以下に述べるような諸行事が生まれました。なお、お盆に迎え祀る祖霊をとくに精霊といい、盆様や先祖様と呼ぶ地方もあります。

迎える行事は、8月13日の夕方に自宅あるいは墓石の近くで麻幹を重ねて焚く迎え火で始まります。麻幹は、麻の皮を剥いで乾燥させたものです。麻は古くから穢れを祓い清める植物とされ、そのため麻幹を燃やすことは清く、穢れのない空間を作るという意味も込められています。精霊は、この灯火を目印に帰ってくると言われます。また、精霊はこの麻幹の煙に乗ってこの世に帰って来るという説もあります。

次に、慰める行事としてはこの時期に全国各地で行われる大小の盆踊り大会があります。現代では娯楽の意味が強くなった盆踊りですが、本来はあの世から帰ってきた精霊を慰めるために、満月で明るい十五夜に人々が集って踊りを捧げたのが始まりであったとされます。「日本三大盆踊り」として有名なものは、徳島県の阿波踊り・秋田県の西馬音内盆踊り・岐阜県の郡上踊りです。

最後が送り火です。8月16日の夜に迎え火を焚いた同じ場所で麻幹を焚き、合掌してお盆の間に迎えた精霊を再びあの世へ送り出します。京都の五山送り火のように規模の大きいものもあります。五山送り火は、大・妙・法・小さな「大」の4つの漢字と船と鳥居の2つの絵柄で構成されていて、16日の午後8時に大の字に点火し、その後5分間隔で他の文字と絵柄のある山へ移っていきます。送り火を載せた船や灯籠を川や海に流して精霊を送り出す精霊流しの行事も各地で多く行われます。

第II部 二十四節気と七十二候 **165**

●わかりやすい英語による説明

Micro-season #38 *Higurashi naku* "Evening Cicadas Sing" is around August 13th to 17th, a time when the changing of the seasons is felt through the cicada's chirping. *Higurashi* (lit. cold cicada) is a homonym for dusk because they are known to sing during twilight. Besides being mentioned in ancient texts and nō plays, in the *Manyōshū*, out of ten poems about cicadas, most are about the *higurashi*.

During this season, the delicious Japanese amberjack (Seriola quinqueradiata) is caught in large quantities. The amberjack is used in a wide range of dishes, such as sashimi, sushi, carpaccio, salt-grilled, and teriyaki.

From summer to autumn, the Japanese flying squid has long been praised as excellent, whether raw, grilled, or simmered. It embodies the bounty of the sea.

In the fields, winter melons are maturing. Its hard, thick skin allows it to last until winter when stored in a cool place, hence the name "winter melon."

Urabon-e (Sanskrit, Ullambana), held around the 15th day of the lunar month in some regions of Japan, is a four-day observance to welcome ancestral spirits, express gratitude for their kindness, and bid them farewell. Resembling orange-hued lanterns, *hōzuki* (Chinese lantern, Physalis alkenkengi), symbolize a light to guide the ancestors. Welcoming ceremonies start on the evening of August 13th, with a fire made by burning hemp stalks at the grave or home. Next, various bon-related dance festivals are held, such as three famous summer events—*Awa odori*, Tokushima Prefecture; *Nishimonai bon odori*, Akita Prefecture; and *Gujō odori*, Gifu Prefecture.

On the night of August 16th, hemp stalks are burned again while offering prayers to send off the spirits to the other world. Large-scale events like Kyoto's Five Mountain Send-off Fires attract many participants. *Tōrō nagashi*, where lanterns carrying sending-off fires are floated on rivers and seas, are also held in many places.

❖二十四節気：立秋 *Risshū* 末候❖

【第三十九候】蒙霧升降　ふかききりまとう

39th Micro-season: Thick Fog Descends（*Fukaki kiri matou*）

●二十四節気における時期

　まだまだ残暑が厳しい時期ですが、8月18日ごろから22日ごろまでの5日間前後には、ところにより、また時間により、山裾や水辺に霧が立ちこめるようになってきます。その時期を蒙霧升降と言うのですが、実際には蒙霧は多少大げさな表現で、このころの霧は薄っすらと遠慮がちにたなびいていると言ったほうが妥当かもしれません。蒙霧には「もうもうと立ちこめる深い霧」という語感があります。なお、蒙霧には心の晴れやかではないことや心がふさがること、という意味もあります。

　このころになると朝や晩はひんやりとし、海・湖・河川・大地が冷気に覆われることもあり、霧が発生しやすくなります。霧は大気が急激に冷える結果、水蒸気が地面や水面に接した気層中で凝結し、無数の微小な水滴となって大気中に浮遊してできます。自然界がそのような状況になりやすい海上・湖上・水辺・盆地は霧が発生しやすいところです。

●名付けの由来とエピソード

　霧は秋の季語ですが、これは平安時代以降、春に発生するものを霞と言い、秋に発生するものを霧と呼び分けてきた経緯があるためです。気象観測上では、水平視程が1キロメートル未満の場合を霧と言い、1キロメートル以上の場合には靄と言っています。

　一方の升降ですが、升はひしゃくで物をすくい上げることから転じて「のぼる・上がる・のぼらせる」という意味を、また降は「高いところから低いところへ下げおろす・雨などが降る・雨などを降らす」という意味をそれぞれ表します。すなわち蒙霧升降とは、深い霧がもうもうと立ちこめ、その霧が降りてきて身に纏っている衣服までもがしっとり濡れ、身体がひんやりとしてくることです。

　我が国で、霧で有名なところといえば、北海道の摩周湖・広島県三次市高谷山・兵庫県朝来市の竹田城跡などをあげることができます。深い森や水辺、そして山あいに白い霧が立ちこめるのはまさに幻想的な風景と

第Ⅱ部　二十四節気と七十二候　167

言えます。また、濃霧のときなどに森林の中で霧の微妙な水のしずくが枝葉に付き、それが温度の上昇とともに大粒の水滴となって雨のように降ってくることがありますが、これを樹雨と言います。

●自然の恵みと風物詩

　さわやかな香りと豊かな酸味で食卓を飾るカボス・ユズ・スダチは、いずれも8月から10月が旬とされます。その見分け方と使い方ですが、テニスボールほどあって一番大きいのがカボス、ゴルフボールぐらい小さいのがスダチです。ユズはその中間の大きさです。カボスとスダチは深い緑色をしていて、その表面が滑らかですが、ユズ（青ゆず）はほんのりと黄色が混ざり表面がゴツゴツしています。

　カボスは、大分県の特産品でクエン酸が多く含まれていて、唐揚げ・刺身・天ぷら・味噌汁などに合います。高知県特産のユズは冬に出回る黄ゆずが知られていますが、この時期に出る青ゆずも酸味と香りで人気があります。徳島県特産のスダチは、クセのない酸味と強い香りで何の料理にもあいますが、特に松茸や秋刀魚との相性が良いとされます。

　白身の高級魚といえばヒラメをはじめ幾つかありますが、その中でも夏の白身の代表格と言われるのがコチです。コチは、薄造りの刺身・煮付け・天ぷら・唐揚げ・ソテー・ちり鍋・塩焼きなどに調理されますが、その味は絶品と言われます。餌を捕える際に砂中から飛び出してくるコチは、跳ね踊っているように見えるところから鯒とも表記されます。

　夏向きの健康食品とも言われる魚介類にアワビがあります。暖かい海で育つアワビは晩秋から冬にかけて産卵期を迎えます。その後、身に栄養を豊かに蓄える7月から9月に旬を迎えますが、この時期のアワビにはビタミンが豊富で栄養価の高さからも、昔から「夏の養生食」と呼ばれてきました。アワビにはコリコリとした歯ごたえと独特の甘みがあり、その繊細なおいしさは「貝の王様」の名前にふさわしい風格を備えています。

　栄養があるだけではなく、海に深く潜らなければ獲れないアワビは昔から大変貴重なものでした。そのため、干しアワビは長寿の縁起物として神への供物として用いられてきました。その後アワビの身を薄く挽き延ばして干した熨斗アワビが生まれます。人々は火熨斗で平たく延ばした大きな熨斗アワビを細く裂き、いくつもの供物に使いました。祝い品に添える熨斗紙や熨斗袋は、この風習が元になって生まれたものです。

●関連する年中行事と祭り

　立秋には全国各地で多くの祭りが開催されますが、蒙霧升降のころの祭りで代表的なものには、8月19日と20日に秋田県鹿角市で行われる「花輪ばやし」、そして8月22日から25日まで石川県輪島市で行われる「輪島大祭」があります。「花輪祭の屋台行事」として国の重要無形民俗文化財に指定され、かつユネスコ無形文化遺産にも登録された花輪ばやしの起源は古く、平安末期に始まったと伝わります。

　花輪ばやしは、土地の守り神である「産土神」として地域の信仰を集める総鎮守の幸稲荷神社に奉納される祭礼ばやしです。囃子に使用される楽器は太鼓・鉦・笛・三味線の4つです。豪華絢爛な10台の屋台が熱気あふれるお囃子に乗って夜通し町を練り歩く行事で、本漆と金粉で彩られた豪華な屋台から演奏される花輪ばやしは、東京の神田囃子、京都の祇園囃子と並んで日本三大ばやしの1つとされています。

　輪島大祭は、輪島市中心部にある海士町の奥津比咩神社、河井町の重蔵神社、鳳至町の住吉神社、そして輪島崎町の輪島前神社で開催される夏祭で、能登半島各地で行われるキリコ祭りの中でも最大なものです。いずれも神様に涼をとってもらう「お涼み祭り」で4日間連続して行われます。祭りの原点は、舳倉島に鎮座した女神と輪島市内の男神が年に一度松明を目印に、浜辺で逢ったという神話にあると言われます。

　キリコは、枠を「切り子」の形に組み、紙または絹布の垂を飾り垂らした灯籠で、彩色を施したものもあります。輪島のキリコは、直方体をした灯籠の上部を切妻屋根で覆い、正面の和紙に豪快な吉祥文字を描き、ぼんぼりなども飾った総漆塗りの豪華のものです。ひと昔前までは、高さが10メートルを超えるものも珍しくなかったそうですが、現在では電線にかからない5メートルほどのキリコが主流になっているようです。

　初日は女装した若者が神輿を担ぐ奥津比咩神社の祭礼です。2日目は松明につけた御幣を奪い合う重蔵神社の祭礼で、お供の奴提灯や大松明が見ものです。続く住吉神社の祭礼では笹キリコの行列があり、輪島川の三角州で松明神事が行われます。最後の輪島前神社の祭礼では大漁と海上安全を願う鯛の形をした神輿が、キリコをともなって町内を勢いよく駆け抜け、港には大漁旗を掲げた漁船が並び、祭りを盛り上げます。

第Ⅱ部　二十四節気と七十二候　169

●わかりやすい英語による説明

Intense summer heat remains, but around August 18th to August 22nd, fog sometimes forms in the mountains and near bodies of water. Micro-season #39 *Fukaki kiri matou* "Thick Fog Descends" suggests a dense fog that enshrouds, descends, and clings to one's clothes, but this may be an exaggeration in most locations. Fog is a seasonal word for autumn that has been used in poetry since the Heian period.

Distinctive citruses such as *kabosu* from Oita Prefecture, *sudachi* from Tokushima Prefecture, *yuzu* from Kochi Prefecture are in season from August to October and have refreshing fragrances and tartness that are perfect for early autumn foods.

Among the premium white-fleshed fish of early autumn, the flathead (Platycephalus indicus) is considered the star. It is prized because it can be prepared in many delicious ways including thin slices for sashimi, simmered, tempura, fried, sautéed, braised, or grilled.

Known as "summer's nourishing specialty," abalone has a crunchy texture, delicacy, and unique sweetness and is at its prime from July to September. In the past, people gave *noshi* "flattened strips of dried abalone" as offerings which is the origin of the modern custom of decorating celebratory gifts with *noshi* or printed versions of the *noshi* design.

The *Hanawabayashi* is held annually on August 19th and 20th in Kazuno City, Akita Prefecture. At this festival, musicians playing drums, bells, flutes, and shamisen offer music to the deity of Sakiwai Inari Shrine. Ten gorgeously decorated floats with the musicians aboard are paraded around the town throughout the night. The *Hanawabayashi* is registered as a UNESCO Intangible Cultural Heritage.

The *Wajima matsuri* held in Wajima City, Ishikawa Prefecture, is the largest of over two dozen lantern festivals held in the Noto Peninsula. In the past, ten-meter-tall rectangular *kiriko* lanterns made of wood covered with paper and painted with bold calligraphy were commonly seen, but nowadays, most lanterns are around five meters tall.

❖二十四節気：処暑 *Shosho* 初候❖

【第四十候】綿柎開　わたのはなしべひらく

40th Micro-season: Cotton Flowers Bloom （*Wata no hanashibe hiraku*）

●二十四節気における時期

　二十四節気の処暑は、新暦の8月23日ごろから始まります。処暑は暑さがおさまるという意味ですが、その初候、すなわち初めの5日間を綿柎開と呼んでいます。

　厳しかった暑さが徐々に弱まってきているのを肌で感じるころです。このころには7月のはじめごろに開花した綿の花が成熟して、その果実がはじけるように割れ、中から白くて柔らかな綿毛が盛り上がってきます。それがあたかも白い花が咲いたように見えるためこの綿毛を綿花と呼んでいます。

　綿花とは言うものの実際には、それは花ではなく綿の種子を包む毛状の繊維です。綿の花が咲いた後に実が付きますが、綿の実は成長していき、ちょうどこの綿柎開の時期にその殻が割れはじめます。綿の繊維は綿の実の表皮細胞が細く、長く成長したものです。

●名付けの由来とエピソード

　綿柎開の「柎」は、花の萼を意味します。この柎のひらがな読みは「はなしべ」となっていますが、はなしべは花蕊とも書きます。花蕊は「かずい」と読み、花の雄蕊と雌蕊のことです。そのはなしべを包み保護している花のいちばん外側の部分が萼になります。

　漢字の構成要素のうち字音を示すものを形声文字と言いますが、萼の形声文字である「咢」には、意外な出来事に驚く、という意味があります。そこから咢には、思いもかけない色の花弁で出てくる花の萼という意味も与えられたのです。綿はクリーム色の花を咲かせますが、花は数日で萎んでいきます。花が落ちた後に実が付きますが、その実を蒴果と言い、その蒴果が木綿、つまりコットンの材料である綿花になります。

この一連の生育過程を考えると、前述した綿花との関係からしても「綿柎開」という表現は正しくないか、あるいは時期的にずれていることになります。おそらく、蒴果が大きくなり実が弾けて中から出てくる綿毛が真っ白であまりにもきれいなために、昔の人は、実際には果実である蒴果を花に見立てて「綿の花を包む萼が開くころ」と言ったのでしょう。

●自然の恵みと風物詩

　まだ暑さが残るこのころに好まれる果物は、90％が水分で、清涼感のある甘さと独特のシャリシャリ感があるナシです。市場で圧倒的に多いのは和ナシで、皮が褐色のものが赤ナシ、黄緑色のものが青ナシです。和ナシには疲労回復効果と整腸作用があり、デザートには最適の果物です。ナシは、弥生時代（1〜2世紀）に中国から伝来した最古の栽培果実とも言われます。「梨」の字が便利や利用を意味する「利」と木からなっているのは、ナシが保存食の役目も果たしていたからだという説もあります。

　夏を代表する花はいくつかありますが、梅雨のころから咲き始め比較的長い期間にわたり大輪で華やかな花を開くムクゲ（木槿）もその1つです。学名を *Hibiscus syriacus* というムクゲはハイビスカスのように大きく開いた花と中心に突き出した雄蕊、その先端から突き出している雌蕊が特徴です。アオイ科フヨウ属のムクゲは耐寒性が強く、落葉して越冬し、夏に白一色から薄紫に至るまでさまざまな色の花を咲かせます。その咲き方も一重咲き・八重咲き・半八重咲き・乱れ咲きなどと豊富です。美しいムクゲは韓国の国花としてよく知られています。

　夏季に美味とされる魚がヒラマサです。スズキ目アジ科の海水魚で、全長約1.2メートルと大きく、ブリに似ていますが、より扁平で体側の黄緑色帯がはっきりしています。ヒラマサの調理法には刺身・なめろう・煮付け・塩焼き・ソテー・唐揚げ・潮汁などがあります。

　近畿地方を中心に、この時期に盛んに行われている夏の風物詩と言われるのが地蔵盆です。京都から関西全域に伝わり、西日本や北信越にも広がった、子どもが主役で、大人が手伝う町内の年中行事です。地蔵盆は、地蔵菩薩の縁日（新暦では8月24日）の前日を中心に行われ、最近ではその前後の土日に行うところが多くなっています。

　お地蔵さんのお化粧・供物などの飾り付け・お菓子配り・数珠まわし・福引などの伝統行事を盛り込み、2日間以上の日程で行われる町内もあり

ます。しかし、最近では子どもが少なくなったことや大人の都合がつきにくいなどの事情から1日で終わるところが多いようです。

●関連する年中行事と祭り

綿柎開には2つの伝統的な火の祭典が行われます。仕掛け花火をつけて宙吊りにしたからくり人形が芝居をする茨城県つくばみらい市に伝わる幻想的な綱火と、筒形をした大きな松明と家ごとで灯す松明の神火で、街中が覆われる山梨県富士吉田市で行われる火祭りです。

綱火は、からくり人形と仕掛け花火を結び、空中に張りめぐらした綱を操作し、囃子に合わせて人形を操る伝統芸能です。同市には小張松下流と高岡流の二流派があり、いずれもこの期間中に演じています。この2つの綱火は、1976年に国の重要無形民俗文化財の指定を受けました。

小張松下流綱火は、江戸時代前期に小張城主であった松下石見守重綱が戦勝祝いや、戦火に遭った犠牲者の供養のために始めたものと伝わります。この綱火は、現在では8月24日の小張愛宕神社の祭礼に火難除け・五穀豊穣を祈願して奉納されています。境内では、空中に三角形に綱を張り巡らし、綱を通したからくり人形をやぐらの上から操って神事三番叟を奉納し、その後からくり人形の演目を見物客に披露します。体長約1メートルのからくり人形はわらときり箱で作られ、人形が焼けないように花火が結び付けられています。

高岡流は27日の夜に高岡愛宕神社境内で三番叟を奉納した後に、演目を披露して家内安全・五穀豊穣を祈願します。高岡流では住民が神社の近くから境内まで練り歩き、手作りの手筒花火を一斉に放ちます。

吉田の火祭は、毎年8月26日・27日に行われる北口本宮冨士浅間神社と諏訪神社の両社の祭りです。26日午後に本殿祭の諏訪神社祭が行われ、宮出しされた大神輿と御影は氏子町内を一巡し、夕暮れに御旅所に安置されます。それと同時に90本あまりの高さ3メートルにおよぶ大松明と、家毎に井桁に積まれた松明に一斉点火されます。夜空を焦がす松明のあかりで人も街も燃え盛り、祭りは夜遅くまで賑わいます。

翌27日の夕闇迫るころに2基の神輿が、浅間神社に宮入りすると祭りは最高潮に達します。夕闇の境内を神輿と見物客とが一体になって廻る様子はまさに荘厳の一語につきます。

第Ⅱ部　二十四節気と七十二候　**173**

●わかりやすい英語による説明

Shosho "Easing of the Heat," one of the 24 Solar Terms, begins around August 23rd. The first micro-season of this period is *Wata no hanashibe hiraku* "Cotton Flowers Bloom." The cotton flowers that bloomed in early July mature and burst open releasing soft, white cotton fluff that appears as if white flowers were blooming again.

During this season, pears with a refreshing sweetness and a unique crunchy texture are at their peak. Pears are said to be the oldest cultivated fruit in Japan, introduced from China during the Yayoi period (1st to 2nd century).

The Rose of Sharon (*mukuge*, Hibiscus syriacus), with large, colorful blossoms in various colors from pure white to light purple, starts to bloom around the rainy season for a relatively long period.

A summer fish considered especially delicious now is the yellowtail kingfish (Seriola lalandi) that can be prepared in various ways, including sashimi, grilled with salt, sautéed, and deep-fried.

In the Kinki Region, Jizōbon is held around the eve of the Kṣitigarbha Bodhisattva's monthly pilgrimage day, August 24, and signals the end of summer vacation. Children decorate the Jizō statues in their neighborhood and gather to enjoy games, entertainment, and snacks.

Tsunabi matsuri, Tsukuba Mirai City, Ibaraki Prefecture, features rice straw puppets manipulated along ropes stretched between two tall structures. Fireworks attached to the dangling puppets are lit as they are drawn along the ropes. The Obari Matsushita tradition of puppetry is offered on August 24th at the Obari Atago Shrine. The Takaoka tradition dedicates its performance on the 27th at the Takaoka Atago Shrine, praying for household safety and a bountiful harvest.

On August 26th and 27th, *Yoshida no hi matsuri* is held at Suwa Shrine and Fuji Sengen Shrine. Magnificent *mikoshi* are paraded through the parish, and the highlight is the lighting of 90 three-meter-tall giant torches, which illuminate the night sky, exciting both the spectators and the townspeople. The festival continues into the early morning.

❖二十四節気：処暑 *Shosho* 次候❖

【第四十一候】天地始粛　てんちはじめてさむく

41st Micro-season: Heaven and Earth Become Cool （*Tenchi hajimete samuku*）

●二十四節気における時期

　処暑の次候は8月28日ごろから9月2日ごろまでで、夏の暑さもその盛りを過ぎ、過ごしやすくなってきます。この時期の半ばには、雑節の二百十日が重なります。雑節は二十四節気以外の、日本での季節の変化を示すものです。二百十日のほかに節分や彼岸があり、昔の人々が生活を営んでいくために便利な目安とした日のことです。

　二百十日は、立春から数えて210日目にあたり、新暦では9月1日か2日になります。台風の襲来が多くなるこの時期には、稲に穂が出はじめます。そのため、二百十日は、農家にとってはせっかく育てた稲が台風に襲われて、被害を受ける可能性がある厄日にもなるわけです。

　このような天候上の理由から、稲の初穂を刈って神に供え、台風の被害が少ないようにと願い豊作を祈る慣習が農村で生まれ、それが神前への奉納踊りを伴う風祭へと進化していきました。風の祭祀は農村に限られたものではなく、台風を恐れる山村や漁村または平地の人々によっても行われ、地域により風神祭や風鎮祭など異なる名前で呼ばれています。

●名付けの由来とエピソード

　天地という語には、「天と地」のほかに「自分が生活し、活動する世界。世の中」という意味があります。そこから、天地始粛における「天地」は、人々の生業の場所や世界を意味していると考えることができます。すなわち、農村・山村・漁村・平地ということです。

　次に「始粛」ですが、天地始粛のひらがな読みを見てみると、その天地が「はじめてさむく」となっています。したがって、自粛・厳粛・静粛・粛清などに用いられている「粛」の字に「寒い」や「寒く」という意味が与えられていることがわかります。粛は、本来「鎮まる・静まる・弱まる」などの意味を表す漢字です。「暑さが鎮まる」ならば意味が通りますが、暑ではなく寒という文字が使われている理由は次のとおりです。

　粛は次のように、多くの意味を持つ語で、その中に「寒い」という意味

も入っています。①慎む・敬う・恭しい、②厳か・威厳がある、③戒める・糺す、④厳しい・厳しくする、⑤静か・清らか、⑥寒い・寒さのために縮む、⑦殺す・損なう、⑧速やか・速い、などです。

　この期間を天地始粛と名付けた昔の人は、涼しくなり始めた気候を多少大げさに「寒く」と表現したのか、あるいは朝晩の冷え込みを本当に寒いと感じたのでしょう。いずれにしても、天地始粛は大気や大地にも多少の冷気を感じ始めるようになる時候のことです。

● 自然の恵みと風物詩

　初夏から秋までの長い夏の間が旬の野菜にナスがあります。夏のナスはみずみずしく、秋ナスは種子が少なくて身が締まっています。食物繊維・カリウム・葉酸・ポリフェノールとして知られるナスニンなどを豊富に含むナスは、血糖値の上昇を抑えて糖尿病の管理にも役立つという健康的な食材です。ナスは形や大きさにより、丸ナス・米ナス・中長ナス・長ナス・大長ナス・小丸ナスに分類されています

　インドの東部で生まれたといわれるナスは、中国経由で8世紀に日本に渡来したとされ、当時の書物には「奈須比」と記載されています。ナスビのナスは「為す」・「成す」を意味し、実がよくなることに由来し、またその中の実に酸味があることから「中酸味」という漢字があてられたこともありました。現代では茄子や茄の字が使われます。

　古代から漁獲量も多く、日本人にとっては古くからなじみの深い魚と言われるのがイワシです。イワシは基本的にニシン科とカタクチイワシ科の魚を指しますが、ニシン科のマイワシ・ウルメイワシ、そしてカタクチイワシ科のカタクチイワシを「イワシ3種」と分類しています。

　一般的にイワシと言うとマイワシを指すことが多く、ウルメイワシは「目ざし」や「丸干し」として、またカタクチイワシは、しらす干し・ちりめん・煮干し、として市場に出回っています。このうち初夏から秋口にかけて旬を迎えるのがマイワシです。

　イワシは、昔から食べると身体に良いと言われてきた魚です。イワシには、血中コレステロールや中性脂肪を減らし、血栓の生成を抑える効果のある高度不飽和脂肪酸EPA、また脳の働きを良くするDHAなどの不飽和脂肪酸が多く含まれているため、生活習慣病の予防にも効果があると言われます。さらに、ビタミンB2も豊富に含まれています。

●関連する年中行事と祭り

　各地に残る風祭の中でも富山県八尾町で毎年9月1日から3日に本祭りが実施される「おわら風の盆」は、3日間で約25万人もの見物客が訪れる大きな祭りです。祭りが開催される富山市八尾町は、格子戸の民家や土蔵など、昔の面影を残す美しい町です。町には旧町という11の支部（町）があり、各支部（町）がそれぞれ独自の「町流し」をします。

　町流しとは、編み笠を被った男女が三味線・太鼓・胡弓の音に合わせて踊りながら練り歩くことです。踊り手たちが移動する道筋には数千のぼんぼりが並べられ、優美な雰囲気に包まれます。300年を超えて伝承されてきたその唄と踊りは、叙情豊かで気品があり、哀調の中にも優雅な趣があり見物客を魅了します。「おわら風の盆」の中心となるのがこの「おわら踊り」です。おわら踊りには上記の町流し・輪踊り・舞台踊り・豊年踊り（旧）・豊年踊り（新）があります。

　おわら風の盆は江戸時代中期に始まったと伝わります。台風による不作を回避したいという願いと、次項で述べる事件が解決された喜びの両方を表すため町民が3日3晩踊り明かしたのが起源であると言われます。

　当時ある男が、八尾地区を支配していた加賀前田藩から町建御墨付文書を得て、八尾という町をつくりました。しかし、景気が悪化し自分の商売も立ちいかなくなった男は、その町建御墨付文書を持って逃走してしまいます。その後数十年も返還されることがなかった「町建御墨付文書」を町民が取り返し、文書は無事に八尾へ戻ってきました。人々は町をあげてそのことを喜び、3日間にわたり踊り明かしたと伝わります。

　例年9月1日に鹿児島県南西部の竹島・硫黄島・黒島からなる三島村の黒島で、約400年前から伝わる伝統芸能「黒島大里八朔祭り」が行われます。以前は八朔（旧暦8月1日）に奉納されていた祭りは、面踊り・相撲踊り・大名行列・長刀踊り・弓矢踊りの5種の踊りで構成されます。

　「タユウ」とよばれる神主の庭で、夕暮れ時から奇妙な面をつけた踊り手たちが腰にヒョウタンをぶら下げ、スリコギとシャモジを打ち鳴らし、奇声を上げながら歌に合わせて入り乱れて踊ります。異様ななかにも迫力満点の踊りです。ヒョウタン・スリコギ・シャモジは、生産と性器の両方を意味していて、五穀豊穣と子孫繁栄を祈る踊りとされます。

●わかりやすい英語による説明

The period following the End of Heat solar term spans from August 28th to September 2nd. Micro-season #41 *Tenchi hajimete samuku* "Heaven and Earth Become Cool" marks the period when the intense summer heat wanes, leading to more comfortable weather.

Nihyakutōka, the 210th day after the start of spring, falls on September 1st or 2nd. This seasonal transition marker was necessary for ancient people to manage their lives. Typhoons became more prevalent during this period, and the first rice ears were harvested and offered to the gods in hopes of preventing typhoon damage. These practices developed into *Kazamatsuri* "Wind Festivals," such as the *Fūjinsai* "Wind God Festivals" and *Fūchinsai* "Wind Quelling Festivals."

Eggplants are juicy and tasty from early summer to autumn, but those that ripen in the autumn have fewer seeds and firmer flesh. Eggplants originated in India and were transmitted to Japan through China in the 8th century.

Among the fish familiar to the Japanese from ancient times are sardines, which include Japanese pilchard, round herring, and Japanese anchovy. These fish are rich in polyunsaturated fatty acids and DHA.

The *Owara kaze no bon*, a unique cultural event held in Yatsuomachi, Toyama Prefecture, from September 1st to 3rd, attracts over 250,000 spectators yearly. The festival comprises unique neighborhood parades held by the eleven districts in the town. The highlight is the *Owara odori*, a vibrant attraction that includes a parade, ring dance, stage dance, and bountiful harvest dances.

Every year on September 1st, a traditional performance known as the Kuroshima Great Harvest Festival occurs on the three islands of Mishima, Kagoshima Prefecture. Formerly held on *Hassaku*（August 1st）, the festival features five types of dances. One particularly noteworthy dance features gourds tied to the waist of the dancers, which are beaten with stirring sticks and rice paddles, symbolizing both productivity and fecundity.

❖二十四節気：処暑 *Shosho* 末候❖

【第四十二候】禾乃登　こくものすなわちみのる

42nd Micro-season: Rice Ripens（*Kokumono sunawachi minoru*）

●二十四節気における時期

　この禾乃登は二百十日のすぐ後、すなわち９月３日ごろから７日ごろまでの期間を表す言葉です。夏の暑さは峠を越し、コメをはじめとする穀物の穂が出はじめますが、この時期には台風が発生し各地に被害をもたらします。台風の心配はあるものの、稲の穂先はだんだんと重くなってきます。稲穂がたわわに実り、田畑が黄金色に輝き出します。

　「実るほど頭を垂れる稲穂かな」という格言がありますが、この時期には、まさにその通りの光景が田園に出現します。しかし、その光景がそのまま続く保証はありません。この時期は、コメをはじめとする農作物を無事に刈り入れするために、農家の人々が心配もし、被害の出ないようにと神に祈る日々でもあるのです。

　禾乃登の前後には、旧暦の８月１日にあたる八朔、立春から数えて210日目の二百十日、そして220日目の二百二十日が回ってきます。昔からこれらの日には強い風が吹き、天気が荒れると言われてきました。そのため、地方によってはこの３つの日を「三大厄日」と呼んでいます。

●名付けの由来とエピソード

　禾乃登の最初の字「禾」は、稲や麦また粟など穀類の総称で、「いね」「のぎ」あるいは音読みで「か」と読みます。また、イネそのもの、苗、特に穀物の苗、穀物の穂が出たもの、などの意味も表します。

　「こくもの」は穀物の訓読みで、禾乃登は、さまざまな穀物が実りはじめるという意味になります。禾という漢字は稲の穂先が、茎の先端に垂れかかる姿を表す象形文字で、たわわに実った稲の様子をかたどったものです。稲は古代にはイナと読んでいたようです。その名残は、稲作・稲田・稲穂・稲荷・稲妻などの読み方にみられます。

　初夏の田植え時期には水を満々と張っていた水田も、このころになると植えられた稲が実り、だんだんに黄金色に変っていき、天気の良い日には、豊かに実った穂先が風でゆれる美しい風景を見せてくれます。禾乃登

第Ⅱ部　二十四節気と七十二候　**179**

は、まさにそのような時期を表す言葉です。

●自然の恵みと風物詩

　秋は出回る果物の種類も豊富になる季節ですが、昔から人気のあるのがブドウです。すでに古代エジプトで栽培されていたブドウが、中国を経由して日本に渡来したのは奈良時代だとされます。ブドウ（葡萄）は、ギリシア語の botrus が中国で葡萄と音訳されたのが語源と言われます。

　我が国におけるブドウ栽培は、甲斐国勝沼の雨宮勘解由が、平安時代末期の1186年に山中で自生の山ぶどうとは異なるつる植物を発見し、自宅へ持ち帰って育てたことが始まりであるとされます。勝沼周辺の農家は鎌倉時代からブドウ栽培を始め、やがて全国に甲州ブドウの名が知られるようになります。明治時代になると政府は産業振興のため欧米から多くの品種を導入したのですが、欧州の品種は気候が合わずに失敗し、米国のデラウェア種が根づきました。世界で生産されるぶどうの70％はワインの原料用ですが、日本では生食用が90％を占めると言われます。

　栄養豊富なぶどうにはブドウ糖や果糖など吸収されやすい糖質が含まれ、疲労回復に効果があります。黒や赤系の皮には、動脈硬化を予防し、目の疲れに効果があるというアントシアニンも豊富に含まれています。

　この時期によく目にするのがトンボです。トンボ目に属する昆虫の総称であるトンボは、世界に5,000〜6,000種類いると言われ、日本では約200種類が知られています。肉食性でカ・ハエ・チョウ・ガ、また他のトンボなどの飛翔昆虫を捕食します。トンボは、棒のような細長い体で空を飛ぶことから「飛ぶ棒」と名付けられたと言います。

　我が国では古来トンボを秋津あるいは秋津虫また蜻蛉（あきず、せいれい、とも読む）と呼んできました。日本国の別名を秋津島（秋津洲・蜻蛉州、とも書く）といいますが、トンボに国名が付いているのは、我が国最初の史書（正史）である『日本書紀』（702年）に基づいています。

　同書には、神武天皇が大和（現在の奈良を中心とした地域）の地に拠点を築き、高所に登って国の全景を眺め「あきつのとなめせる如くあるか（まるでトンボの雌雄が交尾の際に連結しているようだ）」と呟いたという神話が紹介されています。「となめ（臀呫）」とは「トンボの雌雄が交尾して互いに尾を含みあい、輪になって飛ぶこと」（『広辞苑』）です。

　海水魚の中に別名をトンボウオと言うトビウオがいます。トビウオは、

トビウオ科の魚の総称ですが、地方によりアゴ・ツバメウオ・ツバクロウオなどと呼ばれています。日本近海に20数種類いるトビウオは300〜400メートルも空中滑走します。この時期を旬とするトビウオは、塩焼やフライに合います。大型のものは刺身にもされ、干物としても出荷されます。干物では、伊豆七島名産の「くさや」が有名です。

●関連する年中行事と祭り

　毎年9月の第1日曜日に鳥取県米子市内の上淀地区で「上淀の八朔 行事」と呼ばれる綱引きが行われます。八朔の時期には全国各地でさまざまな行事が行われますが、五穀豊穣や無病息災などを祈願するために綱引きを行うのは珍しい行事と言えます。

　その日は、地区の人々が天神垣神社に稲藁を持ち寄り、境内でクチナワサンと呼ばれる大蛇のような綱を作ります。長老はクチナワサンの頭部を、若者は胴体をそれぞれ作ります。完成後に頭部はお祓いを受け、胴体の先に付けられますが、その長さは約50メートルになります。そのクチナワサンを持って神社内の荒神さんの神木を3周回り、頭部を神社内の燈籠にかけ、胴体だけを綱引きのために集落内へ運びます。綱引きは、集落内で上手と下手に分かれて行なわれます。綱引きが終わると、クチナワサンを村境まで運び、とぐろを巻いた状態にして安置し行事が終わります。

　国指定重要無形民族文化財で、ユネスコ無形文化遺産に登録されている「角館祭りのやま行事」が毎年9月7日〜9日に行われます。地域の繁栄・商売繁盛・家族の無病息災を祈願する神明社と薬師堂の祭りが一体となった約400年の歴史を誇る祭りです。7日には武者人形や歌舞伎人形をのせた曳山が神明社へ参詣し、8日は秋田藩主の一族で角館の旧領主佐竹北家の当主へ披露し、8日と最終日の9日は薬師堂に上がります。

　曳山には、笛・大太鼓・鼓・摺り鉦・三味線等による「おやま囃子」の奏者が乗り込み、お囃しに合わせて秋田おばこたちが艶やかな手踊りを見せてくれます。若者たちは、神明社と薬師堂への参拝や佐竹北家当主への披露を目的に山車を曳き廻します。山車どうしが進行の優先権をめぐって交渉し、決裂すると実力で通ることになるため「山ぶっつけ」となり、山車と山車による猛烈な激突となります。それに合わせて曳き手もお囃子もおおいに盛り上がり、祭り全体が最高潮に達します。

第II部　二十四節気と七十二候　181

●わかりやすい英語による説明

Kokumono sunawachi minoru "Rice Ripens" micro-season #42 is from September 3rd to 7th. The intense heat of summer has passed, and grains, including rice, begin to ripen. The tips of the rice stalks gradually become heavier, giving truth to the saying, "The heavier the grains, the lower the rice stalks bow."

Grapes, which ripen in autumn, have been popular since ancient times. Grapes were introduced into Japan via China during the Nara period. It is said that the word for grape "*budō*" originated from the Greek word "*botrus*," which was transliterated into Chinese. Ninety percent of grapes grown in Japan are consumed as fresh fruit.

One common sight during this season is the dragonfly (Odonata). There are 5,000 to 6,000 species of dragonflies worldwide, with about 200 known in Japan. Dragonflies were called "*akitsu*" or "*akitsumushi*," and Japan itself was called *Akitsushima* "Island of Dragonflies" by the first emperor, Jimmu, as recorded in the *Nihon Shoki*.

About 20 species of flying fish (also called dragonfly fish, Exocoetidae) live in the waters near Japan. They are in season now and are suitable for salt grilling and frying; fresh ones are used for sashimi, and air-dried flying fish are also sold.

Every year on the first Sunday of September, the *Kamiyodo no hassaku gyōji* is held in Yonago City, Tottori Prefecture. The residents create a giant rice straw rope called "*Kuchinawasan*," resembling a 50-meter-long serpent, that is used in a tug-of-war ritual to pray for a bountiful harvest and the health and safety of the community.

The *Kakunodate matsuri no yama gyōji*, registered as a UNESCO Intangible Cultural Heritage, is held from September 7th to 9th in Kakunodate, Akita Prefecture. This festival praying for the prosperity of the region and the health and safety of families combines the celebrations of Shinmei Shrine and Yakushidō Temple. Musicians known as the "*Oyamabayashi*" ride on the floats. The highlight is a battle of strength in which the floats are forcefully banged into each other by their porters.

❖二十四節気：白露 *Hakuro* 初候❖

【第四十三候】草露白　くさのつゆしろし

43rd Micro-season: White Dew on Grass （*Kusa no tsuyu shiroshi*）

● **二十四節気における時期**

いよいよ秋めいてくるこの時期は白露の初候、9月8日ごろから12日ごろまでの期間にあたります。日本の季節区分では秋は初秋・仲秋・晩秋と3分割されますが、白露はその仲秋の前半を言います。なお、仲秋の後半である中気が秋分になります。

白露の初候が草露白とされるのは、この時期には晴れた日の朝に草や葉の上にコロコロとした水滴がいくつも見られるようになるからです。その水滴を露と言い、白露はその露が透明であることを表しています。露は空気中の水蒸気が、ある一定の温度になると凝結して生じるものです。

地面や物が一定温度以下まで冷えるとその表面に水滴ができます。草や植物の葉の上に付いた大小さまざまな露は、ときどきお互いがまるで磁石のように引きつけ合い、1つの大きな球体になります。その透明で大きな水玉を見ると、夏が過ぎ、秋がやってきたことを実感します。

露は足元の草にも付いています。この季節に郊外の草原はもちろん、自宅の庭あるいは近くの公園でも草の茂みに足を踏み入れると、履物がびしょびしょになることがあります。このようなことは、春や夏にはあまりないことで驚きます。これも露のせいであり、改めて秋を感じます。

● **名付けの由来とエピソード**

露は風がなく、よく晴れた夜に大気が冷えて、草木やものの表面に水蒸気が凝結してできる水滴です。他の季節でも見られますが、夏の終わりから秋にかけてもっとも多く見られる現象です。「露白し」の「白し」は露が透明であることを示します。白のイメージには白色のほかにも潔白など多くありますが、その中の1つに「無色、透き通っていること」があり、

その例として「透き通るような白い肌」があげられます。

　大気の気温の変化により、草や葉の表面に水滴が付くことを「露が降りる」と言います。これは、大気中の水蒸気が低いところにある地面やものの表面に結露するために降りてくるためなのか、あるいは露ができるまでの科学的知識の乏しい昔の人々が、露も雨や雪のように空から降ってくるものと考えていたからなのかもしれません。

　露は、「朝露の命」などと、人の世のはかなさの喩えとして用いるほか、「珠」「玉」「涙」などに見立てることもあります。また、「菊の露」「蓮の露」などと、不老長寿や極楽往生の喩えにも使われてきました。

●自然の恵みと風物詩

　この時期に来る９月９日は「重陽の節句」です。この日には菊酒を飲み、栗ご飯を食べて無病息災や長寿を願います。人々が旧暦に基づいて生活をしていたころは、五節句の最後にあたるこの重陽の節句は重要なもので、家庭でも盛んに行われていました。現在でも次項で述べるように神事の１つとして神社で執り行われるところがあります。

　節句は、年間の節目にあたる日のことで節日あるいは節供とも言い、３月３日の「桃の節句」や５月５日の「端午の節句」、そしてこの重陽の節句など年に５回設けられています。それらの日には人々は仕事を休み、特別の食べ物を用意する慣わしでした。節句は、その食物を神々や祖先の霊に供えて祀り、その後にそれを人々も分け合って食べることで神霊とひとつになる儀式であり、その供物を節供と呼びました。

　重陽の節句は８世紀の末に中国から伝来しました。中国では古来奇数は縁起の良い陽数と考えられ、陽数の最大値である９が重なる９月９日を重陽と呼び大切にしていました。旧暦の９月９日は新暦では10月中旬にあたり菊の花が咲き誇る時期に重なります。昔から菊には邪気を祓い長寿をもたらす薬効があると信じられていたため、重陽の節句の神事には菊を用い、菊酒を飲むようになりました。

　重陽の節句の行事食には菊酒のほかに栗ご飯があります。重陽の節句が農作物の収穫期と重なるために庶民はこの日を「栗の節句」と呼び、栗ご飯を食べて祝っていたのです。クリは山野に自生するブナ科の洛陽高木で、棘のある外皮に包まれた果実がこのころから秋にかけて熟します。果実は食用や菓子用ですが、その木材は耐久性と耐湿性に優れ、家屋の土台

や鉄道の枕木、また運動具などに用いられます。

このころに獲れる魚で、脂が乗った絶品といわれるのがサンマです。サンマは、8月末から9月にかけて漁獲されたものに脂が乗ってもっとも美味であると言われます。サンマは漢字で秋刀魚や秋光魚などと表記されますが、関東地方や東北地方で体の幅が狭いサンマを「狭真魚」と呼んでいたのが語源という説があります。秋刀魚も魚体の形が日本刀のように細長い形をしているところから付けられた名前です。

サンマにはドコサヘキサエン酸やイコサペンタエン酸が豊富に含まれ、血栓症やアルツハイマー病の予防に効果があります。骨を丈夫にし、成長期の子供に不可欠なビタミンDも多いサンマは、その料理法も豊富で、塩焼き・干もの・刺身・酢じめ・みそ汁・つみれ汁・炊き込みご飯・佃煮・ソテー（蒲焼き）・天ぷら・フライ・唐揚げなど多くあります。

●**関連する年中行事と祭り**

かつて宮中では、重陽の節句に長寿と厄除けの象徴である菊の露で湿らせた綿で身体を洗い、菊酒を飲む習慣がありました。京都の上賀茂神社では、今でもこの伝統にのっとり、毎年9月9日に、本殿に菊花を供え無病息災を祈願する重陽神事が行われています。

重陽神事では本殿に菊花を供えて無病息災を祈願した後、境内の立砂前で烏相撲が奉納されます。烏相撲では、白装束姿の弓矢を持った刀禰の2人がカラスのように飛び跳ね、「カーカーカー」「コーコーコー」と鳴きまねをし、その後に子供たちによる相撲が奉納されます。

毎年9月12日から18日に博多にある筥崎八幡宮で開かれる筥崎宮放生会は、春の博多どんたく・夏の博多祇園山笠とならび博多三大祭りに数えられます。放生会は、万物の生命をいつくしみ、殺生を戒め、秋の実りに感謝する祭りで、筥崎宮放生会は1000年以上も続く神事です。隔年で御神幸行列があり、期間中は約500軒の露店が立ちならぶ盛大な祭りです。

2年に1度の頻度で行われる御神幸（御神輿行列）は9月12日と14日に筥崎八幡宮の氏子総勢約500名が参加して厳粛に行われます。祭りの中で人の意識が神に向かっているのを神事、人どうし（氏子や見物人）に向いているのを神賑行事と言いますが、期間中にはさまざまな神事や数多くの神賑行事が執り行われ、約100万人が訪れると言います。

第 II 部　二十四節気と七十二候　**185**

●わかりやすい英語による説明

The first pentad of the 24 solar term *Hakuro* "White Dew" is *Kusa no tsuyu shiroshi* "White Dew on Grass" from September 8th to September 12th. As the season turns more autumn-like, many clear and transparent droplets can be seen on the grass and leaves on clear, cool mornings. White not only includes the color but also implies purity and transparency. Dew symbolizes longevity and paradise, such as in the phrase "dew on chrysanthemums" or immortality and blissful rebirth as in "dew on lotus leaves."

September 9th is *Chōyō no sekku*, the "Double Nine Festival," when people drink chrysanthemum wine and eat chestnut rice to pray for health and longevity. In ancient China, odd numbers were considered auspicious, and double nines（9th month 9th day）were especially significant. The blooming of chrysanthemums coincides with this period, and the flowers have long been believed to ward off evil and confer longevity.

A popular fish during this season is Pacific saury which is caught from late August to September. Saury is said to be the fattiest and most delicious during this period and is rich in DHA and EPA. Prepared in various ways, it is popular grilled with salt, raw as sashimi, marinated in vinegar, in miso soup, simmered, broiled, fried, or as tempura.

At Kamigamo Shrine in Kyoto, the *Chōyō shinji* "Double Nine Ceremony" is held on September 9th. Following the offering of flowers and prayers for good health, shrine officials dressed in white robes hop around like crows mimicking their calls. The *Karasu sumo* "Crow Sumo Match" between children follows.

The *Hōjōya* "Release of Living Things" ceremony is held from September 12th to 18th at Hakozaki Shrine in Hakata, Fukuoka Prefecture. *Hōjōya* is a 1,000-year-old Shinto ritual to honor all living things, abstain from killing, and offer gratitude for the harvest. The festival includes the *Gojinkō* procession which is held on September 12th and 14th every other year. Over 500 parishioners of Hakozaki Shrine participate in the parade, which attracts over 1 million people.

❖二十四節気：白露 *Hakuro* 次候❖

【第四十四候】鶺鴒鳴　せきれいなく

44th Micro-season: Wagtails Sing（*Sekirei naku*）

●二十四節気における時期

　新暦の９月13日ごろから17日ごろまでを鶺鴒鳴と言いますが、読んで字の如くセキレイが鳴くころという時期を表しています。ただし、セキレイが鳴くのはこの時期だけではなく、耳をそばだてれば、その鳴き声は年間を通して聞こえています。セキレイの鳴き声は割合に高くて鋭いために、初秋の澄み切った空にはなおいっそう響き渡るように感じます。そのため夏の暑苦しい空気が去り、大気も澄んできたころを表すには適切な鳥として取り上げられたのかもしれません。

　セキレイは、セキレイ科に属する鳥の総称で、日本にはキセキレイ・セグロセキレイ・ハクセキレイの３種がいます。体長20センチ前後で、スズメよりやや大きくて尾が長いのが特徴です。黒白、または黄と黒に染め分けられた美しい姿をしていて、尾羽を上下に振りながら歩く習性があります。山地の川・海岸・水田などの水辺でよく見かけます。

　その鳴き声は「チチチ、チチチュ」「チチン、チチン」などと甲高く、セキレイの種類によって多少違っています。この時期になると、河原・砂浜・駐車場などを鳴きながら、尾を上下に振り、左右の脚を交互に出してトコトコと急足で歩く姿をよく見かけます。多くの小鳥が、両足をそろえてピョンピョンと跳ねて移動するのに対し、セキレイ科の鳥は、その種類にかかわらず、トコトコ歩きをするのですぐにわかります。

●名付けの由来とエピソード

　セキレイは中国語の鳥名「鶺鴒」を音読みしたもので、鶺の偏「脊」が示すように、「背筋を伸ばした鳥」という意味です。なお、鴒もツルやセキレイを意味します。セキレイは、我が国最古の歴史書『日本書紀』にある「国生み神話」の中で重要な役割を担っています。国生み神話は、イザナギノミコトとイザナミノミコトの男女の神が国造りのために天下ったオノコロジマで成婚して、大日本豊秋津洲をはじめとする大八洲国（日本国）を生む神話です。神話には２体の神が成婚するにあたってセキレイの

第Ⅱ部　二十四節気と七十二候　**187**

動き方を見て男女の交合を知ったと記されています。

　この神話からセキレイは嫁ぎ教え鳥とか、よく2羽が仲睦まじくしていることから妹兄鳥と呼ばれました。また、その長い尾羽をしきりに上下に動かす様子から、イシタタキ（石叩き）・ニワタタキ（庭叩き）・イワタタキ（岩叩き）などとも呼ばれていました。イザナギとイザナミが契りの仕方を学んだというその独特の仕草は、今もなお神前結婚式での「三・三・九度」の作法に受け継がれているという説もあります。

●**自然の恵みと風物詩**

　年間を通して水揚げされているものの、7月から11月が旬の時期で、特に夏場に脂がのって美味しくなると言われる魚がタチウオです。愛媛県・長崎県・和歌山県などを主な漁獲地とする海水魚タチウオは、太刀魚の名前の通り、太刀のように細長く平で、体表は金属のように光沢のある銀色をしています。また、立ち泳ぎしながら獲物を待ち伏せることから「立魚」という漢字が使われることもあります。

　タチウオの身は柔らかく、塩焼き・バター焼き・ムニエル・煮付け・唐揚げなどに、また新鮮なものは皮ごと刺身・寿司・酢の物などに調理されます。エイコサペンタエン酸やドコサヘキサエン酸が豊富で、悪玉コレステロールや中性脂肪を減らし、血液をサラサラにして動脈硬化を予防すると言われます。その上に、ビタミンDも豊かで、カルシウムの吸収を促進し、骨粗鬆症を防ぐのにも役立つと言われます。

　この時期から11月ごろまで多く市場に出回る野菜がカボチャです。国内で流通しているのは、日本カボチャ・西洋カボチャ・ペポカボチャの3種類ですが、地方品種が多くある西洋カボチャ系が大半を占めます。その主なものが黒皮栗カボチャで、クリのようにホクホクしていることから、栗カボチャとも言われます。水分が多い日本カボチャは粘質性が高く、ペポ種には未熟果を食用にするズッキーニがあります。

　カボチャの名前は、ポルトガル船によってカボチャが日本に持ち込まれた際に「カンボジア産のウリ」と紹介され、カンボジアを意味するポルトガル語の Camboja が転訛したのが由来とされます。西日本ではカボチャをボウブラと呼ぶ地域がありますが、これもポルトガル語でウリを意味する abóbora に由来するそうです。なお、南京はカボチャの異称です。

　でんぷん質が多いカボチャですが、煮物・焼き物・揚げ物・ポタージュ

スープなど幅広く利用され、甘みを活かしたパンプキンパイなども人気があります。含有するビタミンEは血行を促進して体を温める作用があり、冬至にカボチャを食べると風邪をひかないといわれ、栄養価の高さではほかの野菜の追随を許さないほどです。

●関連する年中行事と祭り

鎌倉にある鶴岡八幡宮の例大祭が9月14日から16日までの3日間にわたり毎年盛大に執り行われています。9月14日は宵宮祭で、翌15日が例大祭になります。宮司以下の神職・巫女・八乙女などが奉仕し、大勢の参列者を迎えて例大祭が厳かに執り行われます。神前には鈴虫も供えられ、秋らしい虫の音が響きます。

午後からは、祭神を神輿に遷し、氏子区域を渡る神幸祭が始まります。氏子が室町時代の神輿3基を上宮から担ぎ下ろし、宮司以下神職・錦旗・神馬・高張提灯・太鼓・盾・弓矢などで構成される数百メートルの行列が若宮大路を二ノ鳥居の御旅所まで進み、御旅所では緑の千早と緋袴という美しい姿の八乙女たちによる「八乙女舞」が奉納されます。

9月16日の午後には、境内の流鏑馬馬場にて鎌倉時代の狩装束に身を包んだ射手が、馬で駆け抜けながら3つの的を射抜く勇壮な流鏑馬神事が行われます。夕暮れには、例大祭で神前に供えた鈴虫を神域の自然の中に放す鈴虫放生会があります。舞殿で雅楽の演奏と巫女による神楽舞が奉納され、境内にある柳原神池のほとりに鈴虫が放たれます。

毎年9月15日には日本最北の城下町と言われる北海道松前郡松前町で、江良杵振舞が行われています。同地の江良地区に伝わる江良杵振舞は、踊りの構成や振付けなどから、東北地方の南部七夕踊りの影響を受けた踊りであろうと言われ、松前町内の氏神である江良八幡神社の例大祭や慶事の際に、町内を練り歩くならわしとなりました。踊りには、両端に房を付けた長さ85センチの白木木目の磨出しの杵が用いられます。

江良杵振舞の主役は、青色の半纏に股引、そして白足袋に草鞋を履き、腰紐には黒帯をし、帯の前に黒と黄のダンダラ紐を下げ、赤いタスキを掛けた小学生です。その子どもたち20〜30人が、2列に向かい合い、大太鼓・小太鼓・7穴横笛・鉦による松前神楽の「四箇散米舞」の曲にあわせ「ヤレヤレ、ソラヤレ」と掛け声を掛けて舞います。

●わかりやすい英語による説明

The period from September 13th to 17th is *Sekirei naku* "Wagtails Sing."
Wagtail calls can be heard throughout the year, but since its call is high-pitched and sharp, it seems to resonate even more in the clear air of early autumn.

The cutlassfish (Trichiurus lepturus) is in season from July to
November. Cutlassfish are long and thin like swordfish. Their tender flesh
can be cooked in various ways, such as salt-grilled, butter-grilled, simmered,
and deep-fried.

Pumpkins, particularly Japanese chestnut pumpkins, are in season from
this period until around November. The name "*kabocha*" is a transliteration
from the Portuguese word "*Camboja*" for Cambodia, from where pumpkins
were imported. It is said that eating pumpkin during the winter solstice can
prevent colds and promote good health during the long, cold period.

The grand festival of Tsurugaoka Hachimangu Shrine, Kamakura,
Kanagawa Prefecture, is held from September 14th to 16th. On the 14th, three
portable shrines from the Muromachi period are carried down from the
upper shrine. On the afternoon of September 16th, the *Yabusame* ritual is
held in the shrine's riding ground, where archers on horseback wearing
historical hunting attire shoot arrows at three targets. In the evening,
crickets are released into the shrine's natural surroundings in the Cricket
Releasing Ceremony.

On September 15th, the *Era kinefuri mai* is held in Matsumae Town,
Hokkaido, the northernmost castle town in Japan. The dance passed down
in the Era district was influenced by the *Nanbu tanabata odori* of the Tohoku
Region. It is performed during the grand festival of Eda Hachiman Shrine.
The main dancers, elementary school students, wear blue *happi* coats, loose
work pants, white *tabi* socks, and straw sandals. About 20 to 30 children
dance in two lines facing each other, accompanied by large and small drums,
seven-holed bamboo flutes, and gongs.

❖二十四節気：白露 *Hakuro* 末候❖

【第四十五候】玄鳥去　つばめさる

45th Micro-season: Swallows Depart（*Tsubame saru*）

●**二十四節気における時期**

　春先に渡ってきて（あるいは「帰ってきて」）子を産み、育て、両親と子どもが一緒に夏を楽しく過ごしたツバメたちが、南方へと戻っていく時期です。実際にツバメが旅立つのは、9月18日ごろから22日ごろまでの玄鳥去の時期から10月にかけてです。

　玄鳥去は、4月5日ごろから4月9日までの第十三候玄鳥来と対をなす候です。ツバメたちはこのころから、半年間にわたり住み慣れた日本に別れを告げ、越冬のために東南アジアの暖かい地域へ「去って」いきます。「去る」とはいうものの、実際には翌年の4月ごろまで避寒地へ行ってくるという感じの旅立ちです。その全行程は3,000キロから5,000キロという長いものであり、旅の途中で命を落とすツバメも多くいます。

　この5日間ほどの間に秋の行事として大事な日がいくつかあります。9月20日が「秋の彼岸入り」の日であり、このころに敬老の日を迎える年も多く、2030年まではこの期間内に来ます。敬老の日は、かつては9月15日でしたが、「国民の祝日に関する法律」（祝日法）の改正により、2003年から毎年9月の第3月曜日に改められました。

●**名付けの由来とエピソード**

　ツバメがこのころに南方へ「去る」理由は、日本の冬が寒く、餌となるハエ・アブ・トンボ・ハアリなどの昆虫類が少なくなるからとも言われます。ツバメは生きている限り、去っていった翌年も同じ場所に戻ってくると考えられていて、特に家畜小屋に数十から数百羽が集まって巣を作ることが多いヨーロッパの場合には、その傾向が強く見られるようです。

　それに対してツバメが人家の軒先に巣を作り、子育てをする日本の場合は状況が異なります。2014年に発表されたある調査によると、翌年も同じ大阪の商店街に戻ってきたツバメは約40％で、さらにそのうちの約40％が前年と同じ巣に戻ってきたそうです。

　ただし、この調査では同じ場所に戻って来ることができなかったツバメ

第Ⅱ部　二十四節気と七十二候　191

の実態には触れていないようです。そのため、この数値は実際の帰巣率を表すものではありません。１年の間に往復で１万キロ近くも厳しい飛行を強いられるツバメの生存率は低く、生まれたツバメの70％から80％は１歳まで生き残ることができないと言われます。

●自然の恵みと風物詩

　この時期に実が生り旬を迎える豆科植物に落花生があります。ラッカセイは木になる実（nuts）ではなく、その字が示すように、開花した花が落ちて、その子房柄が地中に入り莢に生る豆です。南米のアンデス地方を原産地とするラッカセイは18世紀初頭に中国を経て日本に伝来しました。そのためにラッカセイを南京豆あるいは唐人豆とも呼びます。

　琉球（沖縄）ではそれ以前から栽培されていたと伝わりますが、本州でラッカセイの栽培が行われるようになったのは明治時代で、1874年に政府がアメリカから種子を輸入して各地に配布し、栽培を推奨してからでした。ラッカセイは、抗酸化作用が強く、ビタミンEが多く含まれ、血液をサラサラにする効能があるといわれて、血中コレステロールを低下させるオレイン酸、脳の動きを活発にするレシチンやミネラル類も含まれ、その上にタンパク質や食物繊維も豊富な健康食品です。

　最近ではフランス料理によく使われるシタビラメ（舌平目、舌鮃）もこの時期に人気の出る魚です。シタビラメはカレイ目ウシノシタ科の海水魚で、本州中部以南の砂や泥の多い海底に棲んでいます。魚体は扁平で、牛の舌に似ているところからこのように名付けられました。

　国内で食用になっているシタビラメ類はアカシタビラメ・クロウシノシタ・イヌノシタなど５〜６種類いますが、昔は煮魚用の安い惣菜魚でした。それが、日本に洋食が入ってきてから調理方法が広がり、最近ではムニエル用として売られています。調理法としてはムニエル・フライ・煮つけ・汁（かけ飯）・塩焼き・干ものなどがあります。

　７月から９月の夏の間に採られて、じっくりと干し上げられ、そのために旨味が凝縮されている海の幸がコンブ（昆布）です。コンブは、コンブ科の海藻で暗褐色の葉片・茎・根に区別でき、マコンブ・ラウスコンブ・リシリコンブ・ヒダカコンブ・ガゴメコンブなど10種類以上に分類されます。それぞれのコンブには特徴があり、用途も異なります。

　食用や祝賀用に幅広く活用されるコンブは、ヒロメ・ヒルメ・エビス

メ・コブなど古くから使われてきた別称があるように、古代より人々に親しまれてきた海産物です。日本で採れる昆布は、その95％以上が北海道全域で、残りは青森県・岩手県・宮城県の三陸海岸沿いで採れ、地域により採れる昆布の種類も異なります。

●関連する年中行事と祭り

　毎年敬老の日の前にくる土曜日と日曜日に、全国にその名が知れわたる岸和田だんじり祭が大阪府岸和田市で開かれます。「だんじり（檀尻・楽車・山車）」とは、関西また西日本での祭礼の曳物のことです。太鼓をのせ、車輪をつけて引いたり、かついだりして練って行くもので、東日本の山車・屋台と同じものです。

　岸和田のだんじりは重さが約４トン、高さは約４メートルもあります。本体の装飾には漆塗りや金箔の部材などを使わずに欅の木目をそのまま活かし、人物・馬・霊獣・花鳥ものから唐草文様などに至るまで、さまざまな、そして精緻な彫刻を施した見事なものです。

　祭の当日は、そのだんじりを400人〜1,000人とも言われる「曳き手」の男衆が、２本の綱で曳き回し、曲がり角では全速力かつ豪快に直角に曲げます。このように勢いを殺さず、だんじりを直角に向きを変える「やりまわし」は、屋根の上で方向の指示を出し、うちわを手に取って華麗に舞う大工方、曳き手、だんじりの前面に乗る指揮者、後方で綱を操作して方向転換する者など全員の熟練の技と団結力を必要とします。

　この豪勢なだんじりが市内各地から30台以上も参加し、猛然と町中を「そーりゃ、そーりゃ」の掛け声と共に、疾走する姿は迫力満点です。昼間の勇壮活発な調子とは異なり、祭の日の夕暮れになると200個余りの提灯が各だんじりに飾り付けられ、曳き手に子どもたちを交えながら、町内をゆっくりと練り歩く夜間曳行が行われます。そこには昼間の勇壮な雰囲気とは打って変わった雅やかで幻想的な空気が漂います。

　約300年の歴史と伝統を誇るこの「岸和田だんじり祭」は、江戸時代中ごろの1703年（元禄16年）に始まったと伝えられます。当時の岸和田藩主岡部長泰が、京都にある伏見稲荷の分霊を城内三の丸に迎えて祀り、米・麦・豆・あわ・ひえの５つの穀物が豊かに実り、豊作となるよう祈願して行った稲荷祭がだんじり祭の原点であると言います。

第Ⅱ部　二十四節気と七十二候　**193**

●わかりやすい英語による説明

During this period, swallows that arrived in early spring to breed and raise their young depart for their homes in the southern regions. Their migration begins during the period of *Tsubame saru* "Swallows Depart" around September 18th to 22nd.

Swallows return to the south because the winter in Japan is cold, and insects, which serve as their food, become scarce. Their long journey covers 3,000 to 5,000 kilometers, and many lose their lives along the way. The survival rate of swallows is low, with 70% to 80% of the hatched swallows not surviving to return the next year.

Peanuts "*nankin mame*" or "*tōjin mame*" were introduced into Japan via China in the early 18th century. Peanut cultivation on the main island of Japan began around 1874 when the Meiji government imported seeds from America and promoted their cultivation.

Tonguefish（Soleidae）are very popular during this season. Tonguefish live on sandy or muddy sea floors south of central Honshu. The variety of cooking methods for the five or six species consumed include meunière, frying, stewing, salt-grilling, and drying.

Between July and September, *konbu* "kelp" with a high concentration of umami is harvested. *Konbu* is classified into ten different types each with specific characteristics and uses. *Konbu* has been cherished since ancient times, and over 95% of the *konbu* harvested in Japan comes from Hokkaido.

The *Kishiwada danjiri matsuri* is held in Kishiwada City, Osaka Prefecture. *Danjiri* refers to festival floats in the Kansai and western regions of Japan, similar to the *yatai* "floats and portable shrines" in eastern Japan. The *danjiri* weighs about 4 tons and stands about 4 meters tall. On the festival day, groups of about 400 to 1,000 men called "*hikite*" pull each of over 30 *danjiri* around the town with impressive force, making sharp right-angle turns at full speed. The festival, which has a 300-year history and tradition, began in Genroku 16（1703）, the middle of the Edo period.

❖二十四節気：秋分 *Shūbun* 初候❖

【第四十六候】雷乃収声　かみなりすなわちこえをおさむ

46th Micro-season: Thunder Ceases （*Kaminari sunawachi koe wo osamu*）

●二十四節気における時期

本候は春分の末候3月31日ごろから4月4日ごろまでの雷乃発声（かみなりすなわちこえをはっす）と対になる時候で、秋分の初候にあたる9月23日ごろから27日ごろまでの5日間にあたります。

秋分は、春分と同じように昼夜の長さがほぼ等しくなる日のことで、秋の彼岸の中日にあたります。我が国では、季節上の1つの区切りになるという意味で、春分の日に対応する「秋分の日」として法律により採用されました。1948年制定の「国民の祝日に関する法律」によれば、秋分の日は「祖先をうやまい、なくなった人々をしのぶ」日とされています。ただし、春分の日と秋分の日は、法律に具体的な月日は定められていません。

この両日は、天文学上の言葉である「春分日」と「秋分日」とされていて、国立天文台が毎年2月に公表する暦要項（れきようこう）により、翌年の春分の日と秋分の日の日にちが確定されます。これは、地球の運行状態が絶えず変化しているためです。国立天文台は、地球の運行状態などが現在と変わらないと仮定して予想した2050年までの日付けを公表していますが、秋分の日は9月23日か9月22日のいずれかになっています。

●名付けの由来とエピソード

カミナリ（雷）は、第十二候の雷乃発声でも触れたように、「神鳴（かみな）り」がもとになっています。その名の通り、雷雲（雷の原因となる雲で、多くは積乱雲）の中や雷雲と地表との間で生じる放電現象、またはこれに伴う「音」を意味します。一方、その際に発する光の方は、イナヅマ（稲妻）やイナビカリ（稲光）と呼び、音と光を区別する傾向があります。

積乱雲の中には、非常に強い上昇気流と多量の水や氷の粒があり、その

第II部　二十四節気と七十二候　195

氷の粒どうしがぶつかり合うと静電気が発生し、積乱雲の内部に静電気が溜まっていきます。雲の中にその静電気が大量に溜まってくると、耐えきれなくなって激しいゴロゴロという音とピカッという光を出しながら、地表上の静電気に流れていくのです。これがカミナリです。

　カミナリは、その直撃を受けると80％の人は亡くなるといわれるほどに危険なもので、月毎に差はあるものの年間を通して発生しています。地域的には、4月から9月は太平洋側、10月から3月は日本海側で多く発生するカミナリですが、全体的にみると8月に圧倒的に多く発生しています。雷乃収声には、その8月が過ぎ、やっと怖いカミナリから解放されるという人々の喜びの気持ちがよく表れています。

● **自然の恵みと風物詩**

　我が国には古くから、春と秋に先祖を敬い、亡くなった人々をしのんで供養する「お彼岸」という習慣がありました。彼岸には、あの世を意味する向こう側の岸、迷いから脱して煩悩を超越した悟りの境地、春分の日と秋分の日を中日とする前後各7日間、その期間に行う仏事、などという意味があります。お彼岸にはご馳走を作り、収穫した作物などとともに墓前や仏前に供えていましたが、江戸時代にぼた餅を作って仏前に供え、それを隣近所や親族との間で贈り合うという習慣が生まれました。

　ぼた餅は、コメをゆるめに搗いた餅を小豆の餡で包んだものです。それを仏前に供えたのは、小豆には邪気を祓い、厄を避ける力が備わっていると信じられていたからです。やがてぼた餅は春のお彼岸に、そして秋のお彼岸には、おはぎを供えるようになります。同じ菓子でありながら、その呼び方が違った理由にはいろいろあるようですが、春のお彼岸には春に咲く牡丹の花に見立てて「ぼた餅」と呼び、秋のお彼岸には秋に咲く萩の花に見立てて「おはぎ」と呼んだという説が有力のようです。

　秋はキノコの季節ですが、日本原産で古来日本人に馴染み深く、またそれを食用としているのは日本人だけと言われるのがナメコです。ナメコは、その全体を覆うぬめりから「滑らっ子」と名付けられていたものが滑子に転訛したものと言われます。一般に流通しているナメコはおがくずなどを使って菌床栽培されているもので、ブナの木などに群生している天然のなめこが出回るのは9〜11月ごろです。

　このころに旬を迎える魚介類にハゼがいますが、秋分のころに釣れるハ

ゼを特に彼岸ハゼと呼んでいます。日本に600種以上いるハゼは、江戸時代には江戸前（東京湾）で釣りを楽しむ人も多く、市場には鮮魚・干物・佃煮なども出回る一般的な魚でした。しかし、今では水質の変化・漁場の減少・餌不足などのため漁獲量も少なくなり、高級魚となっています。ハゼは、透明感があって甘みもある白身が美味で、江戸前天ぷらには欠かせませんが、そのほか塩焼きなどにも向いています。

●関連する年中行事と祭り

例年9月23日から24日に富山県高岡市福岡町で、野菜・果物・草花を利用して、見立て細工を飾るユニークな「つくりもんまつり」が開催されます。五穀豊穣を感謝して餅・野菜・果物などをお地蔵さんに供えた地蔵祭りを起源とし、約300年という長い歴史を経て、現在の民衆芸術「つくりもん（作りもの）」を福岡駅前に展示するようになりました。

祭りの期間中は、中学校と高等学校の吹奏楽部による演奏会とパレード・つくりもんコンクール・地蔵祭り・灯籠流し・地元の源多良太鼓の演奏・つくりもん制作体験・越中菅笠音頭と福岡つくりもん囃子の町流し・つくりもんまつり写真コンテストが行われ、市街地一帯が賑わいます。

奈良県天理市にある大和神社では毎年9月23日に「紅しで踊り」が行われます。その歴史は古く、江戸時代の「雨乞い満願踊り」を起源とする踊りです。同神社がある大和盆地は、中心を流れる大和川に対して水田や田畑の面積が広く、灌漑用水の確保が難しい土地のため、江戸時代から村人たちは干ばつに苦しんでいました。

毎年のように干ばつに苦しむ村人たちが、大和神社で雨乞いの神事を続けたところ、満願成就してその年は豊作となりました。喜んだ人々が、五穀豊穣の願いを叶えてくれた氏神に対する感謝の気持ちを踊りに込めて、奉納したのがこの踊りの始まりであったとされます。

当初は、男子だけが白い「しで」を手に持ち境内に円を描くように並び、お囃子に合わせて踊るもので、「大和郷しで踊り」と呼ばれていました。その後この踊りは一時途絶えたのですが、地元の婦人会を中心とする保存会が結成され1955年に復活しました。その際に、女性が踊るのであれば、しでは白色よりも赤色が良いだろうということから、紅色のしでに変わり、その踊りも「紅しで踊り」と呼ばれるようになりました。

第II部　二十四節気と七十二候　197

●わかりやすい英語による説明

Micro-season #46 corresponds to the period from September 23rd to September 27th. Thunder occurs throughout the year, but predominantly in August. *Kaminari sunawachi koe wo osamu* "Thunder Ceases" reflects people's joy at being released from the fear of thunder after the peak period in August.

The Autumnal Equinox is a holiday to honor ancestors and remember the deceased. During the spring and autumn equinoxes, *Ohigan* "the other shore（i.e., afterlife）" is observed for seven days centered on these days. People prepare feasts and offer harvested crops at graves and altars. The practice of making *botamochi* "rice cakes covered with sweet azuki bean paste" to offer at Buddhist altars and exchanging them with neighbors and relatives began in the Edo period.

Autumn delicacies of the period include the familiar mushroom *nameko* named for its slimy texture. The *nameko* commonly found in markets is cultivated in sawdust and other substrates, while wild *nameko* grows in clusters on beech trees.

Another seasonal delicacy is the goby fish especially those caught around the autumn equinox. There are over 600 species of goby, and their translucent, sweet white flesh is delicious in Tokyo-style tempura and salt-grilled.

The *Tsukurimon matsuri* held in Fukuoka, Takaoka City, Toyama Prefecture, on September 23rd to 24th, is a unique festival in which vegetables, fruits, and flowers are used to create decorative objects. Over the past 300 years, the festival has evolved into a public art event displayed at Fukuoka Station.

On September 23rd, *Benishide odori* is performed at Ōyamato Shrine in Tenri City, Nara Prefecture. After years of drought, the villagers' prayers were fulfilled, and in gratitude, they offered this dance at the shrine. After the temporarily discontinued observance was revived in 1955, the women's association began performing the dance, and the *shide* "white Shinto streamers" were changed to *beni* "red."

❖二十四節気：秋分 *Shūbun* 次候❖

【第四十七候】蟄虫坏戸　むしかくれてとをふさぐ

47th Micro-season: Insects Hole Up Underground（*Mushi kakurete to wo fusagu*）

●二十四節気における時期

　新暦の９月28日ごろから10月２日ごろまでの５日間を蟄虫坏戸と言いますが、これは３月はじめの二十四節気「啓蟄」の初候「蟄虫啓戸」と対をなす言葉です。啓蟄のころ、春の暖かさに促されるように、土中で眠っていた虫が目覚め、地表への戸を開いて活動しはじめました。それからおよそ半年経ち、冬の気配を感じはじめた虫たちは再び土中の巣へ戻っていき、その戸を閉じるのです。

　この時期に虫たちは冬ごもりの支度をはじめますが、冬ごもりの仕方はそれぞれに異なり、虫たちのすべてが土の中に潜っていくわけではありません。虫たちの中には、卵を産み次の年に新しい命をつなぐカマキリ、蛹になって寒さに備える蛾や蝶の幼虫、あるいは成虫のまま木の根元や土の下に潜って冬を過ごすクワガタやテントウムシなどがいます。腐葉土などの中で寒さをしのいで暮らすカブトムシ虫などのほかに、幼虫が水中の岩や石の下に隠れて冬を越すホタルやトンボもいます。

　この時期は旧暦の８月15日ごろにあたり、古くから観月に好い時季とされ、公家や上級武士たちは月下に宴席を設け、詩歌を詠じました。民間では団子・芋・枝豆・クリなどを三方という儀式用の台に盛り、お神酒を供え、芒や秋草の花を添えて、月見を楽しみました。これを旧暦八月十五日の夜の月ということから「十五夜」、そして７月から９月までの秋３ヶ月の真ん中の月ということから「仲秋の名月」と呼びました。

●名付けの由来とエピソード

　蟄虫坏戸（虫隠れて戸を塞ぐ）の表現によく合う虫がアリです。成虫で冬を越すテントウムシ・カメムシ・ハチ・アリのうち、アリは寒くなってくると土中に潜り込み眠ったように動かなくなります。アリの体温は周りの温度とともに変わります。そのため冬になると体が冷えて動けなくなり、暖かい土の中や樹の皮の裏などでじっとしているのです。

　アリは夏や秋の間にたくさん餌を食べて体内に脂肪を貯め、冬の間は何

も食べません。アリが動かなくなるまで活発に出入りしていた巣穴への出入口であった戸口は、自然に土や砂がかぶさり塞がれてしまいます。翌年の春になり再び暖かくなるとアリは動きはじめ、その戸口を開けて外に出はじめます。それが蟄虫啓戸（巣籠もり虫戸を開く）です。

　ところで、ヘビ（蛇）やカエル（蛙）に見られるように、昆虫ではないのに虫偏がついている漢字が多くあります。その理由は、もともと虫という字自体が昆虫を表すものではなかったからです。中国で生まれた漢字の最古と言われる甲骨文にも虫という字が使われていますが、それは毒蛇のマムシのことであったと言われます。甲骨文とは、紀元前13世紀ごろに現れた占いのために亀の甲羅や鹿の骨に彫った文字のことです。

●自然の恵みと風物詩

　前述した仲秋の名月に欠かせないものがサトイモです。そのため仲秋の名月あるいは十五夜のことを「芋名月」とも呼びます。サトイモは１つの親芋から子芋、また孫芋とたくさんの芋が育つため子孫繁栄の縁起物とされ、お節料理にも使われます。ふつう親芋は食べずに子芋だけを食べるところから、サトイモをコイモ（子芋）と呼ぶ地域が多くあります。

　インド東部やインドシナ半島などの熱帯地方を原産地とするタロイモの仲間であるサトイモは、縄文時代に中国や南方地帯から日本に渡来したと伝わります。サトイモは、カロリーが低くてカリウムが多く、余分なナトリウムの排出を促すために、高血圧の改善に効果があると言われています。独特のぬめりは、ムチンとガラクタンという水溶性食物繊維で、胃腸を守る働きがあるとされます。

　この時期の代表的な魚の１つがサバです。サバの漢字は多くありますが、真鯖・真小歯・真狭歯・真青魚・真青花魚などと「真」を付けてマサバと呼ぶことが多いです。サバの歯は非常に細かいために「小歯」と呼んでいたのがサバになったという説もあります。

　大衆魚であったサバは鮮魚として利用されていただけではなく、古代においてはナレズシ（熟鮓）が生まれ、江戸時代には干しサバや塩サバなどの加工品が広く流通し、山間部における貴重なタンパク源としての役割を果たしました。最近では金華サバや関サバなど高級ブランドの高価なサバや養殖サバが出てきて、安魚というイメージは消えています。

　サバの旬は太平洋沿岸と日本海側で異なります。太平洋側では９月から

早春で、特に10月から1月にかけては、脂が乗った秋サバが出回ります。これに対して日本海側では、3月から4月あるいは5月ごろに脂が乗ると言われますが、他の時期にも脂の乗ったサバがいます。サバは、脂質の含有量が多く、DHA・EPAが豊かで、ビタミンA・ビタミンD・ビタミンB12などが多く、血合いには鉄分やカルシウムが含まれています。

●関連する年中行事と祭り

　毎年9月29日に近い土曜日と日曜日には東京都日の出町下平井地区の春日神社で「鳳凰の舞」が奉納されます。鳳凰の舞は、江戸の要素を含む「奴の舞」と、上方の「鳳凰の舞」で構成される全国でも珍しい民俗芸能で、「下平井の鳳凰の舞」として1953年に都の無形民俗文化財に、そして2006年には国の重要無形民俗文化財に指定されました。

　鳳凰の舞は、以前は雨乞いや悪疫退散の舞として奉納されてきましたが、明治時代に一度途絶えてしまいました。その後昭和時代の初期に復活し、地域住民による保存会によって伝承されてきました。奴の舞は15人ほどの小学生たちが白扇と木刀を手に、お囃子にのって舞い、その後太鼓に向かって、1人ずつ「えっへん」ではじまり「ほほ敬って申す」で終わる口上を述べます。鳳凰の舞は、鳳凰の冠を被った鳳凰役5人と、赤い頭巾を被った5人の総勢10人が、軍配を持ったリーダーの掛け声に合わせ、大太鼓の周りで勇壮に舞います。

　10月1日から5日まで京都の北野天満宮で開催される瑞饋祭は、初日に秋の野菜や穀物などでつくられた瑞饋御輿を西ノ京の北野天満宮御旅所に飾り、4日には北野天満宮までその御輿が氏子地域を練り歩く祭礼です。瑞饋御輿は「ずいき」の読みにちなんでサトイモの芋茎で屋根を葺き、御輿の四方の角を飾る瓔珞と呼ばれる装飾具や真紅という柱なども、その部材はすべて野菜や穀物で作られています。

　祭の始まりは平安時代にまでさかのぼるとされます。西ノ京に住む下級神職者が、秋の収穫期に五穀豊穣を感謝し、天神（雷神）として崇拝される菅原道真公を御祭神として祀る北野天満宮に、穀物や野菜を供えたのが始まりと伝わります。お供えする野菜や穀物の飾りつけは年々工夫を凝らしたものになっていき、約400年前にそれが御輿になり、瑞饋御輿の巡行が行われるようになったのは約200年前のことだそうです。

第Ⅱ部 二十四節気と七十二候 201

●わかりやすい英語による説明

From September 28th to October 2nd is micro-season #47 *Mushi kakurete to wo fusagu* "Insects Hole Up Underground." Insects like ladybugs, stink bugs, and bees sensing signs of winter, return to their nests in the soil and seal themselves up. Ants also burrow into the soil and become inactive as the temperature drops.

This period, around the 15th day of the eighth lunar month, is traditionally considered a good time for moon-viewing. Nobles and high-ranking samurai hosted banquets and composed poetry under the moonlight. Moon-viewing by common people included displaying pampas grass, autumn flowers, and offerings of rice dumplings, sweet potatoes, *edamame*, chestnuts, and sake. The seasonal event is also called *Imo meigetsu* "Taro Moon." The taro is an auspicious plant because it has many offspring tubers growing from a single parent symbolizing the prosperity of future generations. Taro, originating in eastern India or the Indochina Peninsula, was introduced into Japan from China during the Jomon period.

One of the representative fish of this period is mackerel, which was once considered a common fish. In the Edo period, dried mackerel and salted mackerel were widely distributed, becoming a valuable source of protein. Now mackerel, rich in nutirents, has become a specialty item.

On the Saturday and Sunday closest to September 29th, the Phoenix Dance is dedicated at Kasuga Shrine in Shimohirai, Hinode Town, Tokyo. The dance was originally offered as a rain-making prayer and to terminate epidemics. Ten people—five wearing phoenix crowns and five wearing red hoods—dance vigorously around a large drum.

From October 1st to 5th, *Zuiki matsuri* is held at Kitano Tenmangū Shrine, Kyoto. At the temporary shrine, palanquins with *zuiki* "taro stems" attached to their sides and roof are displayed. The four corners and pillars are festooned with decorations made from vegetables and plant matter. Later, the palanquins are paraded through the parish and returned to the main shrine.

❖二十四節気：秋分 *Shūbun* 末候❖

【第四十八候】水始涸　みずはじめてかるる

48th Micro-season: Water Begins to Dry Up（*Mizu hajimete karuru*）

●二十四節気における時期

　暦の上では10月に入り、秋も少しずつ深まりはじめます。新暦の10月3日ごろから7日ごろまでの期間を水始涸と呼びますが、農家が秋の刈り入れで忙しくなる時期を暗示する言葉です。水始涸は、水田に張られていた水を抜いて稲刈りに取りかかる時期を意味します。それは、見わたす限り黄金色に染まった田んぼで、たわわに実った稲穂を刈り取るという秋まっただ中の田園風景を思い浮かばせてくれる言葉でもあります。

　イネを刈る前に、田の水を流し去ること、またその水のことを落し水と言います。広大な土地にいくつにも分かれた水田の水が少しばかりの高低差を利用して、それぞれの田んぼを経由しながら、または直接に、農業用の水路（灌漑水路）に流れていくのを見ると、灌漑システムの素晴らしさやそれを考えた昔の人の知恵に驚き、また感動します。

　田んぼから水が抜かれると、いよいよ稲刈りが始まります。稲刈りがすべて終わった後の田んぼのことを刈田と言います。刈田には刈り取られた後のイネの株が残り、また新しく茎が出てきます。この茎のことを「ひつじ（穭）」と呼び、一面にひつじが萌え出た田んぼを「ひつじ田」と言いますが。ひつじ田は俳句や連句で秋を表す季語になっています。

●名付けの由来とエピソード

　我が国で栽培されるイネの多くは水田で栽培される水稲と呼ばれるものです。それに対して畑（水を入れない耕地）で栽培するイネを陸稲（おかぼ）と呼びます。水稲と陸稲の年間収穫量を比較すると圧倒的に水稲の方が多く、我が国では食用のコメのほぼすべてが水稲から収穫されていると言っても決して過言ではありません。

　水稲栽培が中国大陸から我が国に伝来したのは縄文時代でした。最初のころは河口などの湿地で、無肥料かつ直播で栽培されていました。イネは本来湿地に生える植物ですので、ほとんどの地域が温暖で雨も多く、温和な気候に恵まれている我が国には適した作物でした。弥生時代の中期には

第Ⅱ部　二十四節気と七十二候　**203**

イネの栽培のために作られた水田用のあぜや水路がすでに存在していたことが、発掘された遺跡などから明らかにされています。

　田の水を落とし、刈り取られたイネはまだ水分が多いため、一定量を束ねて稲架に掛け天日干しにします。稲架は、稲木または稲掛けとも言い、さらに地域によって「はで・はせ・はぜ」などという方言で呼ばれます。これを稲木干し、あるいは稲架掛けと言いますが、最近では稲架で天日干ししたコメが美味しいと再評価されるようになってきたそうです。稲架掛けや稲木干しはまさに瑞穂国日本の原風景と言えます。

●自然の恵みと風物詩

　秋はキノコの季節です。多くの種類のキノコが店頭に並びますが、最も知名度が高く人気のあるのはシイタケです。今では人工栽培が可能なため1年中手に入りますが、旬は3月～5月と9月～11月の2回あります。この時期のシイタケは肉厚で、旨味が凝縮されていて、香りも高く、焼く・煮る・揚げるなど、どのように料理しても美味しいです。

　シイタケは季節に関係なく発生するので「四季茸」と言われることがあり、それが訛ってシイタケになったとも言われます。しかし、椎の朽木に発生していたことから椎茸と呼ばれるようになったという説が一般的です。シイタケは江戸時代に豊後国（大分県）で見つかり栽培が始まったと言われます。シイタケの学名 *Lentinula edodes* には「江戸の」を意味する *edodes* というラテン語が入っていますが、これは1875年に英国の調査隊が東京で手に入れたシイタケを持ち帰ったことに起因します。

　露地栽培の植物で9月～10月が旬と言われるのがショウガ（生姜・生薑）です。中国経由で日本に渡来した野菜のうちで最古の部類に入るショウガは、はじめのころは生薬として、その後時代の変化とともに料理用の素材としても幅広く用いられるようになっていきました。香味野菜のショウガは根ショウガと葉付きショウガに分けられます。

　根ショウガは土ショウガとも言い、おろしたり刻んだりして薬味として用い、薄切りにしたものは梅酢につけて紅ショウガにし、甘酢に漬けたものをすしに添えたり、魚や肉の煮物に加えたりします。葉付きショウガは、酢取りショウガにして焼物などに添えます。中国料理では魚や肉の料理に、西洋料理では乾燥して粉末にしたものを料理や菓子に使います。

　ショウガは、身体を温める働きのほかにも、新陳代謝を促す働きや殺菌

作用もあり、風邪の予防にも効果があると言われます。ショウガの辛味成分には、白血球を増やして免疫力アップにつなげる働きがあることも知られています。昔から生ものにショウガを添えるという人間の知恵は、科学的にもその有効性が裏付けられていたわけです。

●**関連する年中行事と祭り**

　10月第1土曜日から3日間にわたり福島県二本松市本町の二本松神社で「二本松の提燈祭り」が開かれ、同神社の氏子7町内から太鼓台が繰り出して祭り囃子を競演します。太鼓台は、町により多少の違いはあるものの、間口1.7メートル、奥行2.3メートル、高さ3.5メートルで、車輪が4つ付いています。棟と欄間には彫刻を施し、金箔を張り、夜間には庇から上に枠を組んで提燈を約300個取りつけ、さらに屋根の上には7メートル前後の竹を立て、先端を割って8個の提燈を下げます。

　祭りではすべての提灯を灯し、鋲留大太鼓1張と締太鼓3個を取り付けたこの豪勢な太鼓台に笛方2～3名、鉦1名、鼓1名からなる囃子方が乗り込みます（鼓は用いない町内もあります）。大太鼓と笛は若連が、その他は中学3年生までの男子が奏でますが、演奏する曲数は町内によって異なり、いずれの曲目も奏でる時と場所が厳格に決まっています。

　九州長崎では、毎年10月7日から3日間にわたり400年の歴史を誇る諏訪神社の秋季大祭「長崎くんち」が町を挙げて盛大に開かれます。長崎くんちは、1634年に2人の遊女が諏訪神社神前に謡曲「小舞」を奉納したことがはじまりと言われます。1634年は長崎に、鎖国中の日本唯一の貿易地であった出島の造成が始まった年です。それ以来長崎奉行の援助もあり、奉納踊には異国情緒豊かなものが多く取り入れられるようになり、年毎に豪華絢爛な祭礼になっていきました。

　その年に奉納踊を披露する当番の町を踊町と言い、現在長崎市内に全部で58ヵ町存在し、7つの組に分けられています。奉納踊を出す当番は7年に一度回ってきます。国指定重要無形民俗文化財である奉納踊は、踊り・曳物・担ぎ物・通り物に分類でき、龍踊り・鯨の潮吹き・太鼓山（コッコデショ）などの演し物があります。「くんち」の語源は、旧暦の9月9日を重陽の節句として祝う中国の風習が伝わり、9日をくんちと読んだところにあり、それが祭礼日を意味するようになったそうです。

第Ⅱ部 二十四節気と七十二候 205

●わかりやすい英語による説明

Autumn gradually deepens, and the period from October 3rd to October 7th is the micro-season *Mizu hajimete karuru* "Water Begins to Dry Up," indicating the period when farmers become busy with the harvest. The water is drained from the rice fields and harvesting begins, ushering in the peak of autumn in the countryside.

Most of the rice cultivated in Japan is grown in paddy fields which produce larger yields. The cut rice stalks are bundled and hung on *haza* "drying racks" to remove excess moisture. This autumn scene is a quintessential image of Japan, which is known as *Mizuho no kuni* "Land of Abundant Rice."

Autumn is the mushroom season, which includes the well-known and popular shiitake mushroom. During this period, shiitakes are thick, packed with umami, and highly aromatic, making them delicious whether grilled, boiled, or fried.

From September to October, the ginger plant, which is among the oldest vegetables brought to Japan from China, matures. Root ginger is grated or chopped and used as a condiment, while stem ginger is pickled in vinegar and served with grilled dishes.

The Nihonmatsu Lantern Festival is held at Nihonmatsu Shrine, Nihonmatsu City, Fukushima Prefecture, for three days from the first Saturday in October. Drum floats from seven neighborhoods of the shrine's parish compete with festival music. These four-wheeled drum floats are decorated with bamboo poles about 7 meters tall erected on the roofs with eight lanterns hanging from its split ends.

In Nagasaki, Kyushu, the *Nagasaki kunchi matsuri*, boasting a 400-year history, is held at Suwa Shrine for three days starting October 7th. It is said to have started in 1634, and over the years, the festival became increasingly extravagant, incorporating many exotic foreign elements from the nearby port of Dejima, the only one opened during the Edo period. The term "*kunchi*" is derived from the Chinese-inspired Double Nines Festival (*Chōyō*), the ninth day of the ninth lunar month.

❖二十四節気：寒露 *Kanro* 初候❖

【第四十九候】鴻雁来　こうがんきたる

49th Micro-season: Wild Geese Return （*Kogan kitaru*）

●二十四節気における時期

新暦の10月8日ごろから12日ごろまでの5日間を鴻雁来と言います。鴻は「おおとり」と読み、大きなハクチョウや、同じく渡り鳥であるカモ科のヒシクイを意味します。

ヒシクイは全長75センチから1メートルの大きな鳥です。雁はカモ科の鳥のうちハクチョウ類を除いた大型のものの総称です。鴻雁は、秋に我が国に渡ってくるカモ科のガンの総称で、大きいものを鴻、そして小さいものを雁と分けていました。

鴻雁来は寒露の初候です。寒露は草や葉の上で、朝の光に輝いていた露が冷たく、寒々と見えるようになる時期を表します。このころに、ついこの前南へ去って行った夏鳥であるツバメと入れ替わるように、冬鳥であるガンがシベリアやカムチャッカから飛来しはじめます。宮城県登米市にある伊豆沼・内沼は冬季でも日最高気温が摂氏4度を超え、凍結がないため多くの冬鳥がこの時期に飛来して来ます。夕日に照らされた真っ赤な空を埋め尽くすように冬鳥が群れをなして飛ぶ光景は圧巻です。

●名付けの由来とエピソード

ガンは別称をカリまたはカリガネ（雁金）とも言い、特に詩歌に用いられます。昔から二十四節気の寒露とガンのつながりは深く、露のことを「雁の涙」あるいは「雁金の涙」と呼んでいます。露が多く降りるこの時期はちょうどガンが飛来しはじめる季節であり、露は空で悲しげに鳴くガンの涙が落ちて来たものとしたのでしょう。

もう一方の雁金ですが、「雁が音」とも書きガンの鳴く声やガンを図案化した紋所をも意味します。雁金紋は、漢の皇帝とその使節として敵地に赴いた武将にまつわる話がもとになっています。敵地に幽閉されたままの

第II部 二十四節気と七十二候 **207**

武将が10数年後にまだ生きていることを知った皇帝が、雁金の脚にその武将の手紙が結ばれていたという作り話で敵を欺き、武将を無事に取り戻しました。この故事から君臣の忠誠を、群れ飛ぶ姿から絆の重要性を、それぞれ象徴する紋として雁金紋は我が国の武家に多く使われました。

● **自然の恵みと風物詩**

この時期に最もおいしくなる魚にシシャモがあります。シシャモは柳葉魚と書きますが、これは神様が柳の葉を魚にしたものであるというアイヌの伝説に基づくものです。アイヌ語で柳を意味するススと葉を意味するハムで、ススハムがもとになっているそうです。シシャモは世界でも北海道太平洋岸にのみ生息する希少な魚で、スーパーなどで売られているカラフトシシャモは別種の魚です。この鴻雁来の時期から1ヶ月半ほどが、腹いっぱいに卵を満たした産卵のころでシシャモの旬になります。

8月末から10月中旬までが収穫時期の野性食用植物にアケビがあります。アケビは各地の低山地に自生し、大きな木にツルを巻きつけて成長します。紫色のサツマイモのような皮に包まれた果肉には小さな黒い種があります。アケビは、秋に実が大きくなり、皮が紫色になり熟しますが、完熟すると皮がぱっくりと自然に割れて、中の甘い実をのぞかせます。

日本・中国・朝鮮半島を原産地とするアケビの果肉は、乳白色のゼリー状で酸味はなく、素朴で優しい甘みがあります。アケビは、ツルに空洞があり、切って吹くと空気が通ることから、漢字で「木通」と書きますが、そのほかにも、通草・山女・丁翁などの漢字も使われています。

夏から秋にかけて果実が黄色く熟す落葉樹が、中国原産と言われるイチョウです。地球上で植物が繁茂していた1億5千万年前の植物の中でイチョウだけが現存し、ほかの植物はすべて化石となっています。そのためダーウィンはイチョウを「生きた化石」と呼んでいました。このイチョウの果実には特有の悪臭がありますが、その外皮を取り除いた殻の中にある淡い黄色の部分がギンナンで食用にします。

ギンナンは、良質なタンパク質・脂質・リン・ビタミンAを多く含み、滋養強壮に効果があると言われ、中国では不老長寿の健康食とされています。さらに、喘息の症状に対する鎮咳去痰作用など薬効があるとされていますが、一度にたくさん食べ過ぎると嘔吐やけいれんなどの中毒症状が現れることがあるとも言われ、注意が必要です。

●関連する年中行事と祭り

　10月9日から11日にかけて香川県琴平町にある金刀比羅宮では最も重要な神事である例大祭が行われます。神事は8月末から始まりますが、主要な祭典である宵宮祭・御本宮例祭・御神輿渡御は10月9日から3日間にわたり挙行されます。

　金刀比羅宮は金毘羅大権現・金毘羅宮・金毘羅さまとも呼ばれ、祭神は大物主神（オオモノヌシノカミ）・崇徳天皇です。もともとは金毘羅を祀り、船人に尊崇されていた神社でした。金毘羅とは、インドのガンジス川に住むワニを神格化した仏教の守護神で、航海の安全を守る神とされました。

　10月9日には本宮における宵宮祭が行われ、「八少女舞」が奏進されます。10日は本宮がある琴平山の麓に祭神が下りてくる「お下がり」の日です。夜になると御神幸の神事が行われ、毛槍や鳥毛を打ち振るう奴を先頭に、「お頭人さん」と呼ばれる乗馬の男児2人と駕籠の女児2人に導かれた、神馬1頭・神職・巫女・舞人・伶人・五人百姓・庄官など総勢約500名の平安絵巻さながらの神輿行列が、本宮から御旅所までの間で繰り広げられ沿道は数万人の参拝者や見物客で賑わいます。

　御旅所では行宮着御祭が行われ管弦の演奏と大和舞が奏進されます。翌朝11日には献馬式と東遊が行われ、午後からは金刀比羅舞と八少女舞が披露され、御旅所から本宮へ還幸着御後に祭典が終わります。

　静岡県掛川市にはかつての城下町であり宿場町であった面影を残すところが多くありますが、同地でこの時期に行われる掛川祭はその伝統文化を活かした祭りです。華やかに装飾された屋台が、威勢の良いお囃子とともに各町内を練り歩き、3年に一度の掛川大祭では日本一の大きさを誇る大獅子の乱舞など三大余興が披露されます。

　三大余興は、神輿渡御と御所車型をした屋台の曳き廻しに伴う旧城主から下賜されたという3頭の獅子が太鼓を叩きながら激しく舞う「獅子舞かんからまち」（瓦町）、総勢200人を必要とする日本一大きな獅子頭の勇壮な乱舞「仁藤の大獅子」（仁藤町）、そして威勢の良い掛け声が響き渡る「奴道中」（西町）です。奴道中は、第二次世界大戦前は「大名行列」の編成でしたが、戦後は奴道中のみで構成されることが多いようです。ただ大名行列が復活する兆しも見えるようです。

●わかりやすい英語による説明

The pentad from around October 8th to 12th, *Kōgan kitaru* "Wild Geese Return," is the first micro-season of *Kanro* "Cold Dew," when the dew on the grass and leaves sparkling in the morning light appears cold and clear. As the swallows and other summer birds leave for the south, geese and other winter birds arrive from Siberia and Kamchatka. Seeing these birds flocking together in the red evening sky is breathtaking.

During this season, *shishamo* (spirinchus lanceolatus) are the tastiest. The name written with characters that mean "willow leaf fish" is based on an Ainu legend. *Shishamo* is a rare fish that inhabits only the Pacific coast of Hokkaido. When their bellies are full of eggs, the prime season for *shishamo* begins and lasts about a month and a half.

Akebi (chocolate vine fruits, Akebia quinata), native to China, Korea, and Japan, are harvested from late August to mid-October. The fruit resembles purple sweet potatoes and contains small black seeds in a milky white jelly-like flesh with a mild, delicate sweetness.

The *ichō* (Ginkgo biloba) produces yellow fruits which contain the *ginnan* "ginkgo nut" from summer to fall. The *ichō* is the only survivor among plants that thrived 150 million years ago. Darwin called it a "living fossil."

The most important Shintō ritual, the *Reitaisai*, is held at Kotohira Shrine in Kotohira Town, Kagawa Prefecture. On October 9th, the *Yoimiya matsuri* is held at the main shrine, featuring the Eight Maiden Dance performance. On the night of the 10th, the deity's procession led by bearers of spears and feathered staffs is solemnly held. On the morning of the 11th, the Horse Offering Ceremony and the *Azuma asobi* ritual occur.

During this season, the *Kakegawa matsuri*, which showcases traditional culture, is held in Kakegawa City, Shizuoka Prefecture. Decorated floats parade through the town to lively festival music. The triennial Kakegawa Festival features the Great Lion Dance, one of Japan's largest lion dances.

❖二十四節気：寒露 *Kanro* 次候❖

【第五十候】 菊花開　きくのはなひらく

50th Micro-season: Chrysanthemums Bloom（*Kiku no hana hiraku*）

●**二十四節気における時期**

　寒露の次候は新暦では10月13日ごろから18日ごろまでの期間になります。10月も半ばになると日本列島は、大陸から進んでくる乾燥した空気を伴った移動性高気圧に広く覆われるようになり、さわやかな晴れの日が多くなります。この秋晴れの天気を「菊晴れ」と言います。キクの花が見頃を迎えるこのころに青空が晴れ渡ることです。

　このころには各地でキクの品評会や菊まつりが開かれますし、別名を「菊の節句」という重陽の節句は、平安時代には宮中の年中行事として、ちょうどこの時期から少し後の旧暦の９月９日（新暦では10月23日ごろ）に行われていました。宮中では、中国の故事に倣い、菊花酒を飲みながら歌を詠み、不老長寿を祈ったりしていたのです。

　キクの多くは秋に色や形ともにさまざまな花を咲かせるキク科の多年草で、約1500年前に中国で交配により生まれたものとされます。我が国には８〜９世紀ごろに渡来し、時代が下った江戸時代には観賞用のキクの改良が進み、盛んに栽培が行われようになり今日に至っています。キクの花は、サクラの花とともに、日本人には馴染みの深いものですが、キクの花や葉を描いた紋様は「菊の御紋」として皇室の紋章です。

●**名付けの由来とエピソード**

　キクは奈良時代から平安時代に中国から渡来し、当初は宮中や一部の上級公家の間で観賞用の花として、また延命長寿の薬としても、用いられていました。その後桃山時代になると白色だけだった菊の花に黄色や桃色といった新しい色が生まれるようになり、江戸時代にはさらに品質改良が進んで、今日見られるような我が国独自の多くの品種が生まれました。

　色とりどりのキクの花や、葉を衣装に見立てて飾りつけた人形、またはその人形をいくつもつくり歌舞伎の一場面などを再現して見せる見せ物のことを菊人形と言います。菊人形は江戸時代後半にはじまり、明治時代には東京の浅草や両国・大阪の枚方・京都の亀岡・福島の二本松などの菊人

形が有名で、多くの人たちが集まりました。菊人形展や菊の品評会がひとつになったものを「菊まつり」と言い、明治時代から各地で盛んに開かれるようになりました。

●**自然の恵みと風物詩**

キクは見て楽しむだけではなく、古くから漢方薬としても利用されてきました。キクには解毒作用があり、熱を冷まし、炎症を抑え、目や肌にも良く、頭痛・目の痛みや充血・めまい・耳鳴り・不眠・肩こり・胃弱などにも効果があり、血管拡張や血圧降下作用があるとされています。

刺身に添えられる飾りの小菊は彩りのためだけではなく、解毒作用もある食用菊です。食用菊では山形県産のものがよく知られていますが、特に香りが高く、美味とされているキクが紫色をした「もってのほか」という品種です。正式名称は「延命薬」ですが、品種の名は「天皇家の紋である菊を食べるのはもってのほか」というところから来ているそうです。お浸しや酢味噌和えにして食べると美味しいと言われます。

乾燥させた菊花をお茶として飲むと眼精疲労・頭痛・吹き出物などに良いとされます。また、それを枕に入れれば菊枕になり、風呂に入れれば菊湯となり、いずれの場合も精神を安定させる薬効があります。

古くから食用や薬として用いられてきた植物には甘酸っぱいザクロがあります。中東や地中海地域が原産のザクロは、果皮・葉・根・果実から採れる果汁や抽出物に多くの健康効果があることが知られています。例えば、抗酸化力・抗炎症作用・糖尿病予防・血管強化、高血圧予防・抗腫瘍効果・更年期障害改善・記憶力改善などがあげられます。

他にも、消化を助ける細菌の活性化を促進するなどの作用も確認されているザクロですが、皮ごと食べると下痢や吐き気、さらには目まいまで伴う食中毒を起こすので要注意です。

この時期を旬とする魚はハタハタです。ハタハタは、全長約20センチのやや細長い海水魚で、ウロコがなく日本海と北太平洋の深海に分布しています。秋田や山形でこの時期から獲れ始め、ブリコと呼ばれる卵塊ともに、淡白な味に人気があります。昔は豊漁で安価なタンパク源でしたが、今では希少になり高級魚に仲間入りをしていると言われます。

ハタハタは漢字で鰰あるいは魚編に雷と書きますが、これは神様であるカミナリが鳴り、イナズマが光り、海が荒れるとハタハタがよく獲れるか

らだと言われます。鰰の旁にある神はネに申と書きますが、申はイナズマが天空から地上に走る様子を模り、伸びるや天の神を表す象形文字です。なおカミナリの音読みは「神鳴り」からきていると言われます。

●関連する年中行事と祭り

　日本でいちばん古い菊まつりは、毎年10月下旬から11月下旬にかけて、日本三大稲荷の一つである茨城県笠間市の笠間稲荷神社を主会場にして開かれる「笠間の菊まつり」です。開催期間中は、艶やかなキクの花約1万鉢が市内全体に咲き誇ります。毎年好評の「菊人形展」は、その年のNHK大河ドラマの登場人物や時の人を取り上げ、その名場面を再現します。会期中には流鏑馬などさまざまな催しが開かれます。

　日本三大稲荷神社のひとつである笠間稲荷神社は、京都にある創建を711年とする本家の伏見稲荷神社よりも古く、651年に創建され1400年弱の歴史を誇る神社です。なお、日本三大稲荷神社は、同神社と伏見稲荷大社（京都市）、そして祐徳稲荷神社（佐賀県鹿島市）です。

　笠間稲荷神社では、1890年から「朝顔会」という朝顔の観察会が行われていました。これを基にして、1908年に当時の宮司が日露戦争で荒廃した人々の心を和ませようと、神社に農園部を設けて菊の花を展示したのが笠間の菊まつりの始まりでした。その後第100回開催を契機として、市民が参加して作り上げる大きな祭りへと発展しました。

　菊花開のはじめのころ10月13日には熊本県菊池市にある菊池神社で国の重要文化財に指定されている「菊池の松囃子」が行われます。松囃子とは、室町時代に始まった正月芸能で、新春に祝言を述べ、諸種の芸能を演じた民俗芸能です。松囃子は演じられる芸能から、仮装など風流系と能舞台で能・狂言を演じる能・狂言系統に分けられます。菊池の松囃子は、立烏帽子・直垂・大口袴・白足袋姿の舞人1名、袴姿の地謡方（人数不定）、袴姿の大鼓2名・太鼓1名の囃子方、および介添え役1名が、能・狂言を演じる松囃子として古風な面影を残すものです。

　その始まりは、菊池家15代当主の武光が、征西将軍として都から菊池に西下した後醍醐天皇の皇子懐良親王を迎え、正月に行われた年頭の祝儀として催されたものであったそうです。菊池家は平安時代から室町時代後半まで約450年間にわたって活躍した九州の強豪武士集団でした。

第Ⅱ部　二十四節気と七十二候　213

●わかりやすい英語による説明

The 2nd micro-season of *Kanro*, *Kiku no hana hiraku* "Chrysanthemums Bloom" falls from around October 13th to October 18th. *Kikubare* "fine chrysanthemum weather" refers to the clear blue skies when chrysanthemums bloom.

Chrysanthemums originated in China about 1,500 years ago and were introduced into Japan around the 8th century. They were initially used as ornamental flowers and longevity medicines in the court and among the upper nobility. *Chōyō no sekku* "Chrysanthem Festival" was traditionally celebrated on the 9th day of the 9th month of the lunar calendar. At the Heian court, people composed poems and drank chrysanthemum wine as prayers for longevity, following Chinese customs. During the Momoyama period, new colors such as yellow and pink were developed from the originally white chrysanthemum flowers.

Pomegranates, native to the Middle East and Mediterranean regions, are in season during this period. Their peels, leaves, roots, and juice have numerous health benefits.

Japanese sandfish (Arctoscopus japonicus) harvested in Akita and Yamagata from this time is popular for its mild flavor. In the past, sandfish were a plentiful and inexpensive source of protein, but due to their present rarity, they have become high-end fish.

Kasama Chrysanthemum Festival, Japan's oldest, is held from late October to late November at the Kasama Inari Shrine in Kasama City, Ibaraki Prefecture. During the festival, approximately 10,000 pots of vibrant chrysanthemums are displayed throughout the city. Various events, including *yabusame* "horseback archery", are also held.

On October 13th, *Kikuchi no matsubayashi* is performed at Kikuchi Shrine in Kikuchi City, Kumamoto Prefecture. *Matsubayashi*, which originated in the Muromachi period, retains an ancient style, featuring performers in traditional costumes, such as long caps and *hitatare* "ceremonial robes." The Kikuchi family was a prominent samurai clan active from the Heian to the late Muromachi period in Kyushu.

❖二十四節気：寒露 *Kanro* 末候❖

【第五十一候】蟋蟀在戸　きりぎりすとにあり

51st Micro-season: Crickets at the Door（*Kirigirisu to ni ari*）

●**二十四節気における時期**

　寒露の末候は蟋蟀在戸と言い、新暦の10月19日ごろから23日までの時期にあたります。秋の気配が濃くなっていくこのころになると、戸外で鳴く虫の声もだんだんと大きくなっていくような気がします。

　リーン、リーンと鳴くスズムシ、ギーチョン、ギーチョンと鳴くキリギリスのほかにも、チンチロリンと鳴くマツムシやコロコロ、コロコロリーンと鳴くコオロギなど、秋の夜長にうるさいほどまでに虫たちの合唱が始まります。虫たちは喉から声を出して鳴いているのではなく、翅を楽器としてすり合わせてあの美しい音を出しているのですから、合唱ではなく合奏と言うべきかもしれません。

　ところで、この候にある蟋蟀という漢字ですが、おかしなことにどの国語辞書で「コオロギ」を引いても、このキリギリスと同じ漢字で表記されています（ただし、漢和辞典では「蛩」の1番目の意味として「こおろぎ」が載っています）。その答えは辞書にも説明されているとおり、蟋蟀（コオロギ）は古い時代には秋鳴く虫の総称であり、また古くは「きりぎりす」と言っていた、というところにありそうです。

●**名付けの由来とエピソード**

　前項で述べたように、この候の蟋蟀が実際にはキリギリスを指すのか、それともコオロギを指すのかは不明です。中国生まれの七十二候を江戸時代の天文・暦学者渋川春海が日本の風土に合わせて修正した貞享暦（1685年）に記載されている七十二候では、この蟋蟀在戸は寒露の次候に置かれ、その読みがなも「こおろぎとにあり」となっています。

　現在のように寒露の末候となったのは宝暦暦（1755年）からで、蟋蟀在戸に「きりぎりすとにあり」と読みがなが付されるようになったのは略本暦（1874年）になってからです。蟋蟀はコオロギを意味し、古くはキリギリスと呼ばれていて、かつ秋に鳴く虫の総称でもありました。

　この蟋蟀在戸の由来は、中国最古の詩集である『詩経』（紀元前580年ご

ろの刊行と推定されている）にある農民の暮らしを詠んだ詩の一部にある
そうです。蟋蟀在戸は、初秋のころは野外で鳴いていた虫たちが、秋が深
まるにつけ、寒さをしのぐためにだんだんと人家に近づいてきて鳴いてい
る情景が目に浮かんでくるような四文字と言えます。

●自然の恵みと風物詩

　この時期に旬を迎える果物の１つに柿があります。カキの品種は富有・
次郎・西村早生・平核無など約20種類あり、その中でも生産量が多いのが
富有柿で、甘柿生産量の約80％を占めます。甘柿は13世紀に日本人が作り
出した我が国固有の品種と言われます。カキは中国で2500年前に栽培され
ていましたが、日本でも縄文時代には食用とされていたことが分かってい
ます。『古事記』（712年）や『日本書紀』（720年）にもカキは登場し、10
世紀のいくつかの書物にも加岐や賀岐という文字が見られます。

　カキには、血圧を下げアルコールを分解する作用があるタンニンや、皮
膚や細胞のコラーゲンの合成に不可欠なビタミンＣをはじめ、抗酸化作用
のあるβカロテンや、食物繊維などが豊富に含まれています。さらに、免
疫力の向上・美肌効果・腸内環境の改善などにも効果があるカキには、低
血糖状態を改善する果糖も多く含まれ、利尿作用のあるカリウムも豊富
で、二日酔いにも効果があると言われます。

　香りの良さと弾力に富んだその歯応えと、その味わいが秋の到来を感じ
させてくれるマツタケの収穫時期もこのころです。マツタケは希少で高価
なものになってしまいましたが、それは人々の生活の変化により松林が放
置され、雑木や雑草が生い茂りマツタケが発生する山が激減したことと、
松くい虫被害による大量のマツ枯れによるものです。

　栽培技術が発達した現代でもマツタケの人工栽培の方法は発見されてい
ません。これは、マツタケが生きたアカマツの根と共生しなければ成長で
きない「菌根菌」だからです。木材腐朽菌であるシイタケや腐植分解菌
と呼ばれるマッシュルームなどは、栽培が可能です。今後マツタケを人々
が求めやすいものにするためには、行政府が生産者と一体となってマツタ
ケが発生しやすいマツ林を蘇生する環境整備が欠かせません。

●関連する年中行事と祭り

　この時期の東京の風物詩と言えるのが、10月19日の夜に開かれる「日本
橋べったら市」です。べったら市は、江戸時代初期に日本橋の宝田恵比寿

神社の門前で恵比寿講の前日に開かれたものです。

　旧暦の10月は、全国の神様が出雲大社に集まりどこにも神様が居なくなる月で、神無月と呼ばれていました。しかし、恵比寿だけは留守神として残り、人々を守ってくれていました。人々はその恵比寿に感謝し、商売繁盛や家運隆盛を祈りました。それが恵比寿講のはじまりです。

　江戸では旧暦の10月20日に商家を中心に、店を休んで皆で恵比寿神社に参拝し、親類縁者を招き、奉公人にも酒や料理をふるまいました。恵比寿講の前日旧暦10月19日には恵比寿講で出される料理・食材・必要な道具類などを売る恵比寿講市が開かれました。

　江戸時代初期に日本橋大伝馬町の恵比寿講市で米麹が付いたままの浅漬けのダイコンである「べったら漬け」を売る屋台が出されました。それが今日に伝わる「べったら市」の始まりであると伝わります。

　この時期の後半10月22日の夜に京都市左京区鞍馬にある由岐神社で例祭「鞍馬の火祭」が行われます。その歴史は940年にさかのぼる古いものです。地震や戦乱などにより混沌としていた世上を憂いた当時の朱雀天皇が、天下泰平と万民の幸福を祈念して、京都御所に祀っていた由岐大明神を御所の北にあたる鞍馬に移し、北の守護神としました。

　鴨川の葦で作った松明を持った役人たちによる遷宮の長い隊列を、鞍馬の住民たちは、地主神八所大明神を神輿に乗せ、無数の松明を掲げて出迎えました。それが鞍馬の火祭りの由来であると伝わります。

　祭りは、午後6時に「神事にまいらっしゃーれ」という神事触れの声と同時に、各戸の玄関先に積み上げた篝（えじ）に一斉に点火してはじまります。幼少年が小松明を担いで練り歩き、燃えさかる大松明を担いだ若者たちが加わり、「サイレイ、サイリョウ」と繰り返しながら山門前へ向かいます。やがて太鼓の合図とともに「注連縄切りの儀」が行われます。

　その後、松明の祭りから神輿の祭りへと変わり、神幸の儀の後、八所大明神御神輿・由岐大明神御神輿の順で参道を下ります。神輿の上に鎧武者が乗り、後ろには綱がつけられ、坂や石段から急に降りないように町の乙女達が綱を引きます。神輿は氏子中を渡御し、御旅所へ向かいます。御旅所では御神楽が奉納され、翌23日午前中に2基の神輿が、御旅所から本殿へ戻る還幸祭が行われて、鞍馬の火祭は終わります。

第Ⅱ部　二十四節気と七十二候　**217**

●わかりやすい英語による説明

Kirigirisu to ni ari "Crickets at the Door" falls around October 19th to 23rd. As autumn deepens, the songs of insects chirping outside seem to grow louder. The name of the pentad "Crickets at the Door" is believed to originate in the *Shijing* "Book of Odes," the oldest anthology of Chinese poetry dating back to around 580 BCE.

Persimmons come into season at this time. They were cultivated in China 2,500 years ago and were known to be eaten during the Jomon Period. They are mentioned in the *Kojiki* and *Nihon Shoki*. There are about 20 varieties of persimmons, with Fuyū persimmons accounting for approximately 80% of the total sweet persimmon production.

Around this time, the harvesting season begins for *matsutake* mushrooms, known for their fragrance, rich texture, and taste. *Matsutake* have become rare and expensive due to neglected pine forests, overgrowth of weeds and other trees, and the widespread death of pines caused by pine sawyer beetles (Monochamus). Shiitake mushrooms and other varieties of mushrooms can be cultivated, but *matsutake* mushrooms require the restoration of pine forests where they can thrive.

A Tokyo seasonal tradition is the *Nihonbashi bettara* market held on the night of October 19th in front of Takarada Ebisu Shrine in Nihonbashi. On that evening, the *Ebisu kō* market is held, selling necessary items for inviting relatives and offering them food and drinks. In the Edo period, vendors in Nihonbashi Odenmachō started selling *bettarazuke*, a lighty-pickled daikon radish preserved with rice malt, hence the event's name.

On the night of October 22nd, the Kurama Fire Festival is held at Yuki Shrine in Kurama, Kyoto. This festival dates back to 940 and was established by Emperor Suzaku. During the festival, torches are lit at the entrance of each household. After a sacred rope is ritually cut, a procession of sacred palanquins and giant torches parade throughout the tiny mountain village. The festival concludes with the palanquins returning to the main shrine on the morning of the 23rd.

❖二十四節気：霜降　Sōkō　初候❖

【第五十二候】霜始降　しもはじめてふる

52nd Micro-season: Frost Begins to Fall（*Shimo hajimete furu*）

●二十四節気における時期

　霜は、晴天無風の夜から明け方にかけて、地表面付近の気温が氷点下になった時に、空気中の水蒸気が地表や地上にある物に接触して昇華し、白色の氷の結晶となったものです。また、窓ガラスの表面や冷凍庫などの内部に付着する氷の結晶も霜と呼んでいます。

　霜が降りる条件は気温が摂氏4度以下になった時と言われます。この霜始降は新暦で10月24日ごろから28日ごろまでの時期を表しますが、この時期に気温が摂氏4度以下になるのは、北海道や東北地方、また山間部です。都市部でその程度まで気温が下がるのは11月下旬から12月初旬ですので、二十四節気「霜降」の初候「霜始降」のとおり、実際に初霜が降りるのはまだ先のことになります。

　霜は大地の表面だけではなく、草花や木の葉にも降ります。よく晴れた夜の翌朝に霜ができやすいのですが、土・草花・木の葉が氷の結晶をまとい、朝日を浴びてキラキラと輝いている姿を眺めるのは楽しいものです。しかし、その楽しみを味わうことができるのも早朝のいっときだけで、少し暖かくなってくると霜はすぐに消えてしまいます。

●名付けの由来とエピソード

　霜は、表題のとおり、「降りる」と言いますが、これは昔の人々は霜も雨や雪と同じように空から降ってくるもの、降りてくるものと考えていたからだと言います。また、霜は露が白く凍ったものであるとも考え、さらに草木を萎えしぼませるものとも思われていました。霜が降る時期を過ぎれば、やがて氷が硬く張る厳しい時期が来ることを経験から知っていた昔の人々は、霜を災難の前の小さな兆候ともみなしていたようです。

　秋の末に降りる霜を「秋の霜」と呼びますが、秋の霜は農作物に多大な

第Ⅱ部　二十四節気と七十二候　219

被害を及ぼす厳しいもので、この被害を霜害と言います。野菜の中には、自己防衛力を発揮して、厳しい寒さに対応する野菜類もあります。冬の野菜は90％以上が水分のため、気温が氷点下に下がると凍ってしまいかねません。そこで、霜が降りるほどの気温にさらされたホウレンソウやハクサイなどは、自分たちが細胞内にため込んでおいたデンプンを糖分に換えて凍結を防ごうとします。厳寒期の冷たい空気に野菜をさらすことを「寒じめ」と言いますが、寒じめされた野菜が甘いのはそのためです。

●**自然の恵みと風物詩**

　秋の霜が降りるころに北海道や東北で、産卵のために川をのぼってくるサケを秋味、あるいは秋鮭と呼び、特に川にあがる前に沖合で漁獲されるものが上級品種とされます。サケは、本州中部以北・朝鮮半島・極東ロシア・アラスカ・カナダ・米国カリフォルニア州に分布しているサケ科の硬骨魚ですが、カラフトマスなどサケ科サケ属魚類の総称でもあります。その語源は、アイヌ語のサキペ（夏の食物）と言われます。

　産卵前で身が締まっている秋味は、白子や卵の成長のために体脂肪が使われ、脂は少なめであっさりしています。そのため、塩焼き・ムニエル・オーブン焼き・ホイル焼きなどの焼き物や、大根との炊合わせ・シチューなど多様な料理に向いています。

　サケには良質なタンパク質が多く含まれている上に、記憶能力の向上や、動脈硬化・心筋梗塞・脳梗塞・糖尿病など生活習慣病の予防効果があるとされるEPAとDHAも豊富です。さらにコレステロールの代謝促進や肝臓の機能強化に効果があるとされるタウリン・抗酸化機能（老化抑制）があるアスタキサンチン、なども豊富に含まれています。

　この時期に収穫されたばかりの蕎麦を新そばと呼びます。新そばは、香りが高く、風味が良く、蕎麦本来の香りや風味を楽しむことができます。新そばとそばの違いは、収穫したてであるかどうかです。蕎麦は、種をまいてから90日ほどで収穫できる成長の早い植物で、ふつう夏と秋の２回収穫され、それぞれ夏そば・秋そばと呼ばれますが、多くの場合「新そば」と言えば秋そばを指します。

　新そばの特徴は、色・味・香りが格段に優れていることです。それは、新そばが夏の太陽をたっぷりと浴びて育ったためであり、小さなそばの実一つひとつに、そば特有の風味とこうばしい香りが詰まっているからで

す。蕎麦の実は時間とともに劣化しますが、収穫後１～２ヶ月で出回る新そばは風味が劣化する間もない状態で食されるという利点もあります。

●関連する年中行事と祭り

この期間内である10月25日に近い金・土曜日に、島根県出雲市大社町大土地荒神社の例大祭があり、境内に作られた舞座と呼ばれる舞台の上で重要無形民俗文化財である大土地神楽が舞われます。多くの神楽が神職にある者によって舞われるのに対して、この神楽は同神社の氏子たちによって舞われるという特徴があり、約300年の歴史を誇るものです。

大土地神楽は出雲神話を主題とした神楽舞で、七座と呼ばれる塩清目・悪切・神降ろし・莫蓙舞・八乙女などの仮面を付けない儀式的な舞と、八千矛・山の神・猿田彦・日本武・八戸など仮面を付けて踊る演劇的な舞を、江戸時代中期から地域の人びとが演じてきたものです。神職者による神楽では成人が演じる役を、ここでは小学生の男女や未就学児童の女子たちが担当し、共演者の成人が子どもを導くように演じます。

同じころの土・日曜日には愛知県蒲郡市で、同じく300年ほどの歴史を有する三谷祭が開かれます。三谷祭は、三谷町の産土神である八劔神社と若宮神社の例祭で、２日間にわたり町内各６区で奉納踊りがあり、本祭の日曜日には、４台の山車が八劔神社前に勢揃いします。それぞれに特徴がある４台の絢爛豪華な山車を、半裸の氏子たちが曳き廻し２つの神社の間を練り歩いた後、海に曳き入れ300メートルにわたって海を進む迫力満点の海中渡御が行われます。

三谷祭の起源は、今から300年ほど前の江戸時代中期、1696年（元禄９年）８月の或る夜のできごとにさかのぼります。三谷村の庄屋を務めていた武内佐左衛門という男が、その夜に不思議な夢を見ました。その夢は「この郷の産子神である八劔大明神が、村の東辺の若宮八幡（若宮神社）へ渡御なされた」というものだったそうです。

これはまさしく神のお告げであると信じた庄屋は、早速に神輿を設え、重陽の節句である９月９日に神幸の儀式を執り行いました。これが現在まで続く三谷祭のはじまりであったと言われています。なお、神幸とは、祭事や遷宮などで神体がその鎮座する神社から他所へ赴くことです。

第II部　二十四節気と七十二候　221

●わかりやすい英語による説明

Shimo hajimete furu "Frost Begins to Fall" is from October 24th to October 28th. Frost forms when the temperature drops below 4 degrees Celsius, but such temperatures are typical only in Hokkaido, the Tōhoku Region, and mountainous areas during this period. In urban areas, low temperatures are usually not seen until late November or early December. Frost Begins to Fall is still some time away.

Winter vegetables, which are over 90% water, are at risk of frost damage when temperatures drop below freezing. To prevent this, vegetables like spinach and Chinese cabbage convert the starch stored in their cells into sugars and are, therefore, very flavorful.

Around the time when autumn frost begins to fall, salmon（Salmonidae family）start their journey upriver to spawn in Hokkaido and the Tohoku Region. Autumn salmon are firm because their body fat is used for producing milt and eggs, making them less fatty and suitable for various cooking methods such as grilling, sautéeing, baking, and braising.

Freshly harvested buckwheat "*shin soba*" is also in season. Buckwheat, a fast-growing plant that can be harvested about 90 days after sowing, is typically harvested twice a year, in summer and autumn. *Shin soba* usually refers to autumn buckwheat, which has superior color, taste, and aroma, resulting from ample summer sunlight.

Ōdochi Kōjinja's annual festival is held around October 25th in Taisha Town, Izumo City, Shimane Prefecture. The *Ōdochi kagura*, unlike most *kagura* "sacred dances" that are performed by Shinto priests, is presented by the shrine's parishioners. Children appear in the *kagura* with adults guiding them during the performance.

The *Miya matsuri*, which dates back to around 1696, takes place in Gamagōri City, Aichi Prefecture. The festival, the annual celebration of Yatsurugi Shrine and Wakamiya Shrine, features offertory dances and a procession of four lavish floats. These floats are drawn through the town and pulled into the sea for a 300-meter marine procession.

❖二十四節気：霜降　*Sōkō*　次候❖

【第五十三候】霎時施　こさめときどきふる

53rd Micro-season: Light Rains Fall Occasionally（*Kosame tokidoki furu*）

●二十四節気における時期

　10月が終わり、旧暦で霜月あるいは霜降月と呼ぶ11月に入るころの5日間、すなわち新暦の10月29日ごろから11月2日までの期間を霎時施と言います。この時期になると、小雨がよく降り、一雨来るごとに気温が下がって行き、冬の到来が近いことを肌で感じるようになります。

　「霎」は、小雨や霧雨、また「ポツポツ、パラパラ」という雨の擬音、そして「しばし」とか短い時間、などを意味する漢字です。この時期の雨は、短い時間に降り、そして止む単発的なものが多く、それを秋時雨と呼んでいます。時雨は「過ぐる」から出た語であり、さっと降ってすぐ止む晩秋から初冬にかけての一時的な通り雨を意味します。

　その意味からすると「秋時雨」とするのは冗長のようですが、晩秋の候となり、冬を迎えるころに時々降る小雨という意味合いを強調するために付けられた名前と言えます。時雨は、人や動植物にそろそろ冬支度をはじめるようにと促す合図なのかもしれません。

　時雨には昔から多くの別名あるいは異称がありますが、それは日本人が雨に対して抱く感情が豊かであることを示すものです。よく言われることですが、雨を表す言葉の数の多さでは日本語が突出しています。

●名付けの由来とエピソード

　時雨の異称には、時間や状況により名付けられた初時雨・朝時雨・夕時雨・小夜時雨・片時雨・村時雨、などがあります。小夜時雨は夜に降る時雨のこと、片時雨は、一方では時雨が降り、一方では晴れていること、そして村時雨は、ひとしきり強く降って通り過ぎる雨のことです。時雨ではないのですが、秋らしさを表す言葉の1つに「木の実時雨」があります。これは、木から木の実が落ちる様子やその音を意味します。

　雨を表す言葉の数では日本語が突出していると述べましたが、その雨を「絵に描く」という点においても日本は時代の最先端を行く国でした。西洋絵画の歴史は何世紀にも及びますが、「雨を描く」という発想は存在せ

第Ⅱ部　二十四節気と七十二候　223

ず、それをはじめて試みて、なおかつ成功させたのは浮世絵師の安藤（歌川）広重（初代）でした。広重は、『名所江戸百景』（1856～1858年）の1つ「大はしあたけの夕立」という浮世絵の中で、雨を1本ずつ描き込んで夕立を表したのです。この作品は、その後ゴッホが油絵で模写したことで有名になり、欧米の人々を驚かすことになりました。

● **自然の恵みと風物詩**

前項で説明した木の実時雨ですが、「きのみ」あるいは「このみ」と呼ばれる木の実といえば、ドングリやクルミを思い浮かべます。ドングリは、カシ・クヌギ・ナラなどの果実の俗称で、椀状の殻斗が下半分を包み込んでいるものです。日本には約20種類のドングリがあると言われます。木から落ちる前、また落ちてから間もないドングリの色はエメラルドグリーン（種類にもよる）をしていてとてもきれいです。

クルミはクルミ科クルミ属の落葉高木の総称です。幹はウォールナットの名称で知られ、世界の三大銘木の1つです。果実は食用で、我が国に自生し、かつ栽培されているのはオニグルミです。クルミの語源は、その硬さに由来する「凝る実」や黒い色を意味する「黒実」などがあります。先史時代から食用にされていたと言われ、脂肪分が多く、洗って乾燥保存すると2年近く貯蔵できるため、山村では貴重な食料でした。

これまでこの「自然の恵みと風物詩」という項で、何度も使用してきた「旬」は、「魚介・野菜・果物などがよくとれて味の最も良い時」と定義されます。しかし、「味の最も良い時」が年に複数回ある魚介類もいます。その代表が、喉が黒いことからノドグロと呼ばれているスズキ科の暖海性海水魚のアカムツです。アカムツの名は、魚体の色が赤いこと、そしてその身が「むつこい（脂っこい）」からきています。

ノドグロの旬は、産卵のために脂を体に蓄える6月から10月、そして海水温度が下がりはじめ、そのため脂肪を体内に整えて寒さをしのぐようになる秋から冬にかけての時期、と年に2回あり、そのいずれの時期においてもノドグロは大変美味しくなると言われます。

● **関連する年中行事と祭り**

毎年10月29日に愛媛県宇和島市野川の宇和津彦神社で秋祭りが行われます。宇和津彦神社は、仙台藩から分家した宇和島初代藩主の伊達秀宗が城下町を整備する際に一宮と定めた由緒ある神社です。例祭では、神輿の渡

御や牛鬼などが町を練り歩き、八ツ鹿踊りの奉納も行われます。

　牛鬼は、青竹で牛の胴体を編み、布やシュロで全身を覆い、長い首の先に和紙で作った張り子製の頭を付けたものです。頭には2本の角があり、額には月輪もしくは日輪の前立があり、口を大きく開き、舌をむき出し、牛とも鬼ともつかない恐ろしい形相をしています。この牛鬼を大勢の氏子が担ぎ上げ、神輿行列を先導します。

　八つ鹿踊りは、初代藩主とともに宇和島に移住してきた人々が伝えたものと言われます。踊り手は、張り子製の鹿頭の面をかぶり、その面から垂れた布で上半身を覆い、太鼓を前に抱えて打ちながら歌い踊ります。

　記録によると、江戸時代から昭和初期までは人形を乗せた豪華な屋台（練車）が各町から出ていたようですが、戦災等により廃れ、現在は牛鬼・八つ鹿踊り・獅子舞・巫女の舞などで祭りが盛り上がります。

　毎年11月1日から3日まで、岩手県西磐井郡平泉町で「秋の藤原まつり」が開催されます。この祭りは、春に開かれる「春の藤原まつり」に対応するもので、11月1日に中尊寺で営まれる藤原四代公追善法要から始まります。中尊寺での法要にはかわいらしい稚児行列が花を添え、野外能楽堂では「中尊寺能」が奉納されます。

　また、同町内にある毛越寺の境内にあたる浄土庭園では、優雅な「延年の舞」が舞われます。延年の舞とは、追善供養などの法会のあとに催される歌舞の総称ですが、毛越寺には田楽踊・路舞・祝詞・老女・勅使舞など10数番が伝承されています。この毛越寺に残る延年の舞は、850年に慈覚大師が同寺を開山して以来続く常行三昧の修法とともに、国の重要無形民俗文化財に指定されています。

　祭りの中心となる毛越寺には、平安時代後期から鎌倉時代初期にかかる藤原氏二代基衡と三代秀衡の時代に多くの伽藍が造営されました。往時には堂塔40、僧坊500を数え、中尊寺をしのぐほどの規模であったといわれています。しかし、奥州藤原氏滅亡後に、度重なる災禍のためすべての建物が焼失してしまいました。しかし、浄土庭園と平安時代の伽藍の遺構がほぼ完全な状態で保存されており、国の特別史跡・特別名勝の二重の指定を受けています。1989年には平安様式の新本堂が建立されました。

第Ⅱ部 二十四節気と七十二候 225

●わかりやすい英語による説明

The period from October 29th to November 2nd is called *Kosame tokidoki furu*, "Light Rains Fall Occasionally." With each intermittent rain, the temperature drops, making one feel the approaching winter. The rain is short-lived, stopping and starting quickly, and is referred to as autumn shower "*aki shigure*."

The idea of depicting rain was attempted and successfully executed by the ukiyo-e artist Utagawa Hiroshige in his well-known work *Sudden Shower over Ohashi Bridge and Atake*, where he captured a rainstorm by depicting rain with thin lines.

In autumn, nuts form on various trees, such as acorns on oak, beech, and chestnut trees. Japan has about 20 types of acorns. Nuts such as the cultivated Japanese walnut have been used as food since prehistoric times due to their high fat content. They can also be stored for nearly two years, making them a valuable food source in mountain villages.

The term "*shun*" means the time when seafood, vegetables, and fruits are in season and taste the best. Blackthroat seaperch (Doederleinia berycoides), however, is in season twice a year: from June to October, when it accumulates fat for spawning, and from autumn to winter, when the seawater temperature begins to drop and the fish stores fat to withstand the cold.

On October 29th, Uwatsuhiko Shrine, Uwajima City, Ehime Prefecture, holds its autumn festival, which features a procession of portable shrines and *ushioni* "cow demon," parading through the town. The offertory *Yatsushika odori*, in which dancers wear papier-mâché deer masks, is said to have been started by people who moved to Uwajima with the first lord of the domain.

The Autumn Fujiwara Festival is held in Hiraizumi, Iwate Prefecture, from November 1st to 3rd. This festival begins with the memorial service for the four generations of the Fujiwara family held at Chūsonji Temple on November 1st. This service includes a charming procession of children and the Chūsonji nō performance.

❖二十四節気：霜降　*Sōkō*　末候❖

【第五十四候】楓蔦黄　もみじつたきばむ

54th Micro-season: Maple and Ivy Leaves Turn Yellow（*Momiji tsuta kibamu*）

●二十四節気における時期

　国民の祝日「文化の日」の11月3日ごろから11月7日ぐらいまでの5日間を楓蔦黄と呼びます。楓は、本来カエデとは別種の中国大陸また台湾に自生する落葉高木ですが、この漢字はカエデ科カエデ属の落葉高木の総称としても用いられてきました。蔦は蔓性樹木の総称またブドウ科の落葉蔓性樹木で、紅葉が美しく塀や家屋の壁に枝や葉を這わせます。

　楓蔦黄3文字の最後になる黄ですが、モミジ（奈良時代にはモミチと清音）は奈良時代には「黄葉」と書く例が多く、「紅葉」と書くようになったのは平安時代以降だと言われます。黄葉は、秋に葉が黄色に変わることであり、かつその葉を意味します。葉緑素が分解し、黄色色素（カロテノイド）が残るため起きる現象で、イチョウなどによく現れます。

　紅葉の見頃はこの楓蔦黄の時期をはさみ、地域差はありますが、10月上旬から11月下旬ごろまでです。紅葉の見頃と気温は相関関係があり、朝の気温が摂氏8度ぐらいになると葉が色づきはじめ、摂氏5度ぐらいまで下がると紅葉が急速に増えると言われています。

●名付けの由来とエピソード

　モミジは、主に秋に木の葉が赤や黄色に色づくこと、そして「もみじば（紅葉・黄葉）」を意味しますが、カエデの別称でもあります。我が国では古くから紅葉・黄葉する木をモミジと呼んできましたが、海外ではカエデとモミジの区別はなく、どちらもメープル（maple）と呼ばれます。

　植物学上からもカエデとモミジは同じ植物なのですが、我が国では葉の大きさや形でそれぞれを呼び分けてきました。大きめの葉で葉の切れ込みが浅いものをカエデ、葉が小さめで深い切れ込みがあるものをモミジと呼びます。鮮やかに赤く色付いた葉もモミジと呼びます。紅葉を「こうよう」と読む場合は、緑の木々が赤や、橙色や、黄色に色づいている様子を表します。カエデは葉の形が蛙の手に似ることから付いた名前です。

　モミジの語源は次のようなものであったとされます。古代には花を揉み

出して得た色で布を染めていました。その工程が、木の葉が黄色や赤色に色付いていく過程に似ているため、それを「揉み出ず」と表現したのです。それが時代を経て「もみつ」に変わります。「もみつ」は『広辞苑』にも「（上代語）紅葉・黄葉する」と定義され、「紅葉つ・黄葉つ」と表記されています。その後、その名詞形である「もみち」が生まれました。

「もみち」はやがて濁音化し、「もみぢ」が長い間にわたり使用されていましたが、戦後の内閣訓令告示「現代かなづかい」（1946年）と同「現代仮名遣い」（1986年）により「もみじ」になりました。

●自然の恵みと風物詩

秋に果実がきれいに色付く果物にリンゴがあります。中央アジアのコーカサス地方を原産地とするリンゴは、約4000年前にすでに栽培されていたと言われます。16～17世紀には欧州各地に広まり、欧州から米国へ渡った移民たちがリンゴを現地に持ち込み、品種改良を繰り返しました。

そのような歴史を持つリンゴが日本に導入されたのは明治維新直後の1871年で、政府は全国に米国産の苗木を配布し、国内で広く栽培されるようになりました。リンゴの種類は豊富で、味・色・形などさまざまであり、世界には約1,500種、日本では約2,000種類が栽培されています。

英語のことわざに「1日1個のリンゴで医者知らず（An apple a day keeps the doctor away.）」があります。これはリンゴがカリウム・リンゴ酸・ビタミンC・ポリフェノール・食物繊維を豊富に含み、高血圧・貧血・動脈硬化・花粉症・アトピー・血糖値の急激な上昇などを防ぎ、鉄分の吸収を高めるという優秀な健康食品であることを示すものです。

栄養価の高い野菜といえばニンジンですが、ニンジンの色はカロテンによるものです。カロテンは体内でビタミンAに変化するため、ニンジンを50グラム食べると、健康な生活に必要なビタミンAの1日分を取ることができます。ニンジンには、体内の塩分を排出し高血圧を予防するカリウムや便秘を解消し、血糖値の上昇を抑える食物繊維も含まれています。この身近な健康野菜であるニンジンの本来の旬は9月から12月ごろですが、現代では年間を通して栽培されています。彩りも鮮やかで甘みのあるニンジンは、菓子やジュースにも適した万能野菜と言えます。

この時期を旬とする魚にボラがあります。ボラは、ボラ目ボラ科に属する海水魚で、全長は平均で50センチ前後、最大で80センチ程度に成長しま

す。一時期水質環境が悪化し、ボラは臭いという評判が立ちましたが、ボラは本来とてもおいしい魚です。最近では海外や日本でも、養殖魚として重宝される魚種の1つになってきました。

ボラは、ムニエル・フライ・唐揚げのように揚げてもよし、鮮度の良いものは生のまま刺身・漬け丼・カルパッチョにもよしの魚ですが、その卵巣を塩漬けして干したカラスミでも有名です。日本三大珍味の1つに数えられるカラスミは、脂質が多くチーズのような食感が楽しめます。

●関連する年中行事と祭り

楓蔦黄の時期前後のほぼ1ヶ月間は、毎年各地で「もみじ祭り」が開かれます。その中でも京都の嵐山で毎年11月の第2日曜日に開催される「嵐山もみじ祭」がよく知られています。京都の「嵐山」は、数ある紅葉の名所の中でも、栃木県の「日光」と大分県の「耶馬渓」とともに、「日本三大紅葉名所」の1つになっています。

「嵐山もみじ祭」は、渡月橋からも眺めることができる大堰川とその川岸で、平安貴族たちが楽しんだ雅な舟遊びを再現します。観客は、昔ながらの平安管弦楽などの演舞を鑑賞したり、平安衣装を身に付けて平安時代にタイムスリップしたりすることもできます。

嵐山には、京都五山の一位として栄えた名刹で、世界遺産「古都京都の文化財」のひとつ天龍寺があります。秋になると同寺の境内にある数多くの木が紅葉し、嵐山の景色と合わせて素晴らしい景観を楽しめます。また同寺の塔頭の1つであり、嵐山の景観を取り入れた借景式庭園で有名な宝厳院では、カエデやイチョウなどが見事に色づきます。赤黄色のモミジがライトアップされて輝く美しさは筆舌に尽くし難いものです。

この時期に全山が紅葉に染まる神奈川県箱根では、11月3日の文化の日に、江戸時代に全国の大名が、徳川幕府の命令で、江戸と自藩を往復していた参勤交代のための大名行列がきらびやかに再現されます。「下に～、下に～」という掛け声とともに、毛槍を振る露払いを先頭にした、総勢170余人からなる本格的な大名行列が、旧東海道を練り歩きます。

この「箱根大名行列」は、箱根町観光協会の前身の箱根振興会が1935年に箱根湯本で開いた観光博覧会の一部の余興として始まったものですが、格式11万3千石の小田原藩の大名行列を模した本格的なものです。

●わかりやすい英語による説明

The five days from around November 3rd to November 7th are called *Momiji tsuta kibamu* "Maple and Ivy Leaves Turn Yellow." The best time to see the autumn leaves is generally from early October to late November, depending on the region. The leaves change color when morning temperatures drop to around 8 degrees Celsius, and the color change accelerates as temperatures drop to about 5 degrees Celsius.

One of the fruits that ripen in autumn is the apple. Originating in the Caucasus region of Central Asia, apples were already being cultivated about 4,000 years ago. They were introduced into Japan in 1871 and now 2,000 varieties out of 7,500 varieties worldwide are grown.

Carrots are a nutritious vegetable with an orange color derived from carotene, which the body converts to vitamin A. While originally harvested from September to December, carrots are now grown year-round.

During this season, mullet (Mugil cephalus) is enjoyed in various dishes, such as meunière, fried, or *karaage*. Fresh mullet can also be served as sashimi, marinated, or carpaccio. Salted and dried mullet roe is considered one of Japan's top three delicacies.

Arashiyama in Kyoto, Nikko in Tochigi Prefecture, and Yabakei in Oita Prefecture are considered Japan's top three autumn foliage spots. During the Arashiyama Momiji Festival, held on the second Sunday of November, elegant, Heian-era, aristocratic boating activities are reenacted on the Oi River. Tenryūji, one of the UNESCO Historic Monuments of Ancient Kyoto, is located there. Hōgon-in, one of Tenryūji's sub-temples, is renowned for its borrowed scenery garden. Illuminated at night, the colored leaves there are indescribably beautiful.

In Hakone, Kanagawa Prefecture, the Hakone Feudal Lord's Procession is held on November 3rd. This event reenacts the grand processions of feudal lords traveling between Edo (Tokyo) and their domains as mandated by the Tokugawa shogunate.

❖二十四節気：立冬 *Rittō* 初候❖

【第五十五候】山茶始開　つばきはじめてひらく

55th Micro-season: Camellia Begins to Bloom （*Tsubaki hajimete hiraku*）

● 二十四節気における時期

　立冬は、暦の上で冬が始まる日です。二十四節気上では、この日から翌年の２月はじめに終わる大寒まで冬を６つに分けた最初の節になります。換言すれば、この日を迎えて冬の季節が始まるわけです。
　その初候が山茶始開で、新暦の11月８日ごろから12日ごろまでの５日間になります。山茶は、山野に自生する茶の木を意味するほか、ツバキの漢名（中国での名称）でもあるため、本候の読み仮名も「つばきはじめてひらく」となっています。しかし、秋から冬にかけて咲くツバキ科の花と言えばサザンカ（山茶花）ですので、ここで言う山茶はサザンカのことでしょう。サザンカの開花は、秋への別れと冬の到来を意味します。一方、ツバキの開花時期は早春の２月ごろとなります。

● 名付けの由来とエピソード

　早春に白やピンクや、赤い花を咲かせるツバキはツバキ科の常緑高木数種の総称です。その特徴は、葉の表面が艶やかでツルツルしていることと、花びらと雄蕊がしっかりとくっついていることです。外見上はよく似ているサザンカは、花びらと雄蕊のくっつき具合がゆるやかで、そのため、サザンカの花びらは１枚ずつバラバラにヒラヒラと散るのに対して、ツバキは、花も花を支えている部分も一緒にポトンと落ちます。
　ツバキは、葉に艶と厚みがあり、そのため昔は「艶葉木」と呼ばれていて、それが転訛してツバキになったという説もあります。サザンカは、ツバキよりも２～３ヶ月早く花が咲き、寒さの厳しい真冬の中でも花を咲かせるところから、神社仏閣の境内や庭園の樹木、あるいは茶室の露地周りの庭木として好まれてきました。

第II部　二十四節気と七十二候　**231**

　古くから日本の各地に自生するツバキの木は、堅くて緻密なため農工具の柄や印鑑の材料にも使われてきましたし、かつ良質な薪炭材でした。ツバキの種子を精製して食用または美容用の椿油がつくられます。漢語（中国語）の椿（チン）は、ツバキとは別種のセンダン科の落葉高木で香椿（チャンチン）と呼ばれます。

● **自然の恵みと風物詩**

　秋から初冬にかけて吹く、強く冷たい風を木枯らしと言います。木を吹き枯らすほどに強く、また冷たい風というのが語源です。気象庁では、毎年この時期に東京地方と近畿地方で、初めて毎秒8メートル以上の北よりの風が吹いたときこの風を「木枯らし1号」として発表しています。

　木枯らしが吹き始めると本格的な冬の到来ということになりますが、この時期にはおいしい魚・野菜・果物が豊富に出回るようになります。海の幸ではキンキ、山の幸ではハクサイやミカンがその代表的なものです。

　キンキはカサゴ科の喜知次（キチジ）という海水魚の別称で、北海道南東部から房総辺りまでの太平洋側に生息し、11月から5月までが漁獲期の食用魚です。希少価値の高い旬のキンキは、最高級魚として人気があります。料理法はいろいろありますが、特にキンキ鍋・キンキの煮付け・キンキの塩焼きが美味であり、逸品であるとされます。

　冬の鍋料理と言えばハクサイを連想する人は多いことでしょう。中国北部を原産地とするハクサイは、11月から2月ごろを旬の時期とするアブラナ科の野菜です。白菜は95％が水分で、残りの5％に整腸作用のある食物繊維・免疫機能の維持や肌の健康を保つ働きのあるビタミンC・高血圧の予防に効果的なカリウムなどの栄養素が多く含まれています。

　ハクサイは、ダイコン・キャベツに次いで栽培面積も生産量も多く、日本人の食生活に関わりの深い野菜ですが、我が国に導入されたのは1875年で普及しはじめたのは大正時代と、その歴史は意外に浅いものです。

　多様な栄養素を含む果実と言えばミカンです。ミカンの仲間の食用果樹は世界におよそ150属900種あり、日本だけでも12属20種以上が存在します。我が国におけるミカンの歴史については、自生説や伝来説など数多くの説があり、科学的にその根源を立証するのは無理のようです。

　ミカンを蜜柑と書くようになったのは室町時代で、中国から伝来した柑橘類の1種がそれまで日本にあったものとは異なり甘かったため、「蜜の

ように甘い木」というところから蜜柑という漢字が生まれたと言われます。ミカンがおいしい時期は10月中旬から1月下旬にかけてと言われます。ミカンにはビタミンCが多く含まれているため、美肌・免疫・整腸効果があり、疲労軽減にも効果があるという健康的な果物です。

●関連する年中行事と祭り

　11月の酉（十二支の10番目）の日に浅草の鷲神社をはじめ関東各地の寺社で、江戸時代から続く開運招福・商売繁盛を願う祭り「酉の市」が開かれます。はじめは「酉の町」あるいは「酉の祭」と書き、トリノマチと呼ばれていて、11月の最初の酉の日（一の酉）が重んじられたようです。酉の日は12日おきに巡ってくるため、祭りが月内に2回ある年と3回の年があり、「三の酉」まである年は火事が多いとされています。

　酉の市は、近在の農民が鎮守である鷲大明神（現在の足立区花畑にある大鷲神社）に感謝した収穫祭でした。氏子たちは神前に鶏を奉納し、その後鶏を浅草寺まで運び観音堂前で放してやったそうです。現在では、鷲神社の熊手御守が開運・商売繁昌のお守りとして授けられます。

　縁起物の熊手も色々の種類があり、時代とともに形も飾り物も変わってきています。昔は柄の長い実用品の熊手におかめの面と四手をつけたものでしが、その後色々な縁起物をつけ、今では宝船・桧扇・御所車など種類も多くなり、その年の流行を取り入れた熊手も話題を呼びます。

　毎年、山茶始開の初日にあたる11月8日には京都の伏見稲荷大社で恒例の火焚祭が行われます。伏見稲荷大社は、全国に約3万社あるといわれる稲荷神社の総本宮であり、創建以来1300年の長きにわたって五穀豊穣・商売繁昌・家内安全・諸願成就の神として崇められてきました。

　全国の農村地帯では、すでに稲の収穫も終わり、冬の到来とともに稲を育てた田んぼもしばらく休みに入ります。この火焚祭はその稲を育ててくれた太陽と大地に感謝する火の祭典です。神前に置かれた稲藁に火を焚き、秋の豊かな実りに感謝するとともに罪障消滅と万福招来を祈願する厳かな儀式で、古くから伝わる重要神事の1つです。

　本殿祭後に神苑祭場に3基の火床が設けられ、大祓詞が奉唱される中、全国から奉納された10数万本もの火焚串が次々と焚き上げられます。夕刻には本殿前で雅楽の調べに乗せた古雅な御神楽が演じられます。

第II部　二十四節気と七十二候　**233**

●わかりやすい英語による説明

Rittō marks the beginning of winter, and the first winter pentad is *Tsubaki hajimete hiraku*, "Camellia Begins to Bloom" from around November 8th to November 12th. The flower referred to in this micro-season, however, is the sasanqua.

The strong, cold wind that blows from autumn to early winter is called *kogarashi* "tree withering wind." The Japan Meteorological Agency announces the first instance of this wind each year when a northerly wind exceeding 8 meters per second blows in the Tokyo and Kinki Regions.

The thornyhead (Sebastes matsubarae) is a highly valued fish caught from November to May. Due to its rarity, it is now considered a top-grade fish, which can be cooked in various ways—hot pot, simmered, and salt grilled.

Hot pot with Chinese cabbage is a winter favorite. Native to northern China, Chinese cabbage is in season from November to February. Chinese cabbage ranks third in cultivation area and production volume in Japan. Although it is a major item of Japanese food culture, it was only introduced into Japan in 1875.

Mandarin oranges are rich in nutrients. There are approximately 150 genera and 900 species of edible citrus fruits worldwide, with over 12 genera and 20 species grown in Japan. Mandarin oranges are the most delicious from mid-October to late January.

On the day of the rooster in the Chinese zodiac, various shrines, especially the Ōtori Shrine in Asakusa, Tokyo, hold the *Tori no ichi* "rooster market." Since the Edo period, people have flocked to the shrine to pray for good fortune and business prosperity and to buy the shrine's *kumade* "rake" amulets and other talismans.

On November 8th, the annual *Hitakisai* "fire festival" is held at Fushimi Inari Taisha, Kyoto. The festival is held to express gratitude to the sun and the earth for nurturing rice. Straw is burned in front of the deity to give thanks for the harvest and to pray for abundant blessings.

❖二十四節気：立冬 *Rittō* 次候❖

【第五十六候】地始凍　ちはじめてこおる

56th Micro-season: Earth Begins to Freeze（*Chi hajimete kōru*）

●**二十四節気における時期**

　11月も中旬に入ると陽光もなんとなく弱々しくなり、日暮の早さに驚くことも多くなります。地始凍は、ちょうどそのころ、すなわち新暦の11月13日ごろから17日ごろまでの期間になります。このころになると夕方から夜にかけての冷え込みが増してきますが、数百年前の江戸や他の地域の寒さは今よりもはるかに厳しかったに違いありません。

　数十年前であれば、道路の浅い水たまりに薄い氷が張ったり、霜柱が立ったりして「地が凍る」と言うこともありました。しかし、今では多くの地域では、地表もアスファルト化され、前の晩に撒かれた水や降った小雨が残っているという場合以外に、地面が硬く凍るなどという状況を目にすることはほとんどなくなりました（地域によります）。

　したがって、現代における地始凍の「地」とは山野に横たわる自然の大地のほか、公園や校庭などの地面や自宅の庭先の土地ということになります。その地の土中の水分が凍ってできるのが霜柱です。大気中の水蒸気が凍ってできるのが霜ですが、夜間の温度が摂氏0.3度ぐらいだと霜柱になり、それ以下だと凍土になります。霜柱を踏んだときのザクザクという音や感触は、まさに冬到来を感じさせてくれるものです。

●**名付けの由来とエピソード**

　霜柱は、土中の水分が地表に浸み出してきて凍結し、細い柱状群となって上方に成長し、多くの場合に表土を押し上げるものです。前述したように、夜間の温度が摂氏0.3度以下だと凍土になりますが、地中の温度が2年以上連続して摂氏0度を下回る領域は「永久凍土」と呼ばれます。

　永久凍土は北半球に広く存在していますが、日本では北海道大雪山・富士山・立山などの地点でしか確認されていませんでした。しかし、2022年に国立研究開発法人国立環境研究所・北海道大学北極域研究センター・国立研究開発法人海洋研究開発機構が、新しい調査結果を発表しました。それによると、大雪山・富士山・立山に加えて、北海道の日高山脈・知床

岳・斜里岳・阿寒岳・羊蹄山と、北アルプス・南アルプスにも、永久凍土が存在する可能性のある場所が存在していることが判明したそうです。

●自然の恵みと風物詩

　この時期は鍋物がおいしい季節ですが、鍋に入れる野菜として欠かせないものがシュンギク（春菊）です。関西地方ではシュンギクをキクナと呼びます。春に黄色の花を咲かせ、葉の形が菊に似ているところから「春菊」と名付けられました。葉と茎を茹でて出汁と醤油、あるいは醤油と鰹節で軽く混ぜ合わせた「春菊のおひたし」はおつまみやお弁当のおかずなど副菜の定番です。葉の部分は軟らかく、繊維質が少ないため、生のままでサラダやトッピングにも使えます。

　最近はハウス栽培ものが出回り、年間を通して手に入るようになりましたが、シュンギクの旬は本来10月から３月まででした。シュンギクはカルシウムや鉄分を多く含み、そのため動脈硬化の予防のほか、皮膚のシミやしわを防ぎ、傷や炎症の治りをよくし、風邪を予防するという効果まで期待できる食用作物の優等生です。

　このころに旬を迎え、身だけではなくその肝がおいしいと言われる魚が、フグ目カワハギ科カワハギ属の海水魚カワハギです。一般的に言って、魚は冬の寒さに耐えるために秋ごろから身に脂肪分を蓄えていきますが、カワハギは身ではなく肝に脂肪分を蓄えるため、肝自体が大きくなります。新鮮なカワハギの肝は生食が可能です。カワハギの刺身を、生の肝に醤油を溶かした「肝醤油」に付けるのもカワハギならではの味わい方です。カワハギの肝は、生臭さもなく、海のフォアグラと呼ばれます。

　秋から冬にかけて生でも鍋料理でも人気の高いもう一方の海の幸がカキです。磯の香り・濃厚なうま味・海のミルクと呼ばれるほど高い栄養価、という三拍子揃ったカキですが、大きく分けて冬に水揚げされる真牡蠣と６月から９月の夏を旬とする岩牡蠣の２種類があります。

　真牡蠣が水揚げされる時期は10月から４月までの半年間ですが、その中でも美味しく食べられる旬は11月中旬過ぎから２月までとされています。真牡蠣は、生食で食べるとプリッとした食感と独特の磯の香りと塩味、そしてなめらかなうま味を感じることができます。加熱すると、うま味はさらに増し、しっかりとした食感とともに深い味わいを楽しむことができます。真牡蠣は、ほぼ全国で養殖されていて、スーパーの店頭で販売されて

いるむき身もほとんどが真牡蠣です。

●関連する年中行事と祭り

　毎年11月14日に近い日曜日に栃木県小山市南飯田地区で、お囃子と仮面舞踊の「南飯田神田囃子」が演じられます。この神田囃子は、小山市を代表する郷土芸能であり、かつ地元の鹿嶋神社の祭礼の主役です。江戸末期ごろに、この地に伝わり、秋の農閑期の楽しみのひとつとしてはじまったと言われます。一時中絶していましたが、近年地元の若者たちの手で再興され今日に至りました。

　囃子方は、長胴太鼓1張・締め太鼓2張・鉦1本・笛1管の五人囃子です。演奏曲はすべて口伝の、ショウデン（昇殿）・カマクラ（鎌倉）・シチョウメ（四調目）・エドバカ（江戸馬鹿）・オカザキ（岡崎）と呼ばれる5曲です。これらの曲にあわせて獅子の四方固め・勇み獅子・ジャメンの踊り・エビスの鯛つり、などの里神楽風の仮面舞踊が踊られます。

　地始凍の中日にあたる11月15日は七五三です。子供の成長を祝う習俗は平安時代に始まったと言われますが、それを七五三と呼ぶようになったのは安土桃山時代から江戸時代になってからのことと言われます。そのもとになった習俗とは、3歳の男女児の髪置・5歳の男児の袴着・7歳の女児の紐落です。髪置は、それまで剃っていた髪をこの日から剃らずに残すこと、あるいはそれまでのおかっぱを結髪に改めることです。袴着は、袴を穿かせて碁盤の上に立たせることで、紐落は帯解とも言い、その時まで付け紐で着ていた着物を帯で締めるようにすることです。

　これらの祝い事は主として公家や武家の間で行われていましたが、江戸時代前あたりから町民の間でも行われるようになり、それぞれの産土神や江戸では神田明神などに参詣するようになります。しかし、現在のように着飾った親が、子供に晴れ着を着せて、揃って神社に参拝し、千歳飴を買うような祝い方が盛んになったのは、明治時代になってからの東京においてのみのことだったとも言われます。

　七五三の祝いが11月15日である理由には、この日が旧暦で鬼宿日といわれる最高の吉日であったから、あるいは徳川幕府第5代将軍綱吉が息子徳松の髪置の祝いをした日だから、また11月15日は収穫祭などの祭りが行われた満月の日であったからだろう、などと諸説あります。

●わかりやすい英語による説明

The period *Chi hajimete kōru* "Earth Begins to Freeze" falls roughly from November 13th to November 17th. Frost pillars form when the nighttime temperature hovers around 0.3 degrees Celsius. The crunching sound of stepping on frost pillars heralds the arrival of winter.

During this season, hot pot dishes are especially delicious with the indispensable *shungiku* "chrysanthemum greens." *Shungiku* is available year-round, but its natural season is from October to March.

Filefish（Monacanthidae family）is known for its tasty flesh and liver. Most fish store fat in their bodies to endure the winter cold, but the filefish stores fat in its liver. Fresh filefish liver can be eaten raw and is often called the "foie gras of the sea."

There are two main varieties of oysters enjoyed during this period: the Pacific oyster, most delicious from mid-November to February, and the rock oyster, gathered from June to September. When eaten raw, Pacific oysters have a plump consistency, aroma of the sea, and smooth umami. When cooked, the umami intensifies, providing a firm texture and deep flavor.

Every year, on the Sunday closest to November 14th, the *Minami Iida Kandabayashi*, featuring traditional music and masked dances, is performed in Oyama City, Tochigi Prefecture. The *hayashi* is the highlight of the Rokumei Shrine's festival and has been passed down since the end of the Edo period.

On November 15th, the *Shichi go san* "Seven Five Three" celebration is observed. This custom of celebrating children's growth is said to have started in the Heian period, but it began to be called "*Shichi go san*" during the late Momoyama period. The customs that form the basis of this festival are three rituals of passage which were primarily held by aristocracy and samurai families. The practice of dressing children up in festive attire, visiting shrines as families, and buying *Chitose ame* "thousand-year candy" became widespread in Tokyo during the Meiji period.

❖二十四節気：立冬 *Rittō* 末候❖

【第五十七候】金盞香　きんせんかさく

57th Micro-season: Daffodils Bloom（*Kinsenka saku*）

●二十四節気における時期

　新暦の11月18日ごろから21日ごろまでの間を金盞香と言います。金盞香とは、立冬の末候であるこの時期にスイセンの花が咲きはじめ、辺り一面に芳香を漂わせるという意味です。ここで言う金盞香は、その読み仮名にある「きんせんか」ではなくスイセンのことです。「きんせんか」と音読みする金盞花は、スイセンとは異なる別種の花です。

　金盞香の金は黄金を、そして盞は盃を表しますが、スイセンの花には花冠と呼ぶ6枚の白い花弁の中央に、黄金色の盃のような形をした副花冠が載っています。古代中国の人々はスイセンを、銀白色の台に載った金の盃に見えるということから、金盞銀台と呼んでいました。

　ヒガンバナ科（ナルキッソス）スイセン属のスイセンは、11月半ばから3月ごろまでに花を咲かせますが、残雪の広がる野山に清楚な花を咲かせることから雪中花とも呼ばれます。その上品な香りと楚々とした美しさ、そして凛とした佇まいから、スイセンは正月用の花としても人気がありますが、球根には毒性があるので注意が必要です。

●名付けの由来とエピソード

　スイセンの原産地は地中海沿岸と言われます。特にスペインとポルトガルにその種類が多く、その他北アフリカや南アフリカにも分布し、約35種類の原種が存在することが知られています。スイセンの学名はナルキッソス（Narcissus）ですが、これはギリシャ神話にある、水面に映った自分の姿に見惚れているうちにスイセンの花になった少年の名前に由来します。自己愛や自己陶酔症をナルシシズム、またそのような症状のある人をナルシストと言いますが、いずれもこの神話が語源の言葉です。

　漢名の「水仙」を音読みしたスイセンが中国から日本に渡来したのは平安時代末期と遅く、奈良時代の『万葉集』や平安時代の文学作品また当時の漢和辞典にも水仙の名は見られないと言います。冒頭に触れたスイセンとは別種の金盞花ですが、この花が中国から渡来したのは、それよりもは

るかに遅く江戸時代末期（1850年ごろ）とされます。

キク科の一年草金盞花の英語名は calendula ですが、それは金盞花が古代ローマ暦の月の第1日（*kalendae*）に咲くところから付けられた名前であろうと考えられています。どの月の1日にも咲いているほどに花期が長いという意味ですが、黄色やオレンジ色など暖 色 系の花が長期間咲き続ける金盞花は、長 春 花・常 春 花・時不知・冬不知とも呼ばれます。

●自然の恵みと風物詩

立冬も終わるころは、それまで田んぼで寝かされていたレンコンが粘りと甘みを強くして、おいしくなる時期になります。今では一年中販売されているレンコンですが、その旬は晩秋から冬にかけてです。9個の穴が開いていて「先がよく見通せる」ということから縁起物として、おせち料理にも使われるレンコンは、その漢字「蓮根」にあるようなハスの根ではなく、地下茎と呼ばれる部分で、ビタミンC・カリウム・カルシウム・鉄・銅・不溶性食物繊維を豊富に含む栄養食品です。

レンコン、すなわちハスの原産地に関しては、アジア熱帯地説やエジプト説など諸説あり、食用としてのレンコンを栽培したのはインドであると言われています。ハスは縄文時代以前から国内に自生していましたが、レンコンが食用にされたのは8世紀以降であろうという説もあります。

同じ時期に旬を迎える野菜にホウレンソウがあります。冬のホウレンソウは、出荷量が増えて安価で入手しやすくなるだけではなく、寒さに凍らないように糖分をたっぷりと蓄えるため甘くなり、ビタミンCも増えます。ホウレンソウは漢字で菠薐草と書きますが、菠薐はペルシャ（現在のイラン）のことで、同地から中国へ伝わったのが東洋種、ヨーロッパへ伝わったのが西洋種となったそうです。日本へは江戸時代初期に、葉が薄く、ギザギザで、甘みのある東洋種が中国から入りました。

ホウレンソウには、「緑黄色野菜の王様」とも呼ばれるほどに、ビタミン・ミネラル・鉄分・葉酸・βカロテン・食物繊維などが多く含まれ、便秘解消・貧血の改善と予防・がん予防・美肌効果・高血圧予防・骨粗しょう症の予防・痛風やリュマチの予防などに効果があるとされます。

金盞香の時候に人気の高い海の幸がアマダイ（甘鯛）です。スズキ目キツネアマダイ科に分類されていて、鯛と名前がついていますがタイ科の魚ではありません。アマダイは、昔その角張った頭の形から屈頭魚（くず

な、とも)」と呼ばれ、それが転訛して異名の「くじ」あるいは「ぐじ」になったといわれます。アマダイには、アカアマダイ・シロアマダイ・キアマダイという3種がいますが、よく知られているのはアカアマダイです。

　アマダイは、定番の塩焼きだけではなく粕漬けにも向いているほか、昆布〆の刺身・煮付け・吸い物などに人気があります。アマダイは水分が多く身が柔らかいため刺身よりは一夜干しがお勧めであるとされます。

●関連する年中行事と祭り

　立冬の末候から次の中気である小雪の初候にかけての間に、旧暦の10月10日が来ます。昔からこの日に、稲の収穫を神に感謝し、翌年の豊穣を祈る刈り上げ行事が行われてきました。別名を「刈り上げ十日」と言いますが、関東を中心にして甲信越から東北地方南部にかけて広く分布しているものを「十日夜（とおかんや）」と呼びます。これと同じような行事が旧暦10月の最初の亥の日（十二支の亥（いのしし）の日）に、近畿地方以西の各地で行われていて、これは「亥の子（いのこ）」と言います。

　十日夜では、各地ともに餅などを奉納するという共通点が見られますが、なかには田んぼからその年に世話になったカカシをひき上げて、庭に祀り供え物をしたり、子どもが集団で家々を回り、藁を束ねた藁鉄砲で地面を叩きながら歩いたりするところもあります。あるいは、十五夜と同じように月に供え物をするところ、「大根の年取り」と称して、その日にはダイコン畑に入ってはならないとする習わしを守っているところ、またこの日は田の神を天に送り返す日であるとする地方も存在します。

　近畿以西では、亥の子は旧暦の正月11日の仕事始や2月の亥の日に田へ降りた田の神が仕事を終えて帰る日と考えていました。この日には、新米を搗いた餅を米蔵へ供えて祀るとか、モグラ避けのために子どもたちが石や藁を束ねた藁鉄砲をつくり、地面を叩いて回る「亥の子突き」をして、亥の子餅やお金などをもらうという行事があります。

　十日夜も亥の子も、その日はダイコン畑へ入ってはならないというしきたりがあります。昔は、ハレの日（祝祭日）にのみご馳走を食べることができました。そのご馳走は時間をかけて丁寧に作るものであって、その日になってから、慌てて畑にダイコンを抜きに行くような拙速なことはしてはならないという戒めがもとになったしきたりだと言われます。

第Ⅱ部　二十四節気と七十二候　241

●わかりやすい英語による説明

The period from around November 18th to 21st is *Kinsenka saku* "Daffodils Bloom." *Kinsenka* is not the calendula flower, but the daffodil. Daffodils (Amaryllidaceae family) were probably brought to Japan after the Heian period because they are not noted in Heian period literature. They bloom from mid-November to around March.

As *Rittō* "The Beginning of Winter" ends, lotus roots become more flavorful and sweeter. Although lotus roots are now available year-round, their peak season is late autumn to winter. Lotuses have been cultivated in Japan since before the Jomon period, but only began to be used as food from the 8th century onward.

Spinach becomes sweeter in winter as it stores more sugar to prevent freezing. Its vitamin C content also increases. The character for spinach means "Persian vegetable," indicating its origins in Persia (modern-day Iran). Spinach spread from Persia to China, and reached Japan in the early Edo period.

Tilefish (*amadai*, Percoidei family) is not related to the sea bream (*tai*) despite its name. Tilefish is most often enjoyed grilled with salt, but it is also pickled in sake lees, marinated with kelp, simmered, or used in soups.

The event known as "*Tōkanya* or *Kariage tōka*," the 10th day of the 10th lunar month, is to thank the gods for the rice harvest and pray for a bountiful year ahead. *Tōkanya* is widely observed in northeastern and northern areas. Offerings of rice cakes and foodstuffs are made, and in some areas, scarecrows from the fields are taken down and erected in the gardens of homes. Other customs include making offerings to the moon similar to those made to the full moon of autumn.

A similar event in western Japan called "*Inoko*," the first boar day (*I no hi*) of the 10th lunar month, is when the rice field deity completes its work and returns to the mountains. Freshly pounded rice cakes are offered at the rice storehouse. Children strike the ground with bundles of new rice straw in a ritual to scare away moles or to prevent evil spirits from entering the empty rice fields.

❖二十四節気：小雪 *Shōsetsu* 初候❖

【五十八候】虹蔵不見　にじかくれてみえず

58th Micro-season: Rainbow Concealed（*Niji kakurete miezu*）

● **二十四節気における時期**

虹蔵不見は新暦の11月22日ごろから26日ごろまでの5日間を表す時候です。二十四節気の20番目「小雪」の初候に当たります。小雪が始まる時期は、旧暦では10月の中旬のはじまりということになります。

寒さが少しずつ進み、地域によってはそろそろ雪が降り始めるころとはいえ、寒さもまだそれほどではありません。小雪は、寒くなってきた気候のため雨が雪に変わる時期にあたりますが、このころから空に美しい円弧を描く虹が見えなくなってきます。その理由は虹の生成に関係しています。虹は、大気中に浮遊している水滴に太陽光が当たり、水滴がプリズムの働きをして光の分散を生じたものですが、水滴の直径が小さくなるにつれ虹の色は白っぽくなり、やがて消えていく性質があるからです。

雨が少なくなってくるこのころでは、大気中の水滴も、あったとしても極小のものになります。そのため、太陽の位置など虹が出るような自然条件が重なっても、その色合いは淡いものになり私たちの目には見えにくくなるのがふつうです。もちろん、水蒸気が空中で昇華し結晶となって降る白い雪では虹は発生しません。

このように小雪が始まる時期は、太陽光も弱々しくなって曇りの日が多くなってきます。そのような気候を迎えるこの「虹蔵不見」は、人々が雨あがりの大空にかかる美しい虹とは、翌年の春までしばらく別れることになる時期を表しています。

● **名付けの由来とエピソード**

虹蔵不見における「蔵」は、「しまう」、「しまっておく」、「たくわえる」などを意味する漢字ですが、同義語の「倉」に比べると「大事なもの

第Ⅱ部　二十四節気と七十二候　**243**

を」保管しておく建物という点で意味合いが少し異なります。

　虹蔵不見は、それに対応する第十五候 虹 始 見（4月15日ごろから19
日ごろ）までの間、天空の虹を大事に蔵にしまっておく、その時期の始ま
りを表します。虹を見かけなくなる時期とはいいますが、地域によっては
晩秋から初冬にかけて現れる淡い色の虹を見ることもあります。

　虹は前項でも述べたように、また唱歌や児童書の一節でも表現されるよ
うに、現在では「七色の虹」と形容されるのがふつうです。しかし、虹の
色の数を7とする国は日本やオランダ・イタリア・韓国など少数であり、
また国や民族により虹色の数は決して一様ではありません。

　アフリカ大陸に分布する多くの民族の中には虹の色の数を2色とするも
のから8色とするものまでいろいろあります。南アジアでも虹の色は2色
から4色とされ、メキシコのある民族ではそれを3色としています。ま
た、多少の例外はあるものの、虹の色を英語圏では6色、ドイツ語圏では
5色、ロシア語圏では4色から7色に分けています。

　日本でも虹の色を7色としたのは比較的新しいことであり、江戸時代ご
ろまで、庶民の間では、虹は赤・枇杷色・青黄の3色であると考えられて
いました。それを7色とするようになったのは江戸時代の後期にオランダ
から入ってきた情報がもとになっているようです。実は、虹の色の数を7
色と決めたのは「万有引力の法則」で有名なニュートン（1642-1727年）
で、それまで虹は3色または5色と考えられていたといわれます。

● **自然の恵みと風物詩**

　この時候の代表的な野鳥がオシドリです。オシドリは、カモ目カモ科の
水鳥で、全国の渓流や湖沼などに生息しています。オスは派手な色をして
いて、特に秋以降にはその色合いも強くなります。

　「おしどり夫婦」という言葉がありますが、それはオスの色合いからこ
の雌雄のペアが目立つだけではなく、実際にオシドリの雌雄は片時も離れ
ずに、いつも一緒に泳いでいるからです。さらに、オスはメスが卵を産み
落とすまではメスのそばから離れないという習性があるからだといわれま
す。オシドリは、まさにいい夫婦の模範といえます。

　この「いい夫婦」ですが、その言葉に呼応するかのように、本候の始ま
りごろに当たる11月22日は「いい夫婦の日」と決められています。いい夫
婦の日は、1988年に公益財団法人余暇開発センター（現「公益財団法人日

本生産性本部」）が「夫婦で余暇を楽しむライフスタイル」を提唱し、制定された我が国独自の記念日です。

　それに先立つ1985年に政府が「ゆとりの創造月間」を11月に制定していたこともあり、「いいふうふ」との語呂合わせから11月22日に決定したといわれます。いい夫婦の日は、夫婦二人の時間を大切にする日といわれ、この日に関連するイベントが行われるようになりました。その後ファッション・アパレル関連業界による「いい夫婦の日」を進める会（7団体・2,200社）が発足し、1998年から現在に至るまでいろいろなイベントが定期的に開催されてきました。

　その代表的なものは1999年に開催された第一回「パートナー・オブ・ザ・イヤー」です。同大会はその後も毎年実施され2012年の第14回大会からは「いい夫婦パートナー・オブ・ザ・イヤー」と名称を変えて現在に至っています。この11月22日に結婚式を挙げたり、入籍をしたりするカップルは有名人を含み多くいます。

●**関連する年中行事と祭り**

　11月23日は勤労感謝の日で、「勤労を尊び、生産を祝い、国民が互いに感謝し合う」という国民の祝日の一つです。勤労感謝の日という呼称は、米国の感謝祭である Thanksgiving Day にならったものであるという説もあります。この祝日は1948年に制定されましたが、それ以前は、国の祭日で、宮中行事の一つである新嘗祭という祭事が執り行われていました。この新嘗祭は現代においても行われています。

　別名を「しんじょうさい」、あるいは「にいなめのまつり」ともいうこの新嘗祭は五穀豊穣を祝う収穫祭で、「新」はその年に収穫した新穀（初穂）を「嘗」はご馳走を意味します。新穀の収穫を祝い、かつ翌年の豊穣を祈願する古くからの重要な宮中祭祀であり、天皇が天照大神をはじめ天神地祇（天と地の神々）に初穂を供え、感謝の祈りを捧げた後に初穂を食します。

　新嘗祭は、宮中のほか、伊勢神宮や出雲大社でも行われ、古くは旧暦11月の下の卯の日に執り行われていました。その後、明治時代以降は11月23日に固定され、現在に至っています。なお、天皇の即位後に初めて行う新嘗祭は大嘗祭と呼ばれます。

第Ⅱ部　二十四節気と七十二候　**245**

●わかりやすい英語による説明

Micro-season #58 *Niji kakurete miezu* "Rainbow Concealed" starts around the 22nd of November and extends to around the 26th. It corresponds to the beginning of the 20th solar term *Shosetsu* "Minor Snow" when rain turns into snow due to the cooling weather. Around this time, rainbows become less visible due to smaller-sized water droplets, weakening sunlight, and more overcast days. This micro-season indicates the beginning of a period when precious rainbows are stored away until the next spring and the 15th solar term, First Rainbow Appears, April 15th to 19th.

Until the late Edo period, people believed that rainbows had only three colors: red, loquat（orange）, and blue-green. Later, scientific knowledge from the Netherlands changed this view, and people started to see rainbows as having seven colors. The number of colors is not uniform across different countries and ethnic groups.

Happy Couples Day, around November 22nd, was established in 1988 to promote married couples spending more leisure time together. The date was chosen because it is a homonym for *ii fūfu* "happy couple." A representative bird of this micro-season is the mandarin duck, and the term *oshidori fūfu* "mandarin duck couple" is used to describe a happily married couple.

November 23rd is Labor Thanksgiving Day, a national holiday. It was formerly an observance *Niinamesai* "new harvest festival," a Shinto ritual in which the emperor dedicates the year's harvest to the gods and tastes the rice for the first time. The *Nihon Shoki* mentions a harvest ritual taking place during the reign of the legendary Emperor Jimmu（660–585 BCE）. The festival was held on the second Day of the Rabbit in the 11th month of the lunar calendar until it was fixed at November 23rd when the Gregorian calendar was adopted in 1873.

In 1948, the Shinto observance was changed to a secular holiday and became a day to respect labor, celebrate production, and to give thanks for all working citizens.

❖二十四節気：小雪 *Shōsetsu* 次候❖

【第五十九候】朔風払葉　きたかぜこのはをはらう
59th Micro-season: North Wind Blows the Leaves from the Trees
(*Kitakaze konoha wo harau*)

●二十四節気における時期

　この候の表題にある朔風とは北風のことです。朔は北の方角を意味します。新暦の11月27日ごろから12月1日ごろまでの時期を表す朔風払葉は、冬の到来とともにその強さを増してきた北風が、木の葉を払うほどに吹き荒れるという意味です。その北風に葉を吹き飛ばされて裸になった冬木立ちの様子を表すものと言っても良いでしょう。

　北風の強さと冷たさは、『イソップ物語』にある「北風と太陽」でよく知られるところです。北風と太陽が、どちらが強いかを決めるのに、旅人の洋服を先に脱がせた方が勝ちというルールを決めて勝負をしました。最初に試した北風が、強い風を旅人に吹き付けるのですが、その風の冷たさに耐えられなくなった旅人はもう1枚洋服を重ねて着てしまい、最後まで洋服を脱がせることができなかったという話です。

　北風はこのようにただ強いだけではなく、とても冷たい風です。この北風が吹くことで、いよいよ本格的な冬がやってきたことを肌で感じる時期が朔風払葉です。ただし、この初冬のころには穏やかで暖かな天気（日より）となることがあり、この天気を小春日和と呼んでいます。

●名付けの由来とエピソード

　晩秋から初冬にかけて、木の葉をすべて払い去るように吹く強く冷たい風を、「木を拭き枯らす」という意味から「木枯らし」、あるいは「木の葉落とし」とも呼びます。このように説明すると、葉をすっかり落とした冬枯れの街路樹や冬木立ちを思い、寒々とした気持ちになりますが、実はこの自然現象には利点も多くあります。

　初夏から木々には葉が茂りはじめ、夏の間はその濃い緑色の葉に覆われた木々でうっそうとし、日中でも薄暗かった林や、あるいは公園や庭の木立も、このころには葉を落とします。つと見上げると、澄んだ青空がよく見え、明るい気持ちになります。葉が落ちるのは、明るい気持ちになるだけではなく、自然環境上でも大きな利点を生むことになります。

第Ⅱ部　二十四節気と七十二候　247

　夏の間は暑い日差しを遮り、室内温度を低く保っていてくれた庭の樹木の葉が北風によって1枚もなくなります。すると、遮るものがなくなった暖かい太陽の光が、室内にあふれるほどに入ってきます。この自然環境を利用した冷暖房調整機能はよく利用されています。朔風払葉は植物・小動物・鳥類などの生息環境維持のためにも大切なものです。

●自然の恵みと風物詩

　童謡「たきび」に「たきびだ たきびだ おちばたき　あたろうか あたろうよ　きたかぜぴぃぷう ふいている」という一節があります。北風に吹き飛ばされた落ち葉は、この童謡にあるように、多くの場合焚き火にされていました。この焚き火によく焼べられていた芋がサツマイモです。

　サツマイモは中央アメリカ原産で、17世紀初頭に中国を経由して琉球から薩摩（現在の鹿児島県）に伝わったため、薩摩芋と呼ばれました。18世紀中ごろに蘭学者の青木昆陽によって全国に広まったと言われます。現在では、紅あずま・なると金時・安納芋などのブランドが主流です。

　サツマイモは、食物繊維が豊富で、ビタミンCやパントテン酸も多く含みます。皮の部分にはカルシウムが、そして皮の紫色には抗酸化作用の高いアントシアニンが、それぞれ含まれています。血圧低下に効果のあるカリウムも多く含まれているサツマイモには、老化防止のビタミンEが野菜類の中では最も多く含まれ、糖質をエネルギーに変え、脳や神経のエネルギー源ともなるビタミンB1も豊富に含まれている健康食品です。

　秋から冬にかけて旬を迎える穀物の1つに小豆があります。乾物のアズキは年間を通して流通していますが、秋の収穫後に乾燥された新豆がこの時期に出回ります。多くの栄養素を含んでいて、便秘や貧血の解消・美容やダイエット・体質の改善にも効果があるアズキは、日本で農耕文化が始まったころから存在する歴史の古い作物です。

　アズキは食用以外に薬としても、また呪術的な力を持つ特別な食材として使われました。それは、アズキの赤い色が太陽・火・血と言った生命を象徴するものと考えられたからでした。アズキの「あ」は赤色、「つき」および「ずき」は溶けるの意味があり、赤くて煮ると皮が破れて豆が崩れやすいことから「あずき」になったと、『大和本草』（1709年）の著者である貝原益軒が述べたのが語源であるとされます。

　このころにチラつきはじめる雪の字を使った海水魚が、冬を旬とする鱈

です。タラにはマダラとスケトウダラがあり、一般にタラと言えば体長が１メートルにもなるマダラを指します。吹雪が舞う北の海が漁場のマダラは、脂肪分の少ない淡白な味で、冬の鍋料理には欠かせません。マダラの語源は、体に斑があるからとか、「鱈」の字は、その身が雪のように白いから、あるいは初雪のころにとれるから、などの説があります。

●関連する年中行事と祭り

　毎年11月の第４土曜日に山口県防府市の防府天満宮で、西日本屈指の荒祭と言われる防府天満宮御神幸祭が執り行われます。御神幸祭の期間中、防府の街は約15万人の参拝者で溢れかえります。

　平安時代前期の右大臣であった菅原道真は、無実の罪により九州の太宰府（現在の福岡県中部に置かれた役所）に左遷され、903年に同地で没しました。それから101年後の1004年に、一条天皇は菅原公最後の寄港地であった防府天満宮に勅使を遣わし、御霊を慰める勅使降祭が斎行され、初めて天皇から菅原道真公の「無実の罪」が奏上されたのです。

　防府天満宮御神幸祭はこの勅使降祭を起源とし、道真公に「無実の知らせ」を伝えるお祭りとして受け継がれてきた重要な神事です。この御神幸祭は創始以来、大行司・小行司や限られた家柄の者だけに奉仕が許されていました。しかし、江戸時代後期になると、多くの民衆が奉仕を熱望するようになったため、身の潔白を示せば供奉が許さようになりました。民衆は潔白の証として近くの佐波川の冷水で身を清め、そのままの姿で祭りに奉仕しました。人々は、その姿を裸坊と呼ぶようになり、それから御神幸祭のことを裸坊祭とも称するようになりました。

　防府天満宮の拝殿正面の扉が18時に開かれると、数百人の裸坊が一斉に拝殿になだれ込みます。「兄弟わっしょい」の掛声と共に、境内は一気に熱気を帯び、先頭神輿、第一神輿と次々に神輿が担ぎ出され、それを千人もの裸坊が囲みます。次に、重さ500キロの御網代輿が地響きを立てながら拝殿の階段を下り、天満宮正面の大石段を滑り降ります。およそ5,000人の裸坊が、喚声と怒号をあげて乱舞する様子は壮観です。

　その後、御網代輿は台車に仕立てられ、御神幸の行列に加わり、天満宮から約2.5キロはなれた勝間浦のお旅所に到着し、勅使降祭の故事にならい「無実の罪」を奏上する浜殿神事が執り行われ、神霊を慰めます。

第Ⅱ部　二十四節気と七十二候　249

●わかりやすい英語による説明

The 59th micro-season *Kitakaze konoha wo harau* "North Wind Blows the Leaves from the Trees," from November 27th to December 1st, signifies the arrival of winter when the intense north wind scatters the leaves from trees—this image captures the essence of the season. During the early winter period, there are still warm days known as *koharubiyori* "Indian summer."

The fallen leaves were often used for bonfires in which sweet potatoes were roasted. Sweet potatoes, originating in Central America, were introduced from China through the Ryūkyū Kingdom (now Okinawa) in the early 17th century. They were called "*Satsuma imo*" because they were brought from Satsuma (now Kagoshima Prefecture), and spread nationwide around the mid-18th century.

Azuki (red mung beans, Vigna angularis) reach their peak from autumn to winter, although dried *azuki* are available year-round. Freshly dried new beans are especially appreciated during this period. *Azuki* have been cultivated in Japan since the beginning of agricultural history. They were used not only as food but also as medicine and are believed to have magical powers. The red color of *azuki* was thought to symbolize life, representing the sun, fire, and blood.

Around this time, cod is in season. Cod includes both Pacific cod and Alaska pollock. The Pacific cod, which can grow up to one meter in length, inhabits the snowy northern seas. It has a light, mild taste and is essential for winter hot pot dishes.

Every year on the fourth Saturday of November, the *Hōfu Tenmangū gojinkōsai* is held in Hōfu City, Yamaguchi Prefecture. The festival is considered one of the most prominent "rough" festivals in western Japan. It commemorates the pardoning of Sugawara Michizane, who had been exiled to Daizaifu, Kyushu. In the late Edo period, commoners were allowed to participate in the observance after demonstrating their innocence by purifying themselves in the Saba River. This act earned them the name "*hadakabō*, naked monks."

❖二十四節気：小雪 *Shōsetsu* 末候❖

【第六十候】橘始黄　たちばなはじめてきばむ

60th Micro-season: Tachibana Start to Turn Yellow（*Tachibana hajimete kibamu*）

●二十四節気における時期

　新暦の12月のはじめ、2日ごろから6日ごろまでを 橘 始 黄 と言います。このころになると、青々としていたタチバナの果実が黄色味を帯びたダイダイ色（橙色）に変わり、熟してきます。その果実は、香りや色・姿・形、そして可憐なその花を楽しむものですが、食用としてはジャム・果実酒・調味料としても用いられます。

　タチバナは、ミカン科ミカン属の常緑小高木で、別名ヤマトタチバナ・ニッポンタチバナ・九年母とも言い、古くから野生していた日本固有の柑橘類の1つです。良い香りをした小さな白色の花を咲かせるところから、ハナタチバナとも呼ばれます。その果実は、さわやかな香りがして、この香りがいつまでも消えないことから、「非時香果」（いつまでも香りが消えない果実）といわれます。

　タチバナの果実には不老長寿の効用があるとされます。京都の石清水八幡宮では、小雪初候の11月22日に恒例のタチバナの実の収穫が行われます。これは、その実が不老長寿の霊薬とされてきたことからの神事で、同神社では今でもその実だけを使った橘酒がつくられています。

●名付けの由来とエピソード

　タチバナとその果実は、古来食用柑橘類の総称でした。その後外来種の柑橘類が多く日本に入ってくると、ニホンタチバナ（ヤマトタチバナ）の別称として、またカラタチバナ（唐橘）の別称としても使われるようになりました。前項で紹介した「九年母」という異称の語源には我が国におけるタチバナの由来や歴史が秘められています。

　8世紀半ばに著された我が国最古の歴史書『古事記』と『日本書紀』には、その昔垂仁天皇が田道間守と言う男を呼び、「常世国というところに、一年中良い匂いを放つ『非時香菓』というものがあるらしい、是非それを入手し持ち帰って欲しい」と命じた話が載っています。命令に従い、唐や天竺など諸国をめぐり、やっと美しい黄色の実と葉のついた枝の非時

第Ⅱ部　二十四節気と七十二候　251

香菓を見つけた田道間守は、急いでその枝を持ち帰国しました。その時すでに旅に出てから10年の歳月が経過していました。

　しかし、9年間にわたり非時香菓を心待ちしつつも、実の母のように田道間守の身を案じていた垂仁天皇は1年前に崩御されていて、その不老長寿の木の実を手にすることは叶いませんでした。田道間守は自分の使命を果たすことができなかったことを嘆き悲しみ、垂仁天皇の陵に持ち帰った非時香菓を捧げたまま、息絶えてしまいました。

　その非時香菓がタチバナの実で、その後品種改良されて各種のミカンになっていったと言われます。いくつか異なる説のあるタチバナの語源ですが、「田道間守の花」から生まれた「田道間花」がつまってタチバナとなったという説の信ぴょう性が高いようです。

●自然の恵みと風物詩

　冬の鍋料理の代表格と言われるのが、アンコウの身や肝などに焼き豆腐やシイタケなどを加え、出汁で煮たあんこう鍋（鮟鱇鍋）です。体長が50センチから1.5メートルほど、体重は大きなもので30キロを超えるものもあり、体全体の30％が頭部という、そのグロテスクな風貌からは想像できないほどの味わいを持つアンコウは江戸っ子の垂涎の的でした。

　アンコウは、海底に静止してほとんど泳がず、頭上の突起物で魚をおびき寄せ、水ごと飲み込み餌としています。このようにいつも暗いところで怠惰な生活を繰り返しているところから「暗愚魚（あんぐうお）」と呼ばれていたことがアンコウの語源とされています。

　海のフォアグラと呼ばれるほどの「あん肝」は、脂肪含有量が40％超と多いものの、不飽和脂肪酸IPA・DHA・ビタミン・ミネラル等も豊富で、コレステロール値を低下させ、免疫力を強化する効果があります。

　この時期を旬とする高級魚にキンメダイ（金目鯛）がいます。年間を通して漁獲されるキンメダイですが、最もおいしい時期は脂がのった12月から2月にかけてと言われます。キンメダイは、北海道釧路以南の太平洋と新潟県以南の日本海に分布していますが、高知県室戸市は、その沖で獲れる鮮度抜群のキンメダイでよく知られ、西日本一のキンメダイ漁獲高を誇ります。室戸のキンメダイは、照り焼き・煮付け・刺身・出汁にと何にしてもおいしいと有名です。

　アブラナ科の越年草で、春の七草の1つであるスズナとも呼ばれる根菜

がカブ（蕪）です。地中海から西アジアを原産地とし、世界に広く分布し品種が多いカブですが、日本には中国を経由してダイコンよりも古く弥生時代に渡来したとされます。『日本書紀』（720年）には、持統天皇（在位690-697年）が、他の作物とともにカブを植えて五穀の助けとするよう勧める、と天下に勅令を下したとの記述が残ります。

現在日本で栽培されているカブは、白くて球形をした小カブを中心に、さまざまな色や形、その大きさの違いから全国各地に約80の品種があり、その中には地域独特の在来品種も数多くあるそうです。カブにはカリウム・ビタミンＣ・食物繊維・消化酵素のジアスターゼなどが含まれ、生で食べると胃もたれや胸やけの解消に効果的であると言われます。

●**関連する年中行事と祭り**

橘始黄の後半12月5日は、石川県の輪島市・珠洲市・穴水町・能登町などで、稲作を守る田の神様に祈り、感謝する奥能登の代表的な民俗行事「あえのこと」をはじめる日です。「あえのこと」は1976年に国の重要無形民俗文化財に、そして2009年にはユネスコによる世界無形遺産にも登録された民族行事です。

「あえのこと」の「あえ（饗）」は他の神様をもてなすことです。「こと」は、ふだんとは違う特別であること、あるいは正式・公式であるという意味の「ハレ」の行事を表すと考えられています。

奥能登一帯の農家では、毎年12月5日になると1年の収穫を終えた田んぼへ田の神様を迎えに行き、家に招き入れるという農業神事を続けています。この日は、神様の1年の労に感謝して風呂に入ってもらい、主人が背中を洗い流す所作をした後、種もみ俵が据えられた神座のある奥座敷に案内し、並べられたごちそうの数々を説明しながら饗応します。神様はそのまま家に留まって、長く厳しい冬を家族と一緒に過ごします。

田の神様とともに年を越した農家では、翌春の2月9日に神様を田んぼまで送り、その年の豊作を祈ります。「あえのこと」がユネスコの無形遺産に登録された理由は、それが日本の稲作文化をたどる農業神事の原型として認められたからです。昔は能登の多くの農家で行われていた民族行事ですが、最近は昔通りに行事を行う家庭が少なくなりました。しかし、稲作を守る田の神様に祈り、感謝する気持ちに変わりはありません。

第Ⅱ部　二十四節気と七十二候　253

●わかりやすい英語による説明

From around the 2nd to the 6th of December is *Tachibana hajimete kibamu* "Tachibana Start to Turn Yellow." The green fruit of the *tachibana*（Citrus Tachibana）begins to take on a yellow-orange color as it ripens. The fruit is enjoyed for its fragrance, color, and appearance. In the mid-8th century, Emperor Suinin called Tajimamori and ordered him to obtain the fruit of longevity. Tajimamori traveled through Tang China and India and found a beautiful tree with yellow fruits. He hurried back to Japan with his find, but Emperor Suinin had passed away a year before. Tajimamori mourned deeply and planted the *tachibana* tree at the emperor's tomb before passing away himself.

In winter, one of the most popular hot pot dishes is *ankō nabe*, "anglerfish hot pot," which includes anglerfish meat, tofu, shiitake, and other ingredients simmered in broth. The anglerfish is a highly coveted delicacy, and its liver, with a high fat content（over 40%）, is referred to as the "foie gras of the sea."

Another premium fish in season during this period is the splendid alfonsino（*kinmedai*, Beryx splendens）. The best time to eat alfonsino is from December to February when it is most fatty. It is delicious whether grilled, simmered, raw, or used in broth.

The turnip（*kabu*, Brassicaceae family）is also known as "*suzuna*," one of the seven spring herbs. Turnips were introduced to Japan during the Yayoi period, even earlier than radishes. The *Nihon Shoki* records that Empress Jitō encouraged the planting of turnips.

On December 5th, *Aenokoto*, a representative folk event in Oku-Noto, Ishikawa Prefecture, begins. The ritual involves thanking the god of the rice field for protecting the rice crops. The farmers welcome the god of the rice field to their home and symbolically express gratitude for the god's year-long protection by entertaining him with a banquet. The god stays in the house with the family throughout the long, harsh winter and is sent back to the fields on February 9th with a similar ritual to pray for a bountiful harvest in the coming year.

❖二十四節気：大雪 *Taisetsu* 初候❖

【第六十一候】閉塞成冬　そらさむくふゆとなる

61st Micro-season: Sky is Cold; Winter Begins （*Sora samuku fuyu to naru*）

●二十四節気における時期

　七十二候の第六十一候閉塞成冬は、新暦の12月7日ごろから11日ごろまでの5日間にあたります。二十四節気では大雪の初候となり、地域によっては大雪に見舞われるところも出てきます。大雪とは激しく降る雪や多く積もった雪のことです。

　まさに冬到来の時期ですが、雪雲の日も多くなり、灰色の雲が大地を覆い、人・獣・鳥・魚も、草花すらもなんとなく不活発になってきます。閉塞成冬の「塞」はふさぐ・ふさがる・へだてる、などを意味し、砦や要塞という意味もある漢字です。この閉塞成冬という4文字からは、私たちの住む世界が、重い冬雲で塞がれてしまっているという状況が読み取れます。

　しかし、この時期の日本列島の天候を見ると、どうもそのような暗いイメージが当てはまる地域や時期もかなり限定的であるようにも思えてきます。確かに、このころは雪雲や氷雨の時期ですが、地域によっては冬日であっても、明るい空を眺めることができるところが多くあります。なお、冬日は1日の最低気温が摂氏零度未満の日のことです。

●名付けの由来とエピソード

　閉塞成冬は重い冬雲が空を覆う時期を表す言葉です。冬のヨーロッパ諸国を旅行するとわかることですが、南欧のギリシャ・スペイン・ポルトガル、そして南フランスを除いた地域ではどこへ行っても、例外なくどんよりとした冬雲に覆われ、暗くて陰気な天気が長く続きます。

　冬の北欧や東欧から日本に戻ってくると、久しぶりに眺める空の青さがとても美しく、またそのことを嬉しく思ったりします。これは気象学上からも証明できるようであり、日本で1年のうち晴れる割合の最も多い期間

は、11月下旬から2月下旬にかけてであるという記録があります。その期間内には晴れる割合が70%を超える日が多いそうです。

七十二候は、紀元前数百年ごろの中国で生まれたものと言われています。それが奈良時代に日本に伝えられて以来、日本の風土に合わせて何度か修正されてきたのが日本版の七十二候です。その中には、漢字の表現とその読み方にかなり違いがあるものがあります。それは中国の華北地方と日本との間に季節や気候条件のずれがあるからです。この閉塞成冬もその１つであり、あえて「閉塞」を「そらさむく」としたのでしょう。

●自然の恵みと風物詩

この時期が旬のピークとなる野菜がダイコンです。冬の鍋料理や煮物には欠かせないダイコンですが、その歴史はピラミッドの壁画にも描かれているほど古いものです。日本には奈良時代以前に中国南部を経由して渡来したと言われます。我が国最古の正史『日本書紀』には「於朋花」と記され、その呼び名が「大根」と表記され、室町時代ごろにその音読みである「だいこん」に変わったと言われます。

ダイコンは、消化を助け胃腸の働きを整えるジアスターゼやカリウム・ビタミンCを多く含み、魚介類や肉類との相性も良く、煮物・漬物・汁の実・炒め物・サラダなど幅広い料理に使われ、健康や美容の面からも優れた食材です。ダイコンの主な効能としては、消化の促進だけではなく、便秘の改善・咳止め・利尿作用・解毒作用などがよく知られています。

冬の食卓で人気のある鍋料理ですが、材料をそろえ、それをぶつ切りにし鍋に入れるだけという簡単な料理法と、身体が温まるという理由から、寒い時期にはうってつけの料理と言えます。全国各地方にそれぞれ独自の鍋料理があり、その数は100種類を超えると言われています。その中でも、人気の高いものと言えばフグの鍋料理である「てっちり」です。フグの鍋料理を「てっちり」と呼ぶのは以下の理由からです。

フグには毒があり、あたれば死ぬこともあるということから古来フグのことを鉄砲と呼び、フグ鍋のことを鉄砲鍋とも呼んでいました。また、魚の切り身を熱湯の中に入れると、身が縮んでちりちりになっていくことから、白身の魚を使った鍋料理を「ちり鍋」と呼びました。鉄砲の「鉄」とちり鍋の「ちり」が合わさり「てっちり」となったと言われます。

なお、フグの刺身のことを「てっさ」と言いますが、これも「鉄砲＋刺

身」を短縮した呼び名です。いずれも、フグの消費量が日本一と言われる大阪を中心にして使われてきた言葉ですが、今では全国にも通用するようになりました。

●関連する年中行事と祭り

閉塞成冬の初日と2日目ごろの12月7日と8日は、京都の大報恩寺（千本釈迦堂）で「大根炊き」が行われます。この両日は、釈迦が悟りを開いた日を祝う成道会が行われる日で、本堂で釈迦の梵字を描いたダイコンを加持祈祷し、その後に、それを切り分けて油揚げと一緒に大鍋で炊き上げ、参拝者に振る舞います（有料）。京都では古くからダイコンを食べると中風などの諸病を封じるのにご利益があるとされてきました。

「大根炊き」は京都の冬の風物詩として知られ、市内各所の寺院で行われますが、その先駆けとも言われるのが大報恩寺です。同寺の大根焚きは、鎌倉時代に同寺の三世慈禅上人が、大根の切り口を鏡に見立て、梵字を書いて魔除けとしたのが起源ともいわれています。

別名を千本釈迦堂と言う大報恩寺は、1221年に求法上人義空が小堂を建立し、仏像を祀ったのが起りとされる真言宗智山派の仏教寺院です。1227年建立の本堂は京都市内最古の木造建造物で、国宝に指定されています。大根焚きの発祥の地とされるこの大報恩寺の境内では、梵字が書かれた生の聖護院大根を購入することも可能です。

例年2月8日は事始め、12月8日は事納めの日とされています。この日は、人々が日頃使っている道具を片付けたり感謝したりする日ですが、関西地方では12月8日に針供養が行われます。ちなみに関東地方で針供養が行われるのは2月8日が多いようです。針供養とは、針を使う仕事をその日は休み、古くなった針や折れてしまった針を、こんにゃく・豆腐・もちなど柔らかいものに刺したり、紙に包んで神社に奉納したり、あるいはまた、川に流したりして供養する行事です。

古くなった針や使えなくなった針を柔らかいものに刺す行為には、それまで硬い布に刺していた針の苦労をねぎらい、ゆっくりと休んで欲しいという願いが込められています。針供養は中国から日本に伝わった風習と、女性を守る神様が祭られている和歌山市の淡島神社の神事が1つに混ざり合って生まれた行事であると言われています。

第Ⅱ部　二十四節気と七十二候　**257**

●わかりやすい英語による説明

The 61st micro-season *Sora samuku fuyu to naru* "Sky is Cold; Winter Begins" is from around December 7th to 11th. Winter weather arrives with more snowy days and gray clouds. People, animals, birds, fish, and even plants become less active.

Although this is the season of snow clouds and icy rain, many regions experience clear skies even on cold days. Meteorology shows that the period from late November to late February has the highest percentage of clear days throughout the year, with more than 70% having clear skies.

At this time, *daikon* reaches its peak season. Essential for winter hot pots and simmered dishes, *daikon* has a history so ancient that it is depicted on wall paintings of the pyramids. It is said that *daikon* was introduced into Japan via southern China before the Nara period. *Daikon* pairs well with seafood and meat and is prepared using many methods, including simmering, pickling, and stir-frying.

Among the more than 100 varieties of *nabe*, the most popular is the *fugu nabe* "pufferfish hot pot" known as "*tecchiri*." *Fugu* sashimi is known as "*tessa*." These terms originated in Osaka, where *fugu* consumption is the highest in Japan, but they have now become widely recognized nationwide.

On December 7th and 8th, the *Daikodaki* "turnip boiling" event is held at Daihō'onji（Senbon Shakado）, Kyoto. These two days commemorate the day when the historic Buddha Shakyamuni attained enlightenment. *Daikon* are inscribed with Sanskrit characters to be blessed in the main hall, then are cut and simmered in a large pot with fried tofu. This *daikodaki* is a precursor to other *daikon* cooking rituals held at temples throughout Kyoto during winter.

December 8th is *Koto osame*, the "end of the year's work." In the Kansai Region, *Hari kuyō* "needle memorial service" is held on this day. The ritual involves honoring and consoling old or broken needles by offering prayers at a shrine or temple. The needles are then ritually destroyed by burying or floating them down a river to the ocean.

❖二十四節気：大雪 *Taisetsu* 次候❖

【第六十二候】熊蟄穴　くまあなにこもる

62nd Micro-season: Bears Retreat in Caves（*Kuma ana ni komoru*）

●**二十四節気における時期**

　熊蟄穴は、熊が穴にもぐり込んで、長い休眠状態に入ることで、新暦の12月12日ごろから16日ごろまでの期間にあたります。動物が、季節性低温期とも呼ばれる冬期に対処するため、運動や摂食を抑制して長期間の休眠状態に入ることを冬眠と言います。

　カエルやサンショウウオなどの両生類や、ヘビ・トカゲ・カメ・ワニなどの爬虫類、そしてイモムシなどの昆虫は、この時期に土の中や木の中の空洞などにもぐりこみ、しばらくの間仮死状態になります。冬眠する動物には、ほかにもコウモリ・ヤマネ・シマリスなどがいますが、この表題にあるような、クマが穴にもぐり込んでじっとしていることを「冬ごもり」と呼び、一定期間を眠ったまま過ごす冬眠と区別しています。

　クマが岩穴・土穴・樹洞などに入って冬ごもりするのは、厳しい寒さのために餌となる植物・小動物・昆虫などが不足し、飲み水も凍りついてしまうからです。冬を越し、生存に適した環境が整う春になるまでの期間を生き延びるため、体温を低くして、生きるために必要なエネルギーの消費を最小限に抑えるのです。

　クマは、冬ごもりに備えて夏から秋にかけて餌をたくさん食べて体内に脂肪をたっぷりと蓄えます。そのために、冬ごもり中は摂食も排せつもせずに過ごせるのです。雌グマはこの期間中に出産し、授乳もして、春になると新生児の子グマたちと一緒に穴から出てきます。

●**名付けの由来とエピソード**

　なぜクマの場合には冬眠とは言わず、冬ごもりというのかという理由の1つはその眠りの浅さにあるようです。リスなどの小型哺乳類の冬眠は、そばで大きな声を出したり、触ったりしても起きないほどの深い眠りであるのに対して、クマは、近づいてくる足音だけでも目が覚めてしまうほどの浅い眠りだそうです。ほかの動物の冬眠に比べて、クマは、冬の間は穴にこもっているだけのようであるため冬ごもりと言われるのです。

第Ⅱ部　二十四節気と七十二候　　259

　そのような状態の中にあっても雌グマが出産し、授乳して子グマを育てることができるのは、雌グマのミルクが超濃厚だからだと言われます。牛乳と言われる牛のミルクのタンパク質が３％、脂肪が４％であるのに対して、冬ごもり中の北海道のヒグマの場合には、それぞれ10％と15％という高い数値になっているそうです。

●自然の恵みと風物詩

　本候の２日目あたりになる12月13日は「正月事始め」の日です。この日が、まもなくやってくる正月の準備をはじめるのにふさわしい日と決めたのは、我が国で９世紀中ごろから江戸時代中期まで800年間にわたり使われてきた宣明暦でした。その理由は、12月13日が、婚礼以外では全てのことに大吉の日（鬼宿日）であったからだと言われます。そのため、年明けとともに降臨し、福をもたらしてくれる歳神を迎える正月の準備をはじめるには、もっともふさわしい日であるとされたのです。

　正月事始めに行われる主なものは家の中の煤払いや台所のかまどの掃除、そして正月飾りの門松を山から伐り出す「松迎え」の行事です。この松迎えの役を、新年が自分の生まれ年と同じ干支になる年男が務めたり、歳神がいる方角の山に登って祭礼を行ったりする地域もあります。

　12月が出荷最盛期になる野菜にネギがあります。ネギは奈良時代に日本に伝わり、古代から全国で栽培されてきた歴史の長い野菜です。ネギは、白い部分を食用にする根深ネギ（長ネギ）と緑色の部分が多い葉ネギ（青ネギ）とに分類でき、東日本では根深ネギが、そして西日本では葉ネギが好まれ、「東の長ネギ、西の青ネギ」と言われてきました。根深ネギは、加熱すると甘みが増し、とろりとした食感を楽しむことができます。葉ネギはβカロテン・ビタミンＣが豊富です。

　ネギと同様に、東日本と西日本でそれぞれ好みが異なる魚介類にナマコがあります。ナマコは、ヒトデやウニの仲間の棘皮動物で、体長は20〜30センチ、太さは５〜６センチほどになります。世界の海に約1,500種、日本には約200種が生息していると言われるナマコですが、その体色の違いからアカナマコ・アオナマコ・クロナマコに分けられます。

　食用としては、ナマコを刺身にして三杯酢をかけるのが一般的な食べ方ですが、東日本ではアオナマコが、そして西日本ではアカナマコが好まれるようです。ナマコを煮て、乾燥させたものが中華料理で珍重されてきた

干しナマコ（イリコ）です。この干しナマコは、かつてはフカヒレと並ぶ中国への重要な輸出品の1つだったと言われます。

●関連する年中行事と祭り

前項で説明した正月事始めの行事でよく知られ、年末の恒例行事としてなじみの深いものが12月13日に行われる「煤払い」です。このころになると、各他の神社仏閣で一斉に煤払いをしている様子が、新聞やテレビのニュース番組でもよく報道されます。また、この日に神棚や仏壇の煤払いをしてから家の内外の大掃除をするという家庭も多いです。

この煤払いのことを正月迎え・ことはじめ・ええことはじめ・松ならし、などと呼んでいる地域もあります。これは煤払いが単なる大掃除ではなく、正月に歳神を迎えるための準備をはじめる行事という意味を持っているからです。煤払いの道具は笹竹あるいは清め竹と呼びますが、笹竹の先に笹の葉や藁を付けたものです。煤払いに使った笹竹は、翌年1月15日の小正月の左義長で焚き上げるという地域もあります。煤払いの後には、煤払いもちや団子などを食べる風習もあります

毎年12月14日には「義士祭」が兵庫県赤穂市、京都市山科区、そして東京都港区の泉岳寺で開催されています。義士祭とは、1702年12月14日の深夜、主君浅野内匠頭の仇を討つために、江戸本所松坂町にある吉良上野介義央の屋敷に討ち入った大石内蔵助以下47人の赤穂浪士たちの忠義を称え、それを記念するために挙行される祭りです。

赤穂市と泉岳寺で行われるものを「赤穂義士祭」と言い、大石が討ち入り前の1年4ヶ月ほど滞在していた山科区で行われるものを「山科義士まつり」と呼びます。赤穂市で開催される「赤穂義士祭」は同市最大の催し物で、「四十七士」と呼ばれる義士たちの行列や赤穂藩の大名行列などさまざまなパレードが繰り広げられます。一方、浅野内匠頭と赤穂義士の墓がある東京都港区の泉岳寺では、毎年12月14日と4月のはじめの年2回、赤穂義士を供養する「赤穂義士祭」が開催されています。

年末の京都の風物詩である「山科義士まつり」もこの日に開催されます。当日は、討ち入り装束に身を固めた山科区の人々による四十七士の行列が、毘沙門堂から大石神社まで練り歩きます。また、「刃傷松の廊下」や「元禄花見踊り」などの演劇も市内で開かれたりします。

第II部　二十四節気と七十二候　**261**

●わかりやすい英語による説明

Kuma ana ni komoru "Bears Retreat in Caves," the 62nd pentad, falls between approximately December 12th and 16th. Bears crawl into caves and enter a long state of dormancy, referred to as *fuyugomori* "winter retreat," rather than hibernation because of the shallowness of the sleep. During this period, female bears give birth and nurse their cubs, and emerge from their sleeping places in the spring with their newborns.

December 13th is *Shōgatsu kotohajime* "the Beginning of New Year Preparations," which was considered an auspicious day to prepare to welcome the *Toshigami* "New Year's deity" who brings blessings at the start of the year. The main activities include cleaning the house, especially the soot from the hearth "*susuharai*" and the stove in the kitchen. *Susuharai mochi*, "soot-cleaning rice cakes," are customarily eaten after thorough cleaning.

This is the peak season for *negi* "Japanese leek." These were introduced into Japan during the Nara period and have a long history of cultivation. There are two types of *negi*—long leeks, of which the white part is eaten, and green onions, of which the green part is used.

Namako "sea cucumber" is a type of echinoderm related to starfish and sea urchins; 200 species are found in Japan and are very popular during the winter. *Namako* is commonly eaten as sashimi with a dressing of vinegar, soy sauce, and sugar.

Every year on December 14th, the *Gishisai* "Loyal Retainers Festival" is held in Akō City, Hyogo Prefecture; in Yamashina Ward, Kyoto City; and at Sengakuji Temple, Minato Ward, Tokyo. The *Gishisai* commemorates the ritual suicide of the 47 Akō Rōnin, who avenged their master by killing his accuser on the night of December 14th, 1702.

The *Gishisai* held in Akō City is the largest event in the city. At Sengakuji Temple, where the graves of Asano Takumi-no-kami and his 47 men are located, the *Gishisai* is held on December 14th and in April. The *Yamashina gishi matsuri* is held on the 14th with a procession from Bishamondō Temple to Ōishi Shrine.

❖二十四節気：大雪 *Taisetsu* 末候❖

【第六十三候】鱖魚群　さけのうおむらがる

63rd Micro-season: Salmon Gather（*Sake no uo muragaru*）

●二十四節気における時期

　鱖魚群は、新暦の12月17日ごろから21日ごろまでの時期にあたります。ちょうどこのころに北太平洋の海を長い間にわたり回遊してきたサケが、産卵のために生まれ故郷の北国の川に戻ってきます。サケは、川の上流で生まれ、雪解けとともに、川を下って大海へ出ていき、その一生の大半を海で過ごすと言われます。その後数年してから、サケは大きな群れをなして産卵のために自分が生まれた川に戻ってくるのです。

　その川の河口からウロコをキラキラと輝かせながら、大挙して川を遡っていくサケは川の中流域に到り、そこで産卵します。産卵後に稚魚となったサケは、川を下って海に至り、大洋を回遊したのちに元の川に戻ってきます。このサケの特異な習性や現象を母川回帰と言います。鱖魚群は、このサケが群がって川を遡っていく様子を表す言葉です。

　語頭の漢字である魚偏に厥と書く鱖は、本来口が大きく、鱗が小さく、黒い斑点がある川魚のことです。しかし、この鱖は、国字（日本で作られた漢字）としてはサケ（鮭）を意味します。

●名付けの由来とエピソード

　サケが自分の生まれ故郷である川へ群れをなして戻ってくる母川回帰現象ですが、いったいなぜ、またどのようにして、迷うことなく正しい川に戻ることができるのかの理由についてはいまだに定説がないそうです。これまでにいろいろな学説が発表されてきましたが、研究者の間で有力視されているものの1つに「嗅覚刷り込み説」があります。

　嗅覚刷り込み説は、サケが生まれ故郷である母川特有の匂いに対する記憶を頼りにして戻ってくるという説です。この説は、鼻に詰め物をするなどして嗅覚を鈍くしたサケが、母川に回帰できなくなる状態を観察した実験結果などもあって、多くの研究者から一定の支持を得ています。

　しかし、いくら嗅覚の鋭いサケといえども、母川から遠く離れた外洋からその匂いを嗅ぎ分けるのは不可能であり、嗅覚以外の方法にも頼りなが

第Ⅱ部　二十四節気と七十二候　**263**

ら母川回帰すると考えるべきであるという説もあります。サケが母川回帰する前の外洋における回遊の進路に関しても、ミツバチやハト、またウミガメなどの方位決定のメカニズムの場合と同じように、太陽コンパス説・磁気コンパス説・海流説などが提唱されてきました。

　サケの場合には、嗅覚刷り込みに加えて太陽コンパスや磁気コンパス、またある時には海流も活用しながら、母川の匂いの届かない外洋から母川近くまで回帰しているのではないだろうかと言われています。

●自然の恵みと風物詩

　冬の料理を代表するものにカニ料理があります。茹でガニ・カニ刺し・焼きガニ・カニしゃぶ・カニすき鍋・カニ雑炊・カニ味噌の甲羅焼き・カニ丼・味噌汁・炊き込みご飯などなど、その種類も豊富です。我が国でよく知られているカニと言えば、ズワイガニ・タラバガニ・ケガニ（毛蟹）の「三大カニ」です。このうち11月上旬に漁が解禁されるのがズワイガニですが、その雄の呼び名は水揚げされる場所によって変わります。

　山陰地方ではズワイガニの雄を松葉ガニと呼びますが、同じものが福井県では越前ガニ、石川県では加賀と能登の1字をとった加能ガニと呼ばれます。さらに、兵庫県の浜坂産松葉ガニ・香住港まつばがに・津居山かに、また京都府京丹後市の間人ガニや網野ガニなどがあります。

　鳥取県の最高級ブランドガニ「特選とっとり松葉がに五輝星」は、厳しい基準をクリアした松葉ガニの王様です。2018年の初競りで、一匹200万円という高値で落札され、最も高額なカニとしてギネス世界記録に認定されました。その後2019年には500万円で落札され記録を更新しました。

　松葉ガニの名前の由来には諸説があります。江戸時代の古文書に、鳥取藩主が土産として贈った品の記録に「松葉がに」の記載があったからという説、その細く長い脚やカニの身が松葉のように見えるから、あるいはカニの身を水につけると松葉のように美しく広がるから、また漁師が松葉を燃やしてその身を煮て食べていたから、などです。

　このころに出荷最盛期を迎える食材にユリネがあります。ユリネ（百合根）はその名が示すとおり、オニユリやヤマユリの球根です。加熱するとホクホクとした食感で、甘くほろ苦い風味があり、茶碗蒸し・梅肉和え・ホイル焼き・素揚げなどの料理に用いられます。

　ユリネは、植え付けてから収穫までに約3年と手間のかかる野菜で、涼

しい気候を好むため、総生産量の90％以上が北海道で栽培されています。正月料理や懐石料理によく使われるユリネですが、根元の硬い部分を取り除き、花びらのような根を一枚ずつはがして使います。

ユリネには血圧を下げる効果のあるカリウムのほか、マグネシウム・リン・鉄分などのミネラル類が含まれ、動脈硬化や糖尿病予防に役立つ水溶性食物繊維や、整腸作用のある不溶性食物繊維も豊富に含まれます。中国医学では、ユリネは生薬また薬膳の材料として使われています。

●関連する年中行事と祭り

本候が始まるころの12月17日から19日までの3日間にわたり、東京都台東区にある浅草寺で、18日の「納めの観音ご縁日」をはさみ恒例の羽子板市が開かれます。毎月18日は観世音菩薩の縁日ですが、12月18日は納めの観音と呼ばれ、江戸時代から特に参拝者が多い日でした。この日のたくさんの人出を見込んで、浅草寺の境内には新年の飾り物や正月用品を売る露店が多く集まるようになり市が立つようになりました。

このようにその年の最後に開かれる市を「歳の市」と呼びますが、浅草寺の歳の市では、江戸時代末期から羽子板を売る店が多くなっていきました。羽子板は、次のような理由から縁起物の1つでした。

羽子板には悪霊や厄をはね除けるという意味があるだけではなく、羽子板でつく羽根の先に付いている黒い玉が、無患子という木の種子で「子どもが患わ無い」と読めるため、新生児が邪気をはね除け、すこやかに育つことに通じるとされていたのです。そのため江戸時代には、女子が生まれると、そのお祝いに必ず羽子板を贈る習慣が生まれました。

このような背景から羽子板が浅草寺での歳の市の目玉商品になって行ったのですが、江戸時代末期になると、それまでの松竹梅や花鳥の図に替えて、その時代に人気の高い歌舞伎俳優の舞台姿や似顔絵を立体的に貼り付けた羽子板が市に並べられるようになります。その羽子板は、押絵細工を応用した、図柄の構成や色彩も華麗なものでした。

やがて人々は自分の好きな役者の羽子板を競って買い求めるようになり羽子板が歳の市の主役となっていきました。現在の羽子板市でも江戸情緒あふれる歌舞伎の絵柄のほかに、社会風刺・時事問題・人気タレントを題材にした「変わり羽子板」など多彩な作品が売られています。

第Ⅱ部 二十四節気と七十二候 265

●わかりやすい英語による説明

Micro-season #63 *Sake no uo muragaru* "Salmon Gather" falls between December 17th and 21st. During this time, salmon migrating through the North Pacific Ocean return to spawn in the rivers of northern Japan where they were born. It is believed that the salmon use a combination of olfactory imprinting, sun compass, magnetic compass, and sometimes ocean currents to return to their natal rivers to lay their eggs. *Sake no uo muragaru* refers to the sight of these salmon swarming as they swim upstream.

Crab cuisine, much favored during the winter, includes many different dishes such as boiled crab, crab sashimi, grilled crab, crab shabu-shabu, crab hot pot, crab porridge, grilled crab with miso in the shell, crab rice bowl, miso soup, and crab-flavored rice, among others. There are three major types of crabs that are eaten. Snow crab（Chionoecetes opilio）, the most popular, is in season from early November. In the first auction of 2019, a single snow crab was sold for 5 million yen setting a Guinness World Record for the most expensive crab.

During this period, *yurine* "lily bulb" reaches its peak shipping season. When cooked, it has a fluffy texture and a sweet, slightly bitter flavor, making it suitable for dishes like steamed egg custard, foil-baked dishes, and deep-fried treats.

From December 17th to 19th, the traditional *Hagoita* "battledore" Market is held at Sensōji Temple in Taitō Ward, Tokyo. December 18th, dedicated to Kannon Bodhisattva, is the highlight with many stalls selling New Year's goods and decorations on the temple grounds. It is believed that *hagoita* protect newborns from evil and ensure their healthy growth. The black seed at the tip of shuttlecock comes from the soapnut tree（Sapindus mukurossi）and is called "*mukuroji*" which is a homonym for "children free of illness." In the late Edo period, *hagoita* adorned with three-dimensional depictions of popular Kabuki actors, stage performancers, and portraits replaced the traditional pine, bamboo, and plum designs.

❖二十四節気：冬至　*Tōji* 初候❖

【第六十四候】乃東生　なつかれくさしょうず

64th Micro-season: Woundwort Sprouts （*Natsukarekusa shōzu*）

●二十四節気における時期

　冬至の初候に当たる乃東生は、新暦の12月22日ごろから26日ごろまでの期間になります。この時期のちょうど6ヶ月前に夏至が始まり、その初候が乃東枯です。乃東生は、その乃東枯の対極の候で、夏至に対する冬至の初候です。

　北半球で、正午における太陽の高度が1年中で最も低くなり、昼の時間が最も短くなる日が冬至です。この日を境にして寒さが次第に厳しくなっていきますが、同時にこの日を過ぎれば日々の日射量が確実に増えていきます。このことから、冬至は陰気の盛りが極限に達して陽気がかえってくる日、すなわち太陽が復活する日ととらえ、「一陽来復」とも呼ばれてきました。

　一陽来復は、冬が去って、春が来ること、また悪いことばかりであった状態がようやく回復してよい方に向いてくること、という意味でも使われます。昔から、冬至は祝いの日や禊の日とされ、小豆粥やカボチャを食べて邪気を払い、香りと薬効に優れたユズをいくつも浮かべた柚子湯に入るなどのならわしがあります。

●名付けの由来とエピソード

　乃東枯は、乃東枯の候でも説明したように、ウツボグサあるいは夏枯草と呼ばれるシソ科の植物の古名です。ウツボグサは、夏のはじめに花を咲かせ、真夏には褐色に枯れて変化して枯れてしまいます。乃東生は、そのウツボグサが冬至のころになると再び芽を出す様子を表す言葉です。

　冬至も夏至も、太陽の運行に基づいて決められた日であり、世界共通に見られる現象で、古代文明の暦上でも冬至は特殊な日としてあつかわれていました。なお、北半球が冬至を迎えるころは、南半球では夏至となり、

第Ⅱ部　二十四節気と七十二候　**267**

日が出ている時間が最も長い日となります。中国の古い暦には、冬至のころを新年の始まりとするものもあり、冬至は人々の生活とも密接に関係していました。中国には今でも「冬至は新年のようだ」と冬至を、正月のように祝う地域もあるそうです。

　前項で冬至にカボチャを食べて邪気を払うと説明しましたが、これは、「ん」の付く食べ物が「運盛り」と言われ、運気がよくなるという縁起をかついだからです。カボチャは別名をナンキン（南京）と言いますが、そのほかに、レンコン・ニンジン・ウンドン（ウドン）・ギンナン・キンカン・カンテン、などもすべて「ん」が２つ付いています。

●自然の恵みと風物詩

　冬至によく食べられる魚介類に、縁起物として正月のおせち料理に欠かせないカズノコ（数の子）があります。１回の産卵で何万あるいは何億という数の卵を産む魚類は、左右の卵巣をセットにして１腹と数えます。高級品として扱われてきたカズノコの場合には、片腹分を１羽（ひとはね）と呼びます。卵の数が１羽で数万粒にもおよぶカズノコは、その数の多さから子孫繁栄を連想させるため縁起物とされてきました。

　カズノコの語源は、アイヌの人々にとりニシンが大事な糧食であったことに由来します。アイヌ語で「糧」を意味する「かど」の子（卵）が転訛してカズノコが定着したと言われますが、東北地方には今でもニシンのことをカドあるいはカドイワシと呼び、好んで食べる地域があります。

　ニシンは鰊あるいは鯡と漢字表記しますが、前者は北海道の東でよく獲れたことから、後者は江戸時代末期から明治時代にかけて、食用にしても有り余るほど大漁であったニシンが脂を絞られた後に、畑の肥料になり「魚に非ず」と卑下されたから、とも言われます。

　この時期に正月用として多く出回る野菜類に、黒豆・赤カブ・金時人参があります。いずれもその名前や色合いからおめでたい食品として、昔からおせち料理の定番食材として使われてきたものです。

　黒豆は大豆の一種で、種子の皮が黒い品種のものです。正月のおせち料理などに用いられてきました。その色がカラスのように真っ黒いことから烏豆とも書きます。「まめ」は忠実にも通じ、「まめに働く」「まめに暮らす」など労苦をいとわずよく勤め働くことも意味するほか、元気・健康・丈夫などという意味もあります。

赤カブは、アブラナ科アブラナ属のカブの一種で、ポリフェノールの1種である天然色素アントシアニンにより実が赤いものを言います。品種によっては、皮だけではなく、茎まで赤いものもあります。酢漬けにすると鮮やかに発色するため、白い色のカブと合わせて紅白となる赤カブの甘酢漬けは、おせちの定番です。赤カブには澱粉分解酵素のアミラーゼが含まれているため、サラダなど生で食べるのも良いとされます。

　江戸時代に中国から伝わったと言われる金時人参は、12月から1月に旬を迎えます。その赤い色からおせち料理や京料理で珍重される金時人参ですが、主な産地である坂出市や観音寺市のある香川県では、金時人参を使った郷土料理「あんもち雑煮」は正月料理に不可欠な食材です。

● **関連する年中行事と祭り**

　毎年12月24日に三重県桑名市太夫にある増田神社境内で、ふだん伊勢神宮に参拝できない人の代わりに、神楽を奉納する神事「伊勢大神楽」が行われます。桑名には、江戸時代から西日本を中心に各地をまわり、伊勢神宮のお札を配りながら、獅子舞・曲芸・手品などを演じ、楽器を鳴らし、小唄などをうたって種々の災難を祓うという伝統芸能がありました。

　この伝統芸能は、市内の伊勢大神楽講社の人々によって受け継がれていて、現在も桑名市から組と呼ばれる単位で、近畿・北陸地方等を中心に巡行に出ます。その組のメンバーが1年の最後になるこの日に揃い、増田神社で舞と曲芸を奉納します。豪壮な獅子舞に加え、皿回しや軽業といった曲芸などが演じられ、境内はたくさんの見物客でにぎわいます。伊勢大神楽は、1981年に国の重要無形民俗文化財に指定されました。

　翌日の12月25日には福岡県みやま市高田町にある上楠田天満宮（祭神菅原道真）で「上楠田天満宮大注連縄送り」が行われます。これは、上楠田天満宮の祭典にあたり、五穀豊穣・無病息災・家内繁盛を祈願して、約400年前から奉納されている伝統行事です。

　この日は、早朝から禊を済ませた法被姿の氏子たちが、天満宮境内に植えられている、幹周り約1.1メートル、樹齢推定約300年の大藤からつくった藤のツルを芯にした直径45センチ、長さ6メートルの巨大な注連縄をかついで、鉦や太鼓によるお囃子とともに、地区内を練り歩き、その後注連縄を上楠田天満宮に奉納します。

第Ⅱ部　二十四節気と七十二候　269

●わかりやすい英語による説明

Natsukarekusa shōzu "Woundwort Sprouts," the 64th micro-season from around December 22nd to December 26th, occurs during the winter solstice, when yin energy has peaked and gives way to the return of yang energy. It is called *Ichiyō raifuku* "the return of the sun."

One solstice custom is bathing with *yuzu* "Japanese citrus" known for its fragrance and medicinal properties. Other rituals include eating *azukigayu* "red bean congee" and various foods containing the syllable "n" which brings good fortune, such as pumpkin known as "*nankin*." Foods that contain two n's, including *renkon* "lotus root," *ninjin* "carrot," *undon* "udon noodles," *ginnan* "gingko nut," *kinkan* "kumquat," and *kanten* "agar," are also thought to be healthful.

During this season, many foodstuffs appear in the markets because their auspicious names and colors have made them traditional ingredients for *osechi* "New Year's cuisine." *Kazunoko* "herring roe" is considered a symbol of fertility and good fortune. *Kuromame*, a type of soybean with black skin, is a favorite item. *Mame* "bean" is a homonym for diligence（*mame ni hataraku* "to work diligently"）and health（*mame ni kurasu* "to live healthily"）. Pickled *akakabu* "red turnip" is often paired with pickled white turnips—red and white are an auspicious combination. *Kintoki ninjin* "Kintoki carrot" is also prized for its red color in *osechi* and Kyoto cuisine.

On December 24th, *Ise daikagura* is performed at Masuda Shrine in Tayu, Kuwana City, Mie Prefecture. A troupe that has toured throughout the Kinki and Hokuriku Regions on an annual pilgrimage gathers to offer dances and acrobatics at Masuda Shrine.

On December 25th, the *Kamikusuda Tenmangū ōshimenawa okuri* is held at Kamikusuda Tenmangū Shrine, Takadachō, Miyama City, Fukuoka Prefecture, where Sugawara no Michizane is enshrined. A large *shimenawa* "sacred rope," measuring 45 centimeters in diameter and 6 meters in length and made from the vines of an ancient wisteria tree in the shrine's precincts, is offered.

❖二十四節気：冬至 *Tōji* 次候❖

【第六十五候】麋角解　さわしかのつのおつる

65th Micro-season: Deer Shed Antlers（*Sawashika no tsuno otsuru*）

●二十四節気における時期

　年末の12月27日ごろから大晦日ごろまでの期間は、冬至の次候で麋角解と呼ばれます。中国語の麋は中国の内モンゴル自治区あたりに棲息するヘラジカのことで、駝鹿とも表記します。オスのヘラジカだけに生えるその角を麋角と言いますが、それがこの時期になると新しいツノに生え変わるために、抜け落ちるというのが麋角解の意味です。

　ヘラジカは偶蹄目シカ科に属し、ヨーロッパではエルク、北アメリカではムースと呼ばれる最大のシカです。その大きさは、体長2～3メートル、肩高1.5～2メートルにもなり、体重はオスが380～700キロでメスが200～490キロに達します。ヘラジカのツノは、その名前のもとになっている箆のような形をしていて、横に向かって生えています。

　ヘラジカはヨーロッパ・シベリア・アラスカ・カナダなど寒冷地域に分布し、水辺の草原に小さな群れをなして生活しています。中国では、トナカイが放牧されている内モンゴル自治区に棲んでいますが、同地域の11月と12月における平均気温は、それぞれ摂氏−0.6度と−11.5度（2020年）、摂氏0.2度と−5.6度（2021年）とかなり低いものです（出典：気象庁「地点別データグラフ」、チーフォン（赤峰）、中華人民共和国）。

●名付けの由来とエピソード

　前候の中で、冬至は一陽来復とも言い、陰の気が極まって陽の気が生じる日と説明しました。古代の中国の人々は、ツノのあるシカは、冬至の陰気の気配の中に生じた微かな陽気を敏感に察知し、それに呼応するかのようにツノが抜けるのだと信じていたそうです。

　中国では昔から、このようにシカのツノが抜けることも自然界の決まりである冬至の影響であると考えていたようですが、医学の面においても中国の人々と鹿は深い関係を保ってきました。ヘラジカやトナカイなど野生種を主とするシカは別として、中国では一般的にシカは家畜として大切に育てられ、高値で取引されているということです。

第Ⅱ部　二十四節気と七十二候　271

　同国では、シカを食肉用として利用する以外に、医薬品材料として重視し、種々の医薬製品を生み出し、東南アジアなど近隣諸国に輸出して大きな経済効果を上げていると言われます。医薬品材料としての主役がツノで、シカのツノからできた生薬には鹿茸（未成熟の柔らかい角）・鹿角・鹿角膠・鹿角霜などがあり、強壮・強精作用・心機能活性・筋肉疲労回復作用・消化機能促進作用など幅広い薬効があると言われます。

●自然の恵みと風物詩

　麋角解の候は、あと数日で正月を迎えるころになり、どの家でもその準備に忙しくなる時期です。正月は、それぞれの家で歳神を迎えて家族ともども新年を祝う行事です。各家庭では、この大切な歳神を自宅に迎え入れるため門松・注連飾り・鏡餅などからなる正月飾りをします。

　門松は、歳神が天から降りてくる際の目印の役目を果たすもので、それを依代と言い、正月飾りの中で最も重要なものです。飾り松や立松という異名もある門松は、その字が示すように、家の門口に立てます。その起源は、長寿祈願のために野に出て小さな松の木を引き抜いてきたという、平安時代の朝廷儀式であった小松引きであると言われます。

　家の門や神棚に注連縄を張って飾ることやその注連縄自体を注連飾りと言います。同じ発音で標縄と書くこともありますが、注連縄は神の占める範囲を示し、神事を行う所から不浄なものを閉め出す境界線を標示するものです。注連縄に、清廉潔白を示す裏白（常緑シダ）・代を譲って子孫繁栄を願う譲葉・代々の繁栄を願う橙・末広がりでめでたい扇・五穀豊穣を願う稲穂などの縁起物を飾りつけたものが注連飾りです。

　鏡餅は、金属製の円鏡と似ているところから名付けられた丸くて平たい飾り餅です。正月の鏡餅は、主として神棚や床の間などに供える神供であり、歳神の依代ともなるものです。鏡餅は直径20〜30センチもある中高で丸い形をしています。半紙や三方の上に大小の鏡餅を重ねて載せ、ダイダイ・伊勢エビ・干し柿・裏白・昆布などを添えて供えます。

　門松をはじめとする正月飾りは12月28日までに済ますのが良いとされます。それは、29日が「二重苦」に通じ、大晦日の31日は「一夜飾り」となり歳神に対して誠意に欠け、かつ葬儀の準備を想起させるからです。これらの正月飾りは、1月15日の小正月に行われる左義長、あるいはトンド（ドンド）と呼ばれる火祭りの行事で焚き上げます。その火で焼いた餅や

団子を食べると病気をしないと言われます。

●関連する年中行事と祭り

　大晦日の年中行事の1つに年越しそばがあります。江戸時代の商家ではふだんの日よりもはるかに忙しい月末は、夜遅くに晦日そばを食べる習慣がありました。晦日そばはその月が無事に終わったことの祝いを込めて、主人から店の者たちに振る舞われました。それが1年の月末の中でも一番忙しい大晦日には、必ずそばを食べるしきたりになったようです。

　また、当時の金銀細工の職人たちは、仕事場の掃除をするときにそば粉をこねてつくった団子をあちこちに押し当てて、飛び散った金粉や銀粉を集めていました。そこからそばに、金を集めるという意味が付加され大晦日の縁起物になり、細くて長いそばに長寿の願いも込められて、大晦日に年越しそばを食べる習慣となったとも言われます。

　大晦日は1年の最後の日、すなわち古い年を除き去る日であるため別名を除日と言い、その日の夜のことを除夜と言います。そこから、大晦日の夜から年明けにかけて各地の寺院で打ち鳴らす鐘を「除夜の鐘」と呼ぶようになりました。中国で生まれたこの風習は鎌倉時代に禅寺を通して日本に伝わったと言われます。除夜の鐘は108回打ち鳴らすのですが、それは人間の煩悩の数が108個あるからだと言われます。

　除夜の鐘を108回打つ理由には次のような俗信もあります。1年の月数が12、二十四節気が24、そして七十二候が72で、それらを全部足すと108になるため鐘の数は1年を表す、また四苦八苦という言葉のとおり、四苦（4×9）と八苦（8×9）を足すと108になる、などです。

　秋田県男鹿市では大晦日の晩に、地元の青年たちが鬼の姿に扮装し、木製の大包丁や手桶などを持って、「泣く子はいねが～、親の言うこど聞がね子はいねが～」などと大声で叫びながら地域の家々を回ります。このナマハゲと呼ばれる鬼を迎える家では、料理や酒を準備して丁重にもてなします。地元の人々にとってナマハゲは、家族の無病息災・五穀豊穣・豊漁を願い、また怠け心を戒めてくれる大切な歳神なのです。

　この「男鹿のナマハゲ」は1978年に国の重要無形民俗文化財に指定され、2018年には男鹿のナマハゲなど8県の10行事が、「来訪神：仮面・仮装の神々」としてユネスコの無形文化遺産に登録されました。

第 II 部　二十四節気と七十二候　**273**

●わかりやすい英語による説明

The period from around December 27th to New Year's Eve is called *Sawashika no tsuno otsuru* "Deer Shed Antlers," micro-season #65. In China, this refers to moose losing their old antlers to make way for new ones. The shedding of moose and deer antlers was considered a natural phenomenon influenced by the winter solstice.

The micro-season coincides with the period when households are bustling with preparations to welcome the *Toshigami* "deity of the new year." To properly welcome this important deity into the home, families adorn their houses with auspicious decorations, such as the following:

Kadomatsu "gate pine" serves as a *yorishiro* "marker for the *Toshigami* to descend from the heavens."

Shimenawa "sacred ropes" are put up to indicate a sacred space and to keep impurities out.

Kagamimochi "a large, round rice cake" resembles a sacred mirror. It is adorned with items like bitter oranges, lobster, dried persimmons, evergreen fern, and kelp, which all have felicitous or celebratory meanings.

The New Year's decorations, including *kadomatsu*, should all be put up by December 28th. The 29th "*nijūku*" is a homonym for "double suffering," and putting up the decoration on December 31st, the day before the New Year, is considered rude to the *Toshigami*.

Eating *toshikoshi soba* "buckwheat noodles for passing into the New Year" is a custom dating from the Edo period. The long, thin noodles symbolize a wish for longevity and good fortune.

Joya no kane "New Year's Eve bell" is struck 108 times to dispel the 108 human desires. This custom originated in China and was brought to Japan through Zen temples during the Kamakura period.

In Oga City, Akita Prefecture, local young men dress as demons "*namahage*" on New Year's Eve. They are important deities that bring good health, bountiful harvests, and abundant catches, as well as reprimanding laziness.

❖二十四節気：冬至 *Tōji* 末候❖

【第六十六候】雪下出麦　ゆきわたりてむぎのびる

66th Micro-season: Wheat Sprouts Under Snow（*Yuki watarite mugi nobiru*）

●二十四節気における時期

　冬至の末候は、新暦の 1 月 1 日ごろから 5 日ごろまでで、七十二候では雪下出麦と言います。日本語の送りがなは「ゆきわたりてむぎのびる」とされていますが、「むぎのびる」に代えて「むぎいずる（出る）」としたり、「むぎをいだす（出す）」としたりする場合もあります。いずれも、ムギはこのころに芽を出すという意味です。

　地域によって差はありますが、ムギは 9 月から 11 月にかけて種まきをして、翌年の 6 月から 8 月ごろに収穫をします。ムギが芽を出すころは冬になっていて、畑が雪あるいは霜で覆われるところもあります。そのため霜柱による土壌の浮きを防ぎ、根張りをよくし、ムギの伸び過ぎを抑えるためにも、早春にムギの芽を足で踏む麦踏みが行われます。

　ムギ（麦）は、被子植物イネ目イネ科に属する 1 年生の作物で、オオムギ（大麦）・コムギ（小麦）・ライオオムギ・エンオオムギというムギの仲間を総称する言葉です。オオムギは主に麦飯として食べるほか、ビール・麦焼酎・麦茶・麦味噌などに使用され、コムギは大部分が小麦粉にされ、パン・麺類・菓子などに使用されます。

●名付けの由来とエピソード

　現在日本では主にオオムギとコムギが栽培されていますが、いずれもその歴史は古く、両方ともに人類最古の作物であると言われます。もともとは、野生種として成育していたものを古代の人が雑草の中に見出して、試しに食したのが始まりであるとされます。

　オオムギはおよそ 1 万年前に西アジアから中央アジアで栽培されていたとも言われ、約3300年前のツタンカーメン王の墓から、副葬品として供えられたオオムギが発見されているそうです。日本へは1800年ほど前に中国から伝わり、すでに奈良時代には日本各地で広く栽培されていました。その後平安時代になると、米と混ぜて「オオムギごはん」として食べられるようになったと言われています。

第Ⅱ部　二十四節気と七十二候　　**275**

　コムギは紀元前2000年ごろ、古代エジプトにおいてオオムギや雑穀を混ぜ、それを石で砕いたものを焼いて食べていたようです。小麦粉の製粉技術が発達したのは紀元前600年ごろで、回転式の石臼の誕生がきっかけとなりました。それは、現在のそば粉を挽く石臼によく似た構造をしていて、２段に積み重なった石を回転させながらコムギを挽いて粉にしていたと言われます。その後、この技術は世界中に広がり、単に石臼にとどまらず、水車や風車で小麦を挽くまでに発達していきました。

　コムギが日本に伝わったのは紀元前１世紀〜４世紀の弥生時代で、我が国最古の歴史書と言われる『日本書紀』には、コムギが稲作とともに中国から伝わったことが記されています。しかし、コムギの本格的な栽培が始まったのは江戸時代で、麺類や饅頭などに加え、ポルトガルから伝わったカステラなどにも使われるようになったと言われます。

●**自然の恵みと風物詩**

　新年の始まりを祝う正月にはお節料理が欠かせません。お節料理は、宮中行事の１つである五節句の際に供せられた料理でした。五節句とは、季節の節目にくる奇数の月と日が重なる日に旬のものを食べて生命力を高め、邪気を払う節日のことです。年５回の節日に元日を加えた６回の節日を祝う行事を節会と言い、そのとき神に供える料理がお節料理でしたが、節日の中でもっとも重要で、めでたい正月の料理として残ったものです。

　お節料理にはいろいろな種類の材料を使いますが、その１つひとつには独特の意味があります。黒豆はまめ（誠実）に働き、まめ（達者）に暮らせるように、カズノコはたくさんの卵があるので、子宝に恵まれて代々家が栄えるように、エビはヒゲが長く、腰が曲がるまで長生きできるように、伊達巻は巻物（書物）に似た形から、文化・学問・教養が身に付くように、そしてクリ金団は「勝栗」と言われる縁起のよいクリと黄金色から金運が付くようにと、それぞれの願いが込められています。

　このほか、カマボコは初日の出に似た半円形から、そして昆布巻は「よろこぶ」の語呂合わせから、それぞれ新年の喜びを表します。また、田作りという片口鰯の雑魚を干したものを加える場合がありますが、これは鰯を田の肥料として使ったところ米がたくさんとれたことから来ていて、そのため田作りを五万米と呼ぶようになった地域もあります。

　このお節料理を、めでたさや福が重なるようにという意味を込めて重箱

に詰めます。重箱は四段重ねが正式で、それぞれの重箱を「一の重」、「二の重」、「三の重」などと呼んでいます。各段の重箱に何を詰めるかは家庭や地域のしきたりがあり、それに従うのがふつうです。お節料理を取り分けるのには祝い箸を使います。祝い箸は両端が細く、中ほどが太い柳の木で作られた白木の箸です。両端が細くなっているのは神用と人用を意味し、真ん中が太いのは五穀豊穣を願う米俵を表しています。

●関連する年中行事と祭り

　正月の行事といえば初詣ということになります。新しい年を迎え、その年に初めて社寺へ参拝に行くことを初詣と言いますが、地元の氏神を祀る神社だけではなく、初詣で有名な神社仏閣へお参りに出掛けていく現在の風習は比較的新しく、明治時代以降に始まったものです。

　初詣の起源には諸説があり、中国古代の陰陽五行思想に基づいて日本で7世紀初めごろに始まった陰陽道による恵方詣が初詣の原型であるという説がよく知られています。恵方は歳神が来臨する縁起の良い方角のことです。家長や家族たちが家で歳神の到着を待つのではなく、自分たち自らがその方角にある寺社へ詣でることで、福を招こうとしていたのがいつの間にか初詣になったというものです。

　また、大晦日の夜に家長が新しい歳神を迎えるために大晦日に氏神へ行き、斎戒沐浴して社に籠もった「年籠り」が初詣の起源であるとする説もあります。この風習は仏教の伝来や、神道と仏教との習合以前からすでに日本に存在していたといわれ、それがやがて家族で氏神神社へ参拝する形に変わっていったといわれます。

　京都の人々にとり1年を締めくくり、新たな年を迎えるための大事な迎春行事が、大晦日から元旦の早朝にかけて、八坂神社で行われる白朮祭（白朮詣り）です。12月31日の夜から八坂神社の境内に、神前に捧げる神聖な火である「をけら火」がかがり火として焚かれます。古くから、この火で元旦の雑煮を炊いて食べると、その年1年を無病息災で過ごせると言われていて、参拝者は吉兆縄にをけら火を灯し、火が消えてしまわないように、縄をくるくるまわしながら家に持ち帰ります。

　をけらは、漢方薬にも使われるキク科の多年生植物で、1年の邪気を取り払うと言われ、お正月に飲む屠蘇の原料にもされます。

第Ⅱ部　二十四節気と七十二候　**277**

●わかりやすい英語による説明

Yuki watarite mugi nobiru "Wheat Sprouts Under Snow" occurs from around January 1st to January 5th. By the time the wheat that had been planted during the previous autumn sprouts, winter has set in, and the fields may be covered with snow or frost.

During the New Year's celebration, *osechi* cuisine is indispensable. *Osechi* originated from meals offered during the *Gosseku* "five seasonal festivals," which were court rituals in the imperial palace. These five annual festival days, including New Year's Day, were celebrated as *setsu-e*, and the dishes offered to the gods on these days were called "*osechi*." The most important of these festival days was New Year's Day, and the dishes prepared for it became the special cuisine we know today. Each ingredient used in *osechi* has a special meaning as follows:

- Shrimp with bent backs signify a wish for a long life.
- Sweet rolled omelet resembles a scroll for educational enrichment.
- Sweet chestnut and mashed sweet potatoes symbolize good fortune.
- Rolled kelp "*konbu*" is a play on words for *yorokobu* "joy."
- Dried sardines symbolize prosperity.

Osechi dishes are packed into stacked boxes symbolizing the layering of happiness and good fortune.

A key New Year's tradition is *hatsumōde* "first shrine visit" to pray for blessings in the coming year. There are various theories regarding the origins of *hatsumōde*. One is that it derives from *ehōmōde*, a practice where people visited shrines and temples located in the auspicious direction. Another theory suggests this originated from a custom *toshigomori*, a custom where the head of the household purified himself by fasting overnight at the shrine. This later evolved into a family visit to the guardian shrine.

Okera matsuri "Okera Festival" is held at Yasaka Shrine from New Year's Eve to early New Year's Day. On the night of December 31st, visitors receive the *okerabi* "sacred flame" and carry it home to cook the New Year's soup to ensure good health throughout the year.

❖ 二十四節気：小寒 *Shōkan* 初候 ❖

【第六十七候】芹乃栄　せりすなわちさかう

67th Micro-season: Parsley Flourishes（*Seri sunawachi sakau*）

● 二十四節気における時期

　本来なら小寒は、寒さがまだ本格的なものになっていない時期を意味します。しかし、実際にはすでに寒さが最も厳しくなるころで、新暦の1月6日ごろから19日ごろまでの期間を言います。そのはじめの4日間ほどにあたるのが芹乃栄です。

　小寒の初日を「寒の入り」と言い、この日から2月はじめの節分までの1ヶ月ほどが「寒の内」になります。芹乃栄は、寒の入りの時期にセリが冷たい沢の水辺ですくすくと群れ生えてくるという意味です。セリは湿地や水辺に自生する多年草で、数少ない純日本産、すなわち日本を原産地とする野菜です。

　緑黄野菜のセリは、根が白いため根白草あるいは白根草とも呼ばれ、万病を防ぐ薬効があると言われます。家庭では鍋物・おひたし・和え物などに使われます。全国に自生しているセリですが、露地栽培でも生産されていて、その収穫は11月中旬から始まります。ハウス栽培でもつくられていて通年入手が可能です。

● 名付けの由来とエピソード

　セリという名前の由来は、茎の1本それぞれが互いに「競り」あうように生えてくるからだと言われます。セリは、その味わいも見た目も、同じセリ科のミツバ（三つ葉）によく似ていますが、葉の数がミツバは3枚であるのに対して、セリは5枚という点で異なっています。

　暦の上では1月7日は「人日の節句」また「七草の日」で、七草粥を食べて邪気を払い、1年の無病息災を願う日です。その厄払いの行事食である七草粥には、地域により若干の違いはあるものの、次のような「春の七草」を使うのが一般的です。セリ（セリ科）・ナズナ（アブラナ科）・ゴギ

ョウ（キク科）・ハコベラ（ナデシコ科）・ホトケノザ（キク科）・スズナ（アブラナ科）・スズシロ（アブラナ科）の７種です。それぞれに解毒作用・鎮痛作用・喉の痛みや咳の緩和作用・虫歯予防や痛み止め・皮膚炎の改善・さらに消化促進や解熱作用という薬効があります。

　古代の人々は野に出て、春に芽生えたばかりの草を摘んできて、刻み、餅といっしょに粥に炊いて食べていました。上記の７種類の草を入れた粥は、万病を防ぐと信じられていたからです。この七草粥は、10世紀ごろになると正月７日の「人日の節句」に行われる朝廷儀式になり、その後民間でも大事な正月行事として今日まで伝えられてきたものです。

●自然の恵みと風物詩

　前項の「春の七草」に関連することですが、七草粥で残った７種類の草を浸した水あるいは湯、または茹でた汁に指を浸した後、その年はじめて爪切りをすると邪気が払われ、その年は無病息災で風邪をひかないと言われます。この１月７日の爪切りのことを「七日爪」と言います。

　昔の日本では、１月６日に野山で若菜摘みを行い、７日の朝に摘んできた新芽をお粥として仕立て、長寿や健康を願っていました。若菜摘みで収穫した七草はその日の夜に包丁で叩いて刻み、七草粥の下準備を行いますが、七草を刻むときには、七草囃子が歌われてきました。

　その歌詞は、地域ごとに多少異なりますが、だいたいが「七草なずな、唐土の鳥が、日本の土地に、渡らぬ先に、ストトントントン」のようなものです。なお、「なずな」は別名をペンペングサと言い、利尿・解熱・止血作用があるアブラナ科の越年草です。

　漁の最盛期は春なのですが、味からすれば、この芹乃栄のころとその前後が旬であると言われる魚がカサゴです。カサゴは、スズキ目カサゴ亜目メバル科の体長が25センチほどになる海水魚です。背びれ・腹びれ・尻びれなどに強い棘があり、頭部にも棘が発達していて、体の表面に瘡ができたように見えるため瘡魚と書いてカサゴと呼びました。

　北海道から九州南岸にかけての太平洋側と日本海側、また種子島・瀬戸内海・八丈島などの岩礁域に多くいるカサゴは、最近では高級魚とされています。身の締まりがよく脂がのり、刺身・煮付け・唐揚げ・酒蒸し・干物・アヒージョなど和食から洋風の料理まで幅広く楽しめる魚です。

●関連する年中行事と祭り

　毎年1月6日に岐阜県郡上市白鳥町にある長滝白山神社で、「六日祭」が行われ、国指定重要無形民俗文化財の「長滝の延年」が古式ゆかしく奉納されます。延年とは寿命を延ばすことですが、日本伝統芸能の名前でもあります。奈良の東大寺や興福寺その他の大寺で、大法会の後の余興として僧侶や稚児が演じた芸能を意味します。延年は、平安時代の中ごろにはじまり、鎌倉時代に流行するようになった歴史の古いものです。

　長滝の延年も、もとは白山中宮長滝寺で大晦日から7日間行われた修正会の最終日に若い僧や稚児が芸能で僧侶や神主を労い、また新年にあたり国家安穏、五穀豊穣を祈るものでした。延年の舞は1000余年の伝統にふさわしく、素朴で優雅な民俗芸能で全国的にも珍しいものです。

　この延年の途中から勇壮な「花奪い」が行われるため、六日祭は別名を「花奪い祭り」とも呼びます。花奪いとは、拝殿の高さ6メートルの天井に吊るされた5つの大きな花笠を、勇敢な若者たちが人梯子を組んで奪い合うというものです。この花を持ち帰ると、豊蚕・豊作・家内安全・商売繁盛になるといわれています。

　岐阜県で六日祭が行われる翌日の1月7日には、福岡県久留米市の大善寺玉垂宮において、六日祭と同様に国の重要無形民俗文化財に指定されている「鬼夜」が開催されます。1600年余りの伝統がある鬼夜は、大晦日の夜から正月7日まで行われる鬼会の最終日に行われる祭で、和歌山県の熊野那智大社の例大祭「那智の扇祭り」、北海道の琴平神社の例大祭「天狗の火渡り」と共に、日本三大火祭りの1つと言われます。

　大晦日の夜から1月7日まで、神官が斎戒沐浴して燧石を打ち、熾しとった御神火（鬼火）を護りながら天下泰平・五穀豊穣・家内安全・災難消除を祈願します。これを鬼会といいますが、その結願の行事が1月7日に行われる追儺祭の熱気あふれる勇壮な鬼夜です。その間の1月4日には、火祭りに使われる長さ13メートル・頭部の径1メートル・重さ1.2トンという巨大な大松明が6本つくられて奉納されます。

　1月7日の鬼夜では、紅蓮の炎を上げて燃え盛る日本一大きいといわれるこの大松明を、数百人にもおよぶ裸の若衆がカリマタという道具で支えて、境内を廻ります。この大松明の火を浴びると無病息災といわれ、家内安全・災難消除・開運招福を祈願する参拝客で賑わいます。

第 II 部　二十四節気と七十二候　**281**

●わかりやすい英語による説明

The first four days of *Shōkan* "Minor Cold" are known as *Seri sunawachi sakau* "Parsley Flourishes," micro-season #67. It occurs from around January 5th to January 9th, the time when the cold becomes most severe. *Seri* (Japanese parsley, *Oenanthe javanica*) sprouts along the banks of cold streams.

January 7th is known as "Seven Herbs Day" when people eat *Nanakusa-gayu* "seven-herb congee" to ward off evil spirits and pray for good health throughout the year. *Nanakusa-gayu* was part of the court ritual performed on *Jinjitsu no Sekku* on January 7th, and this practice was later adopted by the general public as an important New Year's tradition.

Sea ruffe (Sebastiscus marmoratus) is particularly delicious during this period. Because of its firm, fatty flesh, sea ruffe has become a high-end fish. It is enjoyed in various dishes, including sashimi, simmered dishes, deep-fried dishes, sake-steamed dishes, and as dried fish.

On January 6th, the *Muika matsuri* is held at Nagataki Hakusan Shrine in Gujō City, Gifu Prefecture. As part of the *Nagataki no ennen* "New Year's purification ritual" held over seven days from New Year's Eve, a vigorous event called *Hanabai* "Flower Stealing" is held. Young men compete to grab flowers in five large floral hats suspended from the 6-meter-high ceiling of the worship hall. It is believed that taking home one of those flowers brings good fortune, abundant harvests, family safety, and business prosperity.

On January 7th, the *Oniyo matsuri* is held at Daizenji Tamataregū Shrine in Kurume City, Fukuoka Prefecture. It is considered one of Japan's three great fire festivals. It culminates in the energetic *Oniyo matsuri* on January 7th, held during the Tsuinasai ceremony. Hundreds of young men carry six 13-meter torches weighing 1.2 tons each around the grounds. These torches are thought to be the largest in Japan. Being showered in the embers from these torches brings good health, family safety, and disaster protection.

❖二十四節気：小寒 *Shōkan* 次候❖

【第六十八候】水泉動　しみずあたたかをふくむ

68th Micro-season: Spring Waters Thaw（*Shimizu atataka wo fukumu*）

●二十四節気における時期

　小寒の次候は、新暦の1月10日ごろから14日ごろまでの期間にわたる水泉動になります。この時候の自然界の状況を表す水泉動という言葉は、「地中で凍っていた泉が動き出すころ」と説明される場合がありますが、それは昔の人がそのように思っていたであろうと想像を述べているに過ぎません。なぜならば、「地中の水」すなわち地下水は年間を通して温度差が少ない上に、冬でも凍りつくことはないからです。

　泉は、湧泉とも言い、地下水が地表に集中的に湧き出す地表の露出部分を指す言葉です。湧出口が河川水や湖沼の水で覆われている場合でも、湧出状況が確認できれば涌泉とみなされます。これを河底泉また湖底泉と呼んでいます。1年を通してほぼ一定の温度を保つ地下水は、外気温が低い場合には温かく感じ、反対に外気温が高い場合には冷たく感じます。そのため、厳寒のころに泉から湧き出る水は温かく感じるのです。

　この時期は、一陽来復の冬至の後に来る陰にあたり、水泉動は地中で陽が生じて水が動き始めるという陰と陽の変化を表しているとする説もあります。この言葉は自然界が、寒さの中にも少しずつではあっても、春に向かって確実に動き出している様子をよく表しています。

●名付けの由来とエピソード

　このころは気温が最も低くなることから、年間を通して水が最も澄む時候であるとされています。特に、前候芹乃栄の初日である「寒の入り」から数えて9日目に汲み上げる水を「寒九の水」と呼び、汲み置きして大事に使っていた家もあったということです。寒九の水には薬効があり、飲めば長寿を助け、薬を服用するときの水として使うと良いとされました。伝統的な和紙も寒九の水で漉くと良質の紙になると言われます。

　実際に、最も寒いと言われるこの時期の地下水は質がよく、やわらかで、雑菌も繁殖しにくく、腐敗しにくいため醸造に適していると言われます。水質が良いと発酵もゆっくり進むために、味に深みが出るということ

から日本酒・醤油・味噌などの寒仕込みにも使われてきました。

●自然の恵みと風物詩

　水泉動の2日目あたりの1月11日は鏡開きの日です。正月の間家の中に飾られていた鏡餅をこの日あたりに下げて、雑煮や汁粉に入れて食べる行事が鏡開きです。戦国時代から江戸時代にかけて武家では、正月の間に甲冑などの武具（具足と総称）を飾り、そこに具足餅を供えていました。その具足餅を正月明けに下げ、家族で食べる具足開きの祝いが鏡開きの起源と言われます。

　鏡餅は包丁で切らずに木槌などで割りますが、これは切腹を連想させる「切（斬）る」を忌み嫌った武家社会の名残と言われます。鏡餅を木槌や手を使って欠き割った鏡餅が欠餅で、汁粉に入れたり、日干しして油で揚げたりして食べました。これが米菓「かき餅」の語源です。

　現在ではハウス栽培が盛んで年間を通して出回っていますが、この時期を旬とする野菜にコマツナ（小松菜）があります。中国から渡来したカブが祖先と言われるアブラナ科の一年生または二年生の葉菜で、江戸時代に小松川（現在の東京都江戸川区周辺）で栽培されていたことからコマツナと名付けられました。寒さに強く、霜にあたると甘みが増して美味しくなり、関東地方の雑煮には欠かせない正月の野菜です。

　コマツナはβカロテン・ビタミンK・ビタミンB・ビタミンC・カルシウム・鉄・食物繊維などの栄養素を豊富に含んでいます。特にホウレンソウの3倍以上も含むと言われるカルシウムと、同じように含有量の多いビタミンKは、骨粗しょう症予防に効果があると言われます。

　漢字で氷下魚と書くタラ目タラ科の海水魚が、大きいもので50〜55センチほどになるコマイです。漢字名「氷下魚」の由来は、北海道別海町の風蓮湖など結氷した汽水域で行われ、冬の風物詩と言われる氷下待ち網漁にあります。アイヌ民族は、アイヌ語で「小さな音のする魚」という意味になるコマイを干物にして保存食としていたそうです。

　コマイは足が早いため、干物に加工して食べられることが多いようです。コマイの干物は皮周辺に味があり、焼くと香ばしい風味が出るため、一夜干しや天日干しなどに人気があります。煮付けや唐揚げ、また野菜などと煮込む北海道の郷土料理「三平汁」などもお勧めとのことです。

●関連する年中行事と祭り

　毎年1月9日から11日までの3日間にわたり関西を中心に、十日戎と呼ばれる商売繁盛祈願の祭礼が開催されます。「えべっさん」の名で親しまれている十日戎は、漁業の神・五穀豊穣の神・商売繁盛の神で、七福神の1柱である恵比寿天（えびす様）を祀るお祭りです。初日の9日が宵戎、10日が本戎、11日が残り戎と呼ばれています。

　関西の人々はこの十日戎に、大阪市浪速区の今宮戎神社・兵庫県西宮の西宮神社・京都市東山区の京都ゑびす神社のいずれかを訪れ、商売繁盛と開運招福を祈願し、福笹や熊手などの縁起物を買って帰ります。

　今宮戎神社は、恵比寿天を祀る神社ですが、参拝客への奉仕役として毎年選ばれる福娘と宝恵駕籠行列で有名です。後者は、大阪ミナミの芸者たちがひいき筋の旦那に代わり、商売繁盛祈願のため「えべっさん」へお参りする際に、きらびやかな駕籠に乗って繰り出した故事に基づきます。今宮戎神社の十日戎には毎年100万人の参拝者が訪れます。

　全国に3,500社ある恵比寿社の総本社西宮神社の十日戎は、毎年テレビや新聞で大きく報道される福男でよく知られます。毎年1月10日の早朝6時に開門神事があり、抽選で選ばれた男性の参拝者が門から一斉に本殿へ走り1位から3位までの人がその年の福男として認定されます。「京のえべっさん」として親しまれている京都ゑびす神社の十日戎では、祇園や宮川町の舞妓さんからの福笹授与などの催事が行われます。

　水泉動の後半1月14日から15日にかけて、長野県下伊那郡阿南町にある伊豆神社で「新野の雪祭り」が執り行われます。この雪祭りは、雪を稲穂の花、そして大雪を豊年の吉兆とみて五穀豊穣を願う由緒ある祭りです。同日は、能や狂言などの伝統芸能の原点とも言われる田楽・舞楽・神楽・猿楽など日本の伝統舞台芸能が徹夜で繰り広げられます。

　その始まりについては諸説があるとのことです。鎌倉時代に奈良の春日神社に奉仕していたことのある伊豆の武士が薪能を伝えたという説と、その後の室町時代に伊勢からやってきた男が、農村行事の1つである「田の神送り」を同地に伝えたという説が有力のようですが、いずれにしても長い歴史のある伝統芸能です。雪祭りの当日に雪が降ると豊年になると信じられていて、新野に雪がないときは峠まで雪を取りに行きます。たとえわずかの雪でも神前に供えなければ祭りが成立しないからです。

●わかりやすい英語による説明

Shimizu atataka wo fukumu "Spring Waters Thaw" spans the period from around January 10th to January 14th. The term describes the time when underground water begins to move. It is believed that the pure, high-quality water of the coldest period of the year adds a depth of flavor to products such as sake, soy sauce, and miso.

On January 11th, there is *kagami-biraki*, a ceremony in which the New Year's rice cake is taken down and eaten. *Kagami mochi* is not cut with a knife but split with a wooden mallet.

One of the seasonal vegetables peaking during this time is *komatsuna* (*Brassica rapa* var. perviridis). This leafy green vegetable has been cultivated in the Komatsugawa area, Edogawa Ward, Tokyo, since the Edo period, hence its name. It is cold-resistant, and frost increases its sweetness.

Saffron cod (*Eleginus gracilis*) is written as *hyōka gyo* "under-ice fish," because of the ice fishing method used to catch it. Dried saffron cod has a wonderful aroma when roasted. It is delicious in simmered dishes, fried, and in Hokkaido-style stew with vegetables.

From January 9th to 11th, a festival called *Tōka Ebisu* "Tenth Day Ebisu," dedicated to Ebisu, one of the Seven Lucky Gods, is held. Imamiya Ebisu Shrine, Naniwa Ward, Osaka, is famous for its *Fuku musume* "Lucky Maidens" and the Treasure Palanquin Procession. Nishinomiya Shrine, Nishinomiya, Hyogo Prefecture, the head shrine of 3,500 Ebisu shrines nationwide, is well-known for the *Fuku otoko* "Lucky Man" race. At Kyoto Ebisu Shrine, events include the presentation of lucky bamboo branches by geisha from Gion and Miyagawachō.

On January 14th and 15th, the Niino Snow Festival is held at Izu Shrine in Shimoina District, Nagano Prefecture. This festival has a long history and celebrates the belief that snow symbolizes the flowers of rice ears and that heavy snowfall is a sign of a bountiful harvest. The festival is marked by traditional Japanese performing arts.

❖二十四節気：小寒 *Shōkan* 末候❖

【第六十九候】雉始雊　きじはじめてなく

69th Micro-season: Pheasants Start to Call（*Kiji hajimete naku*）

●二十四節気における時期

　小寒の末候は新暦の1月15日ごろから19日ごろまでにわたる雉始雊になります。実際に日本でキジが鳴き始めるのは2月末から3月にかけて、あるいは地域によっては3月から4月と言われます。七十二候の生まれ故郷である中国華北地方との気候や環境の違いからこのようなキジが鳴く時期の差が生じているものと思われます。

　キジが鳴き始めるのは、主にオスの求愛行動です。繁殖期に入ったオスは首を上に向けて伸ばし、羽をバタつかせながらキャッー、キャッー（あるいはギャッー、ギャッー）と高い声で鋭く鳴き、自分の勢力範囲を誇示します。それに引き換え、メスはチョッ、チョッと低い声で鳴きます。一般的にキジの声の擬音はケーン、ケーンあるいは、ケン、ケーンと表現されますが、その理由は定かではありません。

　キジの鳴き声がもとになっている日常表現に「けんもほろろ」があります。その意味は、「無愛想に人の相談などを拒絶するさま。取りつくすべもないさま。（中略）『―の対応』」（『広辞苑』）ですが、「けん」も「ほろろ」もキジの鳴き声で、その声が無愛想に聞こえるからとも、その声に愛想のないことを意味する「けんどん（慳貪）」をかけたからとも言われます。また、「ほろろ」はキジが鳴く時の羽音であるとする説もあります。

●名付けの由来とエピソード

　キジは本州から九州にかけて生息している留鳥です。季節的移動を行わず、年間を通してほぼ一定の地域に棲む鳥を留鳥と言います。キジは田畑・河川敷・草原などにいて、草の実や昆虫などを食べます。

　我が国には現在ニホンキジとコウライキジが生息していますが、日本の固有種はニホンキジです。コウライキジは、朝鮮半島原産のキジで江戸時代後期に対馬に放鳥され、1919年に農林省鳥獣実験所で飼育が始まり、北海道や青森をはじめとする20府県で狩猟増殖を目的として放たれました。ニホンキジのオスは、赤い顔と光沢がある緑色をした胸が目立つ派手な色

第II部　二十四節気と七十二候　**287**

合いをしていますが、メスは全体に茶褐色で地味な体色です。コウライキジは、体色が橙黄色で首に白い輪があり、メスはニホンキジのメスに似るか全体がやや白っぽい色をしています。

　ニホンキジは、日本の固有亜種であり、人里近くにいて馴染み深いこと、そしてオスは勇敢でメスは母性愛が強いこと、などの理由から1947年に日本の国鳥に選定されました。キジは鶏肉料理として、平安時代ごろから雉鍋・すき焼き・釜飯などの煮焼き料理食材として使われ、室町時代の料理書『四条流包丁書』には「鳥といえば雉のこと也」と記されるほど人気があり、また正月料理の1つでもあったそうです。

●**自然の恵みと風物詩**

　このころに人気が高まる野菜にミズナがあります。ミズナは、日本原産のアブラナ科の葉菜類で、平安時代にはすでに京都付近で栽培されていたと言われる伝統的な京野菜です。京菜とも呼ばれるミズナですが、その由来は種まきをした畑で、その間に水を引き入れて栽培していたためと伝わります。地元の京都では、「ミズナが並び始めると冬本番」とまで言われるほど寒い時期に味がよくなります。

　人気の原因は、シャキシャキとした歯切れの良さとクセのない味わいにあります。ミズナは、魚や肉特有の臭みを消してくれるため、主に鍋物に使われていましたが、野菜サラダの材料としておいしく食べられることがわかり、今では全国また海外でも知られる葉菜になりました。ミズナはカロテン・ビタミンCなどのビタミン類・カルシウム・鉄やカリウムなどのミネラル類を多く含み、バランスの取れた緑黄色野菜です。

　雉始雊が始まる1月15日ごろは小正月にあたりますが、この日に小豆粥を食べて悪鬼を避け、疫病を払い、1年の無病息災を願うという風習があります。「赤い色の食べ物は邪気を払う」という中国古来の風習が由来で、平安時代から宮中に伝わる新春行事の1つです。現在でもこの日の天皇と皇后の朝餐に出されます。京都では「あずのおかいさん」と呼び、柔らかく煮た小豆と餅をお粥の中にいれたものを食べる風習があります。

　生で味わう時の甘さから、その名がつけられた甘エビですが12〜2月ごろが最も甘みが強くなります。正式な名前はホッコクアカエビ（北国赤蝦、北国赤海老）と言います。ホッコクアカエビは、若狭湾以北の日本海北部沿岸からオホーツク海・ベーリング海・カナダ西岸までの北太平洋の

水深約200〜700メートルほどの水温が低い深海に棲息しています。

　甘えびは、生食が一般的で、一尾を丸ごと、刺身や寿司として食べますが、味噌汁・唐揚げ・天ぷらなども人気があります。殻から甘く良質なダシがでて、味噌汁の風味がまろやかになると言われます。甘エビの身には、ビタミンEや高脂血症や肝機能の改善作用があると言われるタウリンが比較的多く含まれ、殻にはカルシウムやキチンが多く、そのため甘えびは美味しいだけでなく栄養面からみても貴重な食材です。

●関連する年中行事と祭り

　旧暦の正月15日あるいは新暦の1月14日から16日までの期間を小正月と言い、全国各地でさまざまな民俗行事が行われます。その多くは、各家庭で正月に飾った松飾りや注連縄などを高く積み上げて焼いたり、その火で餅や団子を焼いて食べたりする火祭りです。この行事を左義長と言いますが、地域によってはどんど焼き・どんと焼き・とんど焼き・鬼火焚き・道祖神祭などとも呼んでいます。

　左義長は、平安時代に行われていた三毬杖と呼ばれた宮中行事が起源です。宮中では正月の15日と18日に清涼殿の庭に毬杖を3本立てて、それに使用済みの年始の儀礼的な文書・正月飾り・扇子・短冊などを結び付けて焼いていました。毬杖とは木の球を打って遊ぶのに使う、ホッケーのスティックのようなものです。

　この時期に全国的に行われている左義長ですが、神奈川県大磯町の左義長と長野県野沢温泉での道祖神祭りは、いずれも国の重要無形民俗文化財に指定されています。大磯の左義長では、集められた正月飾りや縁起物を浜辺に運んで9つの大きな円錐型のサイトが作られ、日が暮れると火が入れられます。この火で団子を焼いて食べると風邪をひかない、燃やした書き初めが高く舞い上がると上達する、松の燃えさしを持ち帰って屋根に載せておくと火災除けのまじないになるともいいます。

　野沢温泉の道祖神祭りは、野沢温泉を代表する野沢組惣代が総元締となり、山棟梁と社殿棟梁などの役員の指揮のもと「三夜講」と呼ぶ厄年の男性たちが祭りを執行します。祭りの中心となる社殿はブナの大木で造られ、この社殿に火をつけようとする点火役と、社殿を火から守る厄年の男性たちの攻防戦と、最後に社殿が燃え上がる光景が見ものです。

●わかりやすい英語による説明

Kiji hajimete naku "Pheasants Start to Call" occurs from around January 15th to January 19th. The male pheasant's call is a major part of its courtship behavior. The Japanese pheasant was designated Japan's national bird in 1947, because of the courage of the male and the strong maternal instincts of the female.

Mizuna, a leafy green that has been cultivated since the Heian period, is very popular around this time. *Mizuna* got its name because the fields around Kyoto were flooded with water during its cultivation.

Sweet shrimp（Pandalus eous）is named for its flavor when eaten raw, and its sweetness peaks from December to February. The shrimp is found in the deep, cold waters of the North Pacific at depths of about 200 to 700 meters.

January 15th is *Koshōgatsu* "Little New Year," when people eat *azuki-gayu*, a type of congee made with red beans, to ward off evil spirits, prevent epidemics, and ensure good health. This ancient tradition continues to be observed in the Imperial Palace where *azuki-gayu* is served to the Emperor and Empress for breakfast on this day.

Little New Year is observed at different times according to the calendar used—on the Gregorian calendar from January 14th to 16th, or on the lunar calendar from the 15th day of the first month.

In the Heian period, during a court ceremony called "*sagichō*," New Year's decorations were tied to three staffs and then burned. This ritual is the origin of the various fire rituals around the country.

The *sagichō* ritual in Ōiso, Kanagawa Prefecture, features nine large cone-shaped pyres that are constructed on the beach from collected New Year's decorations and talisman. These are set ablaze at sunset, and the dumplings that are roasted in the fire are eaten to prevent colds.

In Nozawa Onsen, Nagano Prefecture, the *Dōsojin* Fire Festival centers on a battle between those trying to set fire to a temporary shrine built from large beech trees and those protecting it, culminating in a spectacular blaze when the shrine is finally ignited.

❖二十四節気：大寒 *Daikan* 初候❖

【第七十候】款冬華　ふきのはなさく

70th Micro-season: Butterburs Bud（*Fuki no hana saku*）

●二十四節気における時期

　冬の最後の節気は、寒気が極まる大寒です。その字のとおり1年で最も寒くなる時候ですが、その初候すなわち新暦の1月20日ごろから24日ごろまでの間を款冬華と言います。款冬はフキの別名です。

　款は「叩く」という意味で、フキの蕾が冬に雪や氷を叩き破って地中から生え出てくる様子を表しています。まだ雪解けとはならない時期に、雪の中から元気よく顔を出してくる小さくて可憐なフキの蕾に、昔の人々は春の兆しを感じたことでしょう。

　このフキの蕾をフキノトウと言いますが、フキノトウは古代から春を代表する、そしてそのほろ苦さと独特の香りから食卓で人気のある、山菜の1つでした。和え物・天ぷら・炒め物・蕗味噌にして食します。フキは国内のほとんどの地域に自生していて、雪解けとともに地表に出てくるためその旬は、1月から3月と地域によっても異なります。

●名付けの由来とエピソード

　フキノトウは、フキの蕾ですが、それが成長してフキになるわけではありません。この時期から春先にフキノトウが地表へ出てきて、フキはその2ヶ月後ぐらいに別のところから出てきます。フキが生えてくるころには、フキノトウはすっかり伸びきってしまい、茶色くなって枯れてしまいます。フキノトウが成長してもフキにはなりません。

　フキノトウ（蕗の薹）の「薹」は、草花の茎の伸び出たものを意味し、フキは日本を原産地とし、北海道から九州まで全国の山野に自生しているキク科の多年草です。フキの名前の由来には、冬に黄色の花を咲かせることから「冬黄」、茎を折ると糸が出てくることから「布々岐」、息を吹き込

める穴があることから「吹き」など、さまざまなものがあります。すでに縄文時代から食べられ、親しまれていたフキは、平安時代以前からすでに栽培が始まっていたと言われます。

●自然の恵みと風物詩

款冬華のはじまるころの1月20日は二十日正月と言います。正月は、年の初めにあたりその年の間家を守ってくれる歳神を迎える行事です。二十日正月とは、その歳神が一連の正月行事を終えて、もとの場所へ帰る日と考えられていました。この日までに正月飾りなどは全て片付け、正月行事を締めくくります。二十日正月は全国各地で行われていて、終い正月・正月納め・松納め・正月送り・あがり正月とも呼ばれます。

二十日正月の日、あるいはその前日の夜に、特別な行事食をつくり、神前に供えたあとに家族全員でそれをいただく、という地域も多くあります。行事食の料理は、地方によりかなり違っていますが、その地の魚が入っている点は共通しています。地方によっては、次の理由から、二十日正月を骨正月・頭正月・骨崩しなどと呼んでいます。

それぞれの家庭では、年末年始に正月料理用にと買ったブリ・タイ・サケなどの魚を、正月期間を終える二十日正月までにはほとんど食べ尽くしてしまい、後には魚の頭や骨だけしか残っていません。そのため、正月行事の最後を締めくくる行事として、この日には残った魚の頭や骨を、根菜などと一緒に煮て残らず食べたのです。

我が国では、正月や婚礼と言った祝い事にブリが使われてきました。ブリは、その名前が成長とともに変わり、それが「出世」を象徴するからだと言われます。ブリは次のように呼び名が変わっていきます。

関東ではモジャコ→ワカシ→イナダ→ワラサ→ブリ、関西ではモジャコ→ツバス→ハマチ→メジロ→ブリ、そして九州ではワカナゴ→ヤズ→ハマチ→メジロ→ブリです。それぞれの大きさは、モジャコ（稚魚、6〜7センチ）・ワカシ（35センチ以下）・イナダ（35〜60センチ）・ワラサ（60〜80センチ）・ブリ（成魚、80センチ以上）となっています。

ブリは、スズキ目アジ科ブリ属に分類され、日本各地の沿岸に生息する体長50〜100センチほどの海水魚です。その旬は12月から3月とされますが、エサをたくさん食べて脂ののったこの時期に水揚げされるブリは寒ブリと呼ばれ、その美味しさから高級魚として人気があります。

ブリの調理法は、生食（刺身・漬け・カルパッチョ）・煮る（ぶり大根・煮つけ）・焼く（照り焼き・みそ漬け・塩焼き）・汁（吸い物・鍋・しゃぶしゃぶ・粕汁）・ソテー（照焼・ステーキ）などです。ブリは、新年の祝い膳や各種の祝いの席での料理には、刺身や照り焼きで提供されます。アラとダイコンを醤油・ミリン・酒でじっくり煮込んだブリ大根も、祝いの席の料理や家庭料理として親しまれています。

●**関連する年中行事と祭り**

　二十日正月の1月20日に岩手県平泉町で「毛越寺二十日夜祭」が行われます。これは、正月14日から20日まで執り行われる新春の祈祷摩多羅神祭が終了したことを祝うもので、常行三昧の修法が行われます。摩多羅神は、天台宗で常行三昧の行を行うための仏堂である常行三昧堂を守護する神であり、常行三昧とは本来7日または90日の間、常に弥陀の仏像のまわりを歩きながら、その名を称えて阿弥陀仏を念じる修行です。

　厄年の老若男女が松明の明かりを先頭に、常行堂まで練り歩き、宝前にダイコンやハクサイなどの供物をささげ、無病息災や家内安全を祈願します。最後に堂内において法楽「延年の舞」が夜半まで奉納されます。

　800年にわたり毛越寺に伝わる延年の舞は、開山以来続く常行三昧供の修法と合わせて国の重要無形民俗文化財に指定されています。延年は寿命を延ばすことですが、遊宴歌舞は長寿につながるということから、寺院での法会のあとに催される歌舞を総称して延年と言いました。

　1月24、25日には多くの天神社で鷽替神事が行われます。この神事は、昔、太宰府天満宮の追儺祭で鬼を退散させるため松葉を燻したところ、燻し出されたハチが群衆に襲いかかり、そこへ一群のウソが飛んできてハチを駆逐したという奇跡、そしてそれを天満宮の祭神菅原道真が、政敵の嘘で悲運に見舞われたことに結びつけて生まれたと伝わります。

　これらの天神社では、ウソをかたどり彩色した木彫りのウソを授与し、これを授かった参拝者が、1年間そのウソを神棚に供えておき、1年後の鷽替神事の日に天神社に持参します。その木製ウソを、神前に集った参詣者同士で「替えましょ、替えましょ」と呼びかけながら取り替えていきます。ウソが嘘と同じ発音であることから、前年にあった災厄や凶事などを嘘（無かったこと）とし、ともに新年の幸運を祈るのです。

●わかりやすい英語による説明

The first micro-season of *Daikan* "the large cold" is *Fuki no hana saku* "Butterburs Bud" from January 20th to 24th. *Fukinotō* (butterbur, Petasites japonicus) is considered a harbinger of spring and is a well-loved mountain vegetable appreciated for its slightly bitter taste and unique aroma. It is commonly prepared as a salad, tempura, stir-fried, or made into *fuki miso*.

January 20th, when the adonis flower begins to bloom, is known as *Hatsuka shōgatsu* "the 20th day of the new year." It was believed that on this day, the god of the new year returns to its original place after finishing the round of New Year's rituals.

On *Hatsuka shōgatsu* or the night before, people prepare special ceremonial food offerings, which are placed before the gods and then shared with the entire family. There are many regional variations, but they commonly include fish from the local area. Most fish purchased for New Year's feasts have been consumed, and only the heads and bones remain. To bring the New Year's celebrations to a close, these leftover fish heads and bones are cooked with root vegetables, ensuring that nothing is wasted.

The best season for yellowtail (Seriola quinqueradiata) is from December to March, when they are well-fed and fatty. Due to its delicious taste, it is regarded as a luxury fish.

On January 20th, the *Mōtsuji hatsuka yasai* is held in Hiraizumi Town, Iwate Prefecture, as part of *Hatsuka shōgatsu*. This festival celebrates the conclusion of the New Year's prayers to the Matarajin deity, which are conducted from January 14th to 20th.

On January 24th and 25th, many Tenjin shrines hold the Bullfinch Exchange Ceremony. This ritual is rooted in a legend that a flock of bullfinches drove away wasps that were attacking a crowd during a ritual exorcism. This miraculous event was later linked to the belief that the bullfinch, whose name is a homonym for *uso* "lie," could turn lies into blessings.

❖二十四節気：大寒　*Daikan*　次候❖

【第七十一候】水沢腹堅　さわみずこおりつめる

71st Micro-season: Stream Water Freezes（*Sawamizu kōri tsumeru*）

●二十四節気における時期

　大寒の次候を水沢腹堅と言います。その時期は新暦の１月25日ごろから29日ごろまでの期間です。この候の言葉は、ふだんは流れている沢の水さえ凍ってしまい、その表面に氷が厚く張りつめているという厳寒期における自然界を描写するものです。しかし、その一方で凍てつく氷が陽光を浴びてキラキラと輝いている風景をも想起させてくれます。眩しい光の中にかすかではあっても春の兆しを感じる時候となりました。

　沢水とは沢にある水・沢を流れる水・沢に流れて溜まった水などのことであり、沢は「① 浅く水がたまり、草の生えている湿地。水草の生えている地。② 山間の谷。また、そこを流れる水」と定義されます。

●名付けの由来とエピソード

　沢の水に厚く氷が張りつめるというのは、外気温が相当に下がっていることを示しています。実際に日本気象協会の発表によっても１年で最も寒い時期は、１月の下旬から２月初めにかけてであるとされます。日本での観測史上での最低気温は、1902年１月25日に北海道旭川市の上川測候所（当時）で記録されたものです。その時の公式記録である摂氏マイナス41度は現時点（2024年11月現在）でも更新されていません。

　大変寒いこの時期ですが、三寒四温という言葉にもあるように、寒い日が３日ほど続いたのち、暖かい日が４日ほど続くことがあります。厳寒のころとはいえ、毎日の日照時間が少しずつでも長くなってくるからです。このような状況を表す「小寒の氷大寒に解く」という格言があります。大寒がかえって小寒よりも暖かいこともあるという意味ですが、物事が必ずしも順序どおりには行かないことを言います。

●自然の恵みと風物詩

　水沢腹堅の初日あたりになる１月25日は初天神の日です。初天神とは、全国に約１万２千社ある天満宮（天神社）で祭神菅原道真を偲び、毎月25日を縁日として開かれる天神市の正月最初のものを言います。天神信仰の

第Ⅱ部　二十四節気と七十二候　295

発祥の地である総本社北野天満宮をはじめとして、多くの天神社ではこの日に露天もたくさん出て、奉納書初めや作品展、宝物殿の公開などもあり大いに賑わいます。各地で開かれる初天神は１月の風物詩です。

　正月中の縁起の良い食材としての魚にマグロがあります。マグロはスズキ目サバ科マグロ属の海水魚で、太平洋・大西洋・インド洋など広い範囲に生息し、体長は１メートルから大きいものでは３メートルにもなります。マグロがめでたい、あるいは縁起がいい魚であると言われるのは、赤い身が情熱や生命力を象徴している、大きな魚体が豊かさを表している、また漁獲が難しく希少価値がある、などからであるとされます。

　マグロは、寿司のネタとしても人気が高いだけではなく、赤身やトロの刺身として料理されて出てくることが多い魚で、各種の祝いの席には欠かせない一品となります。同じように祝いの席では、マグロのカマ焼きや照り焼きも人気があります。そのほか、漬け丼・山かけ・タタキなど、いろいろな調理法で美味しいマグロを楽しむことができます。

　マグロの赤身は低カロリー・低脂質で栄養価に優れ、日本人に不足しがちなタンパク質だけでなく、オメガ３系脂肪酸のDHA・EPAを多く含む健康食品です。同じように赤い色をして、同じように栄養価の高い魚介類にアカガイがあります。たんぱく質を主成分とするアカガイもカロリーが低く、鉄・ナトリウム・ビタミンB1が多く含まれています。

　アカガイは殻の大きさが10～12センチほどの二枚貝で、北海道南部から九州にかけて広く分布しています。アカガイと呼ばれるようになった理由は、血液に赤い色素のヘモグロビンが含まれていて、貝を開けると身の部分が赤色をした珍しい貝だったからだそうです。アカガイの旬は主に秋から春にかけてですが、特に冬から初春にかけての寒い時期に獲れるものが旨味も多く、美味しいとされています。

　冬に赤い実を付け、その色合いと名前から葉や実がおせち料理に、また葉は祝いの行事には欠かせないお赤飯にも使われるのが南天です。ナンテンは、関東南部以西・四国・九州に分布し、高さ１～３メートルほどになるメギ科の常緑低木です。平安時代に中国から伝来し、古くから咳止めの生薬として、またナンテンが「難転」、すなわち「難を転じて福となす」に通じることから、縁起の良い木として親しまれてきました。

　江戸時代にはどの家にも火災避けや悪魔避けとして庭や玄関先に植えら

れるようになり、その慣習はいまだに各地に残っています。おせち料理に「あしらい」としてナンテンの葉や実を使うのも、それが「難を転じて福となす」と言われる縁起物だからです。あしらいとは、料理を盛り付ける際に、料理に敷いたり、乗せたり、添えたりする物のことです。

●関連する年中行事と祭り

　初天神の1月25日に奈良県五條市大塔町惣谷地区の氏神である天神社で、正月の神事初めの惣谷狂言が奉納されます。奈良県の無形民俗文化財に指定されているこの歴史と伝統のある惣谷狂言は1907年ごろに一時中止され、1915年に演じられて以来途絶えていたのですが、1958年に地元の保存会の手により復活した地狂言です。

　昔は、氏神の天神社と円満寺の境内で奉納のために行なわれ、かつて同じく天神社に奉納されていた篠原踊りと同様の踊りも奉納されていましたが、現在は狂言のみがこの日に奉納されています。保存会により復活した狂言は、鬼狂言・狐つり・舟漕ぎ・万才・壺負い・鳥さし・鐘引き・かなぼうし、の8曲で毎年この内の1～2曲が奉納されます。

　例年1月28日に神奈川県小田原市の満福寺で「火渡り・火伏せ祭り」が行われます。火渡りは修験道に伝わる儀式で、縦・横・高さ数メートルに組んだ薪で護摩を焚き、修験者が不動明王の境地を体現するために燃え盛る熾火の上を素足で渡ります。火渡りは、満福寺の僧と修験者たちによる読経の中で柴燈護摩に火を入れることから始まります。

　柴燈護摩とは屋外に護摩の祭壇を築き、儀式を行って場を清め点火して天下泰平・五穀豊穣・家内安全などを祈願する修法のことです。その修法の間に釜の中の熱湯に榊の束を浸して、頭に振りかける湯立て式・山伏問答・神木のぼり・宝剣・宝弓・宝槍・宝斧など、1000年を超える歴史を有する修験道の秘法が公開されます。

　修験者が全員火渡りを終えた後に、熾火や燃え殻をならして歩きやすくした柴燈護摩の跡を一般参拝客も、それぞれが無病息災・家内安全・商売繁盛などを願い、手を合わせて渡ります。火渡りには、護摩の火で自分の身に降りかかるいろいろな厄災や煩悩などを焼き尽くすという意味があります。また、火渡りは火を制するという意味にもなることから火災除け、すなわち火伏せとも言います。

●わかりやすい英語による説明

Sawamizu kōri tsumeru "Stream Water Freezes" occurs from around January 25th to 29th. The phrase describes the natural world during the severe cold when even the flowing water in mountain streams has frozen solid, a landscape where the icy surface sparkles brightly under the sunlight, hinting at the faint signs of spring.

Maguro (tuna, Thunnus orientalis) is considered an auspicious food at the New Year, particularly because its red flesh symbolizes passion and vitality, its large body represents abundance, and its rarity, as it is difficult to catch, adds to its value.

Another red-colored, nutrient-rich seafood is red ark shell. Because it contains a red pigment in its blood, the flesh appears red, a rarity among shellfish. Red ark shell is in season from winter to early spring yielding the most flavorful and delicious catch.

The nandina plant, which bears red berries in winter, is associated with New Year's celebrations due to its name and color. Nandina has long been used as a medicinal herb to treat coughs and has been cherished as a lucky plant because its name "*nanten*" is a homonym for "difficulties turn into fortune."

January 25th is the First Tenjin Market Festival at Tenmangū shrines, which number around 12,000 across the country. The first fair in the new year at Kitano Tenmangū, the head shrine in Kyoto, is bustling with stalls, calligraphy and flower exhibitions, and other activities.

On January 25th at Tenjin Shrine of Ōtō area, Gojō City, Nara Prefecture, *Sōtani kyōgen* is performed. This historic and traditional *kyōgen* performance is designated as an Intangible Folk Cultural Property of Nara.

On January 28th, the Fire-Walking and Fire Prevention Festival is held at Manpukuji Temple, Odawara City, Kanagawa Prefecture. Fire-walking is a ritual passed down through mountain asceticism. Practitioners walk barefoot over burning embers, symbolizing the embodiment of the state of Fudō Myōō "the Immovable Wisdom King."

❖二十四節気：大寒 *Daikan* 末候❖

【第七十二候】雞始乳　にわとりはじめてとやにつく

72nd Micro-season: Hens Start Laying Eggs（*Niwatori hajimete toya ni tsuku*）

●二十四節気における時期

　七十二候の最後を飾る候が雞始乳です。その時期は大寒の末候で、新暦の１月30日ごろから２月３日ごろまでとなります。雞始乳とは、厳寒の庭先にいるニワトリ（家鶏）がもうすぐに訪れてくる春を感じとり、はじめて小屋に入って卵を生むことです。「乳」という漢字には産むという意味があり、「始乳」は鳥が卵を産み始めるという意味になります。

　送り仮名の「にわとりはじめてとやにつく」ですが、「とや」とは鳥を飼っておく小屋、すなわち鳥小屋のことです。それを漢字で書くと「鳥屋」になり、「とやにつく」とは「鳥屋に就く」ことで、具体的に言うと、ニワトリなどが産卵のために巣にこもることを意味します。

　大寒の終わりの日が節分となるこの時期は、寒さは依然として厳しいものの、春の息吹をそこかしこに感じるころです。長かった冬もそろそろ終わりに近づき、旧暦上では新しい年を迎えるころであり、人だけではなく、動物たちや植物たちすらもなんとなく晴れやかな気持ちになります。雞始乳は、そのような時候の中で、最も身近で日々接することも多い家禽であったニワトリへの愛情が感じられる言葉と言えます。

●名付けの由来とエピソード

　ニワトリの語源には２説あるようです。１つは「庭つ鳥」または「庭つ鳥鶏」から「にわとり」とした説、２つ目は名付けられた当時の地鶏（各地で飼育されていたニワトリ）の多くが、茶褐色か朱色に近い色をしていため、赤色を意味する丹の羽の鶏を意味する「丹羽鶏」となったという説です。ニワトリが日本に伝来したのは弥生時代かそれ以前とも言われ、そのルートにも諸説があるようですが、東南アジア→中国→朝鮮半島→日本というルートが通説になっているそうです。

　我が国で最初にニワトリが文献に現れたのは、奈良時代の歴史書である『古事記』（712年）においてでした。太陽の神であり、皇室の祖神である天照大神が天の岩屋戸に隠れ、世界が闇になったときに八百万神が常世

長鳴鶏を鳴かせ、ある女神に舞を命じて、天照大神を呼び出す話です。ニワトリが太陽、すなわち夜明けを呼び出すものとして象徴化されている話ですが、ニワトリの別名が明告鳥であることにも関係します。

ニワトリはその肉や卵を利用するだけではなく、「時刻を告げる」役割が求められる家禽でもありました。昔は、丑の刻（午前2時ごろとその後の2時間）に鳴くのを一番鶏、寅の刻（午前4時ごろとその後の2時間）に鳴くのを二番鶏、そして卯の刻（午前6時ごろとその後の2時間）に鳴くのを三番鶏と呼び、人々はその時刻に合わせて起床していました。

● **自然の恵みと風物詩**

かつては正月の神が来臨する方角、あるいはその年の歳徳神のいる方角を恵方と言っていました。大阪には、節分の日にその年の恵方（例えば、北北西あるいは南南東など）を向いて、太い巻き寿司を丸かぶりする風習がありました。それが今では全国的な習わしになっています。

この風習の起源や発祥は定かではありませんが、花街の遊びに端を発するとか、江戸時代末期に大阪船場の商家で商売繁盛を願って行われたのが始まりだとか、その由来には諸説あります。以前は、その巻き寿司の具に特別の決まりはありませんでしたが、最近では七福神にあやかって厚焼き卵・キュウリ・ミツバ・アナゴ・干しシイタケ・カンピョウ・エビ・ウナギ蒲焼などの中から7種類の具を使うようになってきました。

全体的にはまだ少し早いですが、一部の地域では旬を迎えはじめる海の幸にタイがあります。古代から日本各地の沿岸に棲息し、体長が30～50センチになるスズキ目タイ科マダイ属に分類されるきれいな魚です。

タイは昔から縁起の良い魚とされてきましたが、その理由はタイが、「めでたい」と音が重なるから、その赤い色が幸運を象徴するから、魚の王様と称されるほどに威厳のある姿をしているから、などと言われてきました。そのような理由に加え、その白身の深い味わいからも、タイは古くから祝いの席には不可欠の料理素材だったのです。

祝いの膳には欠かせない存在と言えるタイですが、とくに鯛の塩焼きがよく知られています。結婚式の披露宴では、新郎新婦の幸福を祈願する象徴として鯛の姿焼きや塩釜焼きが祝膳に並ぶことがよくあります。タイは、鯛めしや鯛のアラ煮などの料理で楽しむこともできます。

●関連する年中行事と祭り

　節分前の2月1日と2日に山形県鶴岡市黒川にある春日神社を中心にして王祇祭が挙行されます。この王祇祭は、年に4回ある同神社の例祭のうち最大の規模のもので、旧正月であるこの両日に奉納される黒川能は500年の歴史を誇る貴重な民俗芸能です。

　例年3月・5月・11月の例祭のほか、7月の羽黒山と8月の庄内神社でも定期演能がある黒川能は、伝承の規模の大きさと、それを維持する組織の強固さもあり、1976年に国の重要無形民俗文化財に指定されました。王祇祭は、神社を中心に南側の集落からなる上座と北側の集落からなる下座が競い合う形で行なわれます。春日神社の心霊が宿る王祇様を、最年長の氏子の家に迎え、夜を徹して能の奉納でもてなすものです。最近では、住宅事情からも公民館などで舞が行われるようになりました。

　2月1日未明に、先端に紙垂を飾り付けた高さ2.5メートルの3本の白木を、開くと扇形になるように白布で束ねた王祇様が、神社からそれぞれの場所に移されます。午後6時になると、4～6歳の幼児が務める大地踏を皮切りに黒川能が始まります。能・狂言とならんで能楽を構成する特殊な芸能である式三番、そして能5番と狂言4番が夜通し演じられます。2日目には王祇様が春日神社に帰り、社殿にて能が奉納されます。

　京都にある吉田神社は節分祭発祥の地と言われ、毎年2月2日から4日まで節分祭が執り行われます。京都大学のキャンパスが連なる一角を入ったところにある同神社の周りには、800店とも言われるほど多くの露天が並び、毎年50万人ほどの参拝者が参拝に訪れ大いに賑わいます。

　2月2日午後6時から行われる追儺式では、鬼を払う役の方相氏が黄金の四つ目の仮面をかぶり、赤・青・黄色の仮面と衣装に身を包んで金棒を振り回す鬼を追い詰めていきます。舞殿を周回し鬼が弱ってきたところで、殿上人が桃弓で葦矢を放つと鬼たちは鳥居の外に逃げて行きます。

　2月3日23時からは大きな炎が燃え上がる神事の火炉祭が始まります。節分祭期間中、参拝者たちが持ち寄った古いお神札が、境内に作られた大きな八角柱型の火炉に積み上げられます。その後、神職が火炉に向かいお祓いし祝詞を読み上げた後、神酒を注いだ多くの酒器を火炉に向かって倒して古札が焼き上げられます。この燃え上がる火炉は1メートルほど掘り下げた部分に灰が溜まるまで、4～5日間燃やし続けられます。

●わかりやすい英語による説明

Niwatori hajimete toya ni tsuku "Hens Start Laying Eggs" from around January 30th to February 3rd describes when chickens sense the approaching spring and enter their coops to lay eggs for the first time. It is said that chickens were introduced during the Yayoi period, with the commonly accepted route being from Southeast Asia to China, then to the Korean Peninsula, and finally to Japan.

As the long winter draws to a close, this period marks the approach of the new year in the lunar calendar, bringing a sense of brightness not only to humans but also to animals and plants.

In the past, the direction from which the New Year's god would arrive was called "*ehō*, auspicious direction." In Osaka, there was a custom of facing that year's *ehō* on Setsubun (the dividing day between the seasons, in this case, the day before *Risshun* "the 1st day of spring") and eating a thick, uncut sushi roll whole. Seven types of ingredients are commonly included to refer to the Seven Lucky Gods.

Seabream (*tai*) begins to reach its peak. *Tai* has long been considered an auspicious fish, because of its phonetic similarity to the word for auspicious "*medetai,*" its red color symbolizes good fortune, and its appearance suggests prosperity.

On February 1st and 2nd, the *Ōgisai* festival is held at Kasuga Shrine in Kurokawa, Tsuruoka City, Yamagata Prefecture, as the central event of *Setsubun*. This festival is the largest of the four annual festivals at Kasuga Shrine, with the highlight being the Kurokawa nō performances, which have a history of 500 years and are an invaluable folk art.

In Kyoto, Yoshida Shrine is said to be the birthplace of the Setsubun Festival, where rituals are held every year from February 2nd to 4th. The *Tsuina shiki* "demon exorcism ritual" on February 2nd is led by the *Hōsōshi* "demon chaser" who scares away demons. On February 3rd, visitors bring old talismans, New Year's decorations, and other Shinto relics to be ritually destroyed by fire.

参考文献

【論文】
中村　士「天球儀 天文学の発祥と地球環境」『天文月報』第100巻第12号、2007

【書籍】（※執筆者名50音順）
アフロ／森松輝夫（イラスト）『イラストで楽しむ日本の七十二候』中経の文庫、2013
うつくしいくらしかた研究所『くらしのこよみ：七十二の季節と旬をたのしむ歳時記』
　平凡社、2012
大田垣晴子『季節七十二で候。』メディアファクトリー、2013
亀田尚己・三宮優子・中道キャサリン『日本伝統文化の英語表現事典』丸善出版、2018
亀田尚己・中道キャサリン『日本のしきたり英語表現事典』丸善出版、2019
京都国立近代美術館＋筧 茉奈子編著『京のくらし：二十四節気を愉しむ』青幻舎、
　2020
櫻井大典／土居香桜里（絵）『二十四節気の暦使い暮らし：かんぽう歳時記』ワニブック
　ス、2022
三宮優子・森本真理・藤尾美佐・仲道キャサリン『京都伝統文化の英語表現事典』丸善
　出版、2022
白井明大／くぼあやこ（絵）『えほん七十二候：はるなつあきふゆ めぐるぐる』講談社、
　2016
白井明大／有賀一広（絵）『日本の七十二候を楽しむ：旧暦のある暮らし』増補新装版、
　角川書店、2020
高月美樹監修『にっぽんの七十二候』枻出版社、2015
平野恵理子『手づくり二十四節気』ハーパーコリンズ・ジャパン、2022
本橋昂明（写真）／平野恵理子（文）『カレンダー2024【七十二候めくり】日本の歳時記』
　山と渓谷社、2023
広田千悦子『おうちで楽しむにほんの行事』技術評論社、2006
広田千悦子『七十二候で楽しむ日本の暮らし』角川文庫、2015
広田千悦子『くらしを楽しむ七十二候』光文社知恵の森文庫、2017
藤本晃一『七十二候がまるごとわかる本』晋遊舎ムック、2018
松村賢治『和の暦手帖：二十四節気と七十二候を愉しむ』だいわ文庫、2020
黛まどか『暮らしの中の二十四節気：丁寧に生きてみる』春陽堂書店、2021
山下景子『二十四節気と七十二候の季節手帖』成美堂出版、2014

【辞典・事典】（※辞典・事典名50音順）
『雨のことば辞典』講談社
『広辞苑』第七版、岩波書店
『ジーニアス英和大辞典』大修館書店
『新英和中辞典』第5版、研究社
『新和英大辞典』第5版、研究社
『新漢語林』第2版、大修館書店
『精選版 日本国語大辞典』小学館

『大辞林』第三版、三省堂
『デジタル大辞泉』小学館
『日本の伝統文化・芸能事典』汐文社
『日本大百科全書＋国語大辞典（スーパー・ニッポニカ）』小学館
『日本文化事典』丸善出版
『ブリタニカ国際大百科事典』ブリタニカ・ジャパン
『祭りの事典』東京堂出版
『明鏡国語辞典』第二版、大修館書店
『山川 日本史小辞典』山川出版社
『ランダムハウス英和大辞典』第2版、小学館
『リーダーズ英和辞典』第3版、研究社
『和英 日本の文化・観光・歴史辞典』改訂版、三修社

【Web サイト】（※区分別50音順、最終検索2024年10月）
本書で取り上げた祭りと年中行事の主催団体（神社仏閣、都道府県市町村、公立・私立
　施設など）以外で参考にしたものは以下の通りである：
外務省
気象庁
宮内庁
経済産業省
公益社団法人京都府観光連盟
公益社団法人京都市観光協会
厚生労働省
国立天文台天文情報センター暦計算室
総務省
特定非営利活動法人日本料理アカデミー
日本の暦、国立国会図書館所蔵の暦コレクション
農業協同組合（JA グループ）
農林水産省
文部科学省
林野庁
味の素株式会社
株式会社ウェザーニュース
キッコーマン株式会社
サントリーホールディングス
ミツカングループ
MARUHA NICHIRO

和文索引

●あ行

あしはじめてしょうず（葭始生）····74

あつかぜいたる（温風至）·········134

あやめはなさく（菖蒲華）·········126

うおこおりにあがる（魚上氷）····22

うめのみきばむ（梅子黄）·········118

●か行

かいこおきてくわをはむ（蚕起食桑）

·········98

かすみはじめてたなびく（霞始靆）

·········30

かまきりしょうず（蟷螂生）·······110

かみなりすなわちこえをおさむ（雷乃

収声）·········194

かみなりすなわちこえをはっす（雷乃

発声）·········58

かわずはじめてなく（蛙始鳴）·······86

きくのはなひらく（菊花開）·······210

きじはじめてなく（雉始雊）·······286

きたかぜこのはをはらう（朔風払葉）

·········246

きりぎりすとにあり（蟋蟀在戸）···214

きりはじめてはなをむすぶ（桐始結

花）·········146

きんせんかさく（金盞香）·········238

くさのつゆしろし（草露白）·······182

くまあなにこもる（熊蟄穴）·······258

こうおうけんかんす（黄鶯睍睆）····18

こうがんかえる（鴻雁北）·········66

こうがんきたる（鴻雁来）·········206

こくものすなわちみのる（禾乃登）

·········178

こさめときどきふる（霎時施）·····222

●さ行

さくらはじめてひらく（桜始開）····54

さけのうおむらがる（鱖魚群）·····262

さわしかのつのおつる（麋角解）···270

さわみずこおりつめる（水沢腹堅）

·········294

しみずあたたかをふくむ（水泉動）

·········282

しもはじめてふる（霜始降）·······218

しもやんでなえいずる（霜止出苗）

·········78

すごもりむしとをひらく（蟄虫啓戸）

·········38

すずかぜいたる（涼風至）·········158

すずめはじめてすくう（雀始巣）····50

せきれいなく（鶺鴒鳴）·········186

せりすなわちさかう（芹乃栄）·····278

そうもくめばえうごく（草木萌動）34

そらさむくふゆとなる（閉塞成冬）

·········254

●た行

たいうときどきふる（大雨時行）···154

たかすなわちわざをならう（鷹乃学

習）·········142

たけのこしょうず（竹笋生）·········94

たちばなはじめてきばむ（橘始黄）

·········250

ちはじめてこおる（地始凍）·······234

つちうるおうてむしあつし（土潤溽

暑）·········150

つちのしょううるおいおこる（土脉潤

起）·········26

つばきはじめてひらく（山茶始開）

·········230

つばめきたる（玄鳥至）·········62

つばめさる（玄鳥去）·········190

てんちはじめてさむく（天地始粛）

·········174

●な行

なつかれくさしょうず（乃東生）… 266
なつくさかるる（乃東枯）………… 122
なむしちょうとなる（菜虫化蝶）…… 46
にじかくれてみえず（虹蔵不見）… 242
にじはじめてあらわる（虹始見）… 70
にわとりはじめてとやにつく（雞始
　乳）………………………………… 298

●は行

ばくしゅういたる（麦秋至）……… 106
はすはじめてひらく（蓮始開）…… 138
はるかぜこおりをとく（東風解凍） 14
はんげしょうず（半夏生）………… 130
ひぐらしなく（寒蝉鳴）…………… 162
ふかききりまとう（蒙霧升降）…… 166
ふきのはなさく（款冬華）………… 290

ふそうほたるとなる（腐草為蛍）… 114
べにばなさかう（紅花栄）………… 102
ぼたんはなさく（牡丹華）………… 82

●ま行

みずはじめてかるる（水始涸）…… 202
みみずいづる（蚯蚓出）…………… 90
むしかくれてとをふさぐ（蟄虫坏戸）
　…………………………………… 198
もみじつたきばむ（楓蔦黄）……… 226
ももはじめてさく（桃始笑）……… 42

●や行

ゆきわたりてむぎのびる（雪下出麦）
　…………………………………… 274

●わ行

わたのはなしべひらく（綿柎開）… 170

英文索引

● A

Aogiri Blossoms （*Kiri hajimete hana wo musubu*） ································ 146

● B

Bamboo Shoots Emerge （*Takenoko shōzu*） ···································· 94
Bears Retreat in Caves （*Kuma ana ni komoru*） ·························· 258
Big Rains Occur Intermittently （*Taiu tokidoki furu*） ················· 154
Butterburs Bud （*Fuki no hana saku*） ··· 290

● C

Camellia Begins to Bloom （*Tsubaki hajimete hiraku*） ················· 230
Caterpillars Become Butterflies （*Namushi chō to naru*） ············· 46
Cherry Blossoms Begin to Bloom （*Sakura hajimete hiraku*） ········· 54
Chrysanthemums Bloom （*Kiku no hana hiraku*） ······················· 210
Cool Winds Blow （*Suzukaze itaru*） ·· 158
Cotton Flowers Bloom （*Wata no hanashibe hiraku*） ·················· 170
Crickets at the Door （*Kirigirisu to ni ari*） ······························· 214
Crow-dipper Sprouts （*Hange shōzu*） ··· 130

● D

Daffodils Bloom （*Kinsenka saku*） ·· 238
Decaying Grasses Turn into Fireflies （*Fusō hotaru to naru*） ······· 114
Deer Shed Antlers （*Sawashika no tsuno otsuru*） ······················ 270

● E

Earth Begins to Freeze （*Chi hajimete kōru*） ······························ 234
Earth is Damp; Air is Humid （*Tsuchi uruoute mushiatsushi*） ······· 150
East Wind Melts the Ice （*Harukaze kōri wo toku*） ···················· 14
Evening Cicadas Sing （*Higurashi naku*） ···································· 162

● F

First Reeds Sprout （*Ashi hajimete shozu*） ································· 74
Fish Surface under Ice （*Uo kōri ni agaru*） ································· 22
Frogs Start Croaking （*Kawazu hajimete naku*） ·························· 86
Frost Begins to Fall （*Shimo hajimete furu*） ······························ 218
Frost Ends; Rice Seedlings Grow （*Shimo yande nae izuru*） ········· 78

● H

Hawks Learn to Fly (*Taka sunawachi waza wo narau*) ⋯⋯⋯⋯⋯⋯⋯⋯⋯⋯ 142
Heaven and Earth Become Cool (*Tenchi hajimete samuku*) ⋯⋯⋯⋯⋯⋯⋯⋯ 174
Hens Start Laying Eggs (*Niwatori hajimete toya ni tsuku*) ⋯⋯⋯⋯⋯⋯⋯ 298
Hibernating Insects Emerge (*Sugomorimushi to wo hiraku*) ⋯⋯⋯⋯⋯⋯⋯ 38

● I

Insects Hole Up Underground (*Mushi kakurete to wo fusagu*) ⋯⋯⋯⋯⋯⋯ 198
Iris Blooms (*Ayame hana saku*) ⋯⋯⋯⋯⋯⋯⋯⋯⋯⋯⋯⋯⋯⋯⋯⋯⋯⋯⋯⋯ 126

● L

Light Rains Fall Occasionally (*Kosame tokidoki furu*) ⋯⋯⋯⋯⋯⋯⋯⋯⋯ 222
Lotus Begins to Bloom (*Hasu hajimete hiraku*) ⋯⋯⋯⋯⋯⋯⋯⋯⋯⋯⋯⋯ 138

● M

Maple and Ivy Leaves Turn Yellow (*Momiji tsuta kibamu*) ⋯⋯⋯⋯⋯⋯⋯ 226
Mist Begins to Drift (*Kasumi hajimete tanabiku*) ⋯⋯⋯⋯⋯⋯⋯⋯⋯⋯⋯ 30

● N

North Wind Blows the Leaves from the Trees (*Kitakaze konoha wo harau*) ⋯⋯ 246

● P

Parsley Flourishes (*Seri sunawachi sakau*) ⋯⋯⋯⋯⋯⋯⋯⋯⋯⋯⋯⋯⋯⋯ 278
Peony Flowers Bloom (*Botan hana saku*) ⋯⋯⋯⋯⋯⋯⋯⋯⋯⋯⋯⋯⋯⋯⋯ 82
Pheasants Start to Call (*Kiji hajimete naku*) ⋯⋯⋯⋯⋯⋯⋯⋯⋯⋯⋯⋯⋯ 286
Praying Mantises Hatch (*Kamakiri shōzu*) ⋯⋯⋯⋯⋯⋯⋯⋯⋯⋯⋯⋯⋯⋯ 110

● R

Rainbow Concealed (*Niji kakurete miezu*) ⋯⋯⋯⋯⋯⋯⋯⋯⋯⋯⋯⋯⋯⋯ 242
Rainbow First Appears (*Niji hajimete arawaru*) ⋯⋯⋯⋯⋯⋯⋯⋯⋯⋯⋯⋯ 70
Rice Ripens (*Kokumono sunawachi minoru*) ⋯⋯⋯⋯⋯⋯⋯⋯⋯⋯⋯⋯⋯ 178

● S

Safflowers Bloom (*Benibana sakau*) ⋯⋯⋯⋯⋯⋯⋯⋯⋯⋯⋯⋯⋯⋯⋯⋯⋯ 102
Salmon Gather (*Sake no uo muragaru*) ⋯⋯⋯⋯⋯⋯⋯⋯⋯⋯⋯⋯⋯⋯⋯ 262
Silkworms Start Eating Mulberry (*Kaiko okite kuwa wo hamu*) ⋯⋯⋯⋯⋯⋯ 98
Sky is Cold; Winter Begins (*Sora samuku fuyu to naru*) ⋯⋯⋯⋯⋯⋯⋯⋯ 254
Sparrows Begin Nesting (*Suzume hajimete sukuu*) ⋯⋯⋯⋯⋯⋯⋯⋯⋯⋯ 50
Spring Waters Thaw (*Shimizu atataka wo fukumu*) ⋯⋯⋯⋯⋯⋯⋯⋯⋯⋯ 282
Sprouting of Greenery (*Sōmoku mebae ugoku*) ⋯⋯⋯⋯⋯⋯⋯⋯⋯⋯⋯⋯ 34

英 文 索 引　309

Stream Water Freezes（*Sawamizu kōri tsumeru*）⋯⋯⋯⋯⋯⋯⋯⋯⋯⋯ 294
Swallows Arrive（*Tsubame kitaru*）⋯⋯⋯⋯⋯⋯⋯⋯⋯⋯⋯⋯⋯⋯⋯ 62
Swallows Depart（*Tsubame saru*）⋯⋯⋯⋯⋯⋯⋯⋯⋯⋯⋯⋯⋯⋯⋯ 190

● T

Tachibana Start to Turn Yellow（*Tachibana hajimete kibamu*）⋯⋯⋯⋯⋯⋯ 250
The Earth Becomes Moist（*Tsuchi no shō uruoi okoru*）⋯⋯⋯⋯⋯⋯⋯⋯ 26
The Peach Blooms for the First Time（*Momo hajimete saku*）⋯⋯⋯⋯⋯⋯ 42
Thick Fog Descends（*Fukaki kiri matou*）⋯⋯⋯⋯⋯⋯⋯⋯⋯⋯⋯⋯ 166
Thunder Begins to Peal（*Kaminari sunawachi koe wo hassu*）⋯⋯⋯⋯⋯⋯ 58
Thunder Ceases（*Kaminari sunawachi koe wo osamu*）⋯⋯⋯⋯⋯⋯⋯⋯ 194

● U

Ume Turn Yellow（*Ume no mi kibamu*）⋯⋯⋯⋯⋯⋯⋯⋯⋯⋯⋯⋯⋯ 118

● W

Wagtails Sing（*Sekirei naku*）⋯⋯⋯⋯⋯⋯⋯⋯⋯⋯⋯⋯⋯⋯⋯⋯ 186
Warming Winds Arrive（*Atsukaze itaru*）⋯⋯⋯⋯⋯⋯⋯⋯⋯⋯⋯⋯ 134
Water Begins to Dry Up（*Mizu hajimete karuru*）⋯⋯⋯⋯⋯⋯⋯⋯⋯⋯ 202
Wheat Ripens for Harvest（*Bakushū itaru*）⋯⋯⋯⋯⋯⋯⋯⋯⋯⋯⋯ 106
Wheat Sprouts Under Snow（*Yuki watarite mugi nobiru*）⋯⋯⋯⋯⋯⋯⋯ 274
White Dew on Grass（*Kusa no tsuyu shiroshi*）⋯⋯⋯⋯⋯⋯⋯⋯⋯⋯ 182
Wild Geese Fly North（*Kōgan kaeru*）⋯⋯⋯⋯⋯⋯⋯⋯⋯⋯⋯⋯⋯ 66
Wild Geese Return（*Kogan kitaru*）⋯⋯⋯⋯⋯⋯⋯⋯⋯⋯⋯⋯⋯⋯ 206
Worms Emerge（*Mimizu izuru*）⋯⋯⋯⋯⋯⋯⋯⋯⋯⋯⋯⋯⋯⋯⋯ 90
Woundwort Sprouts（*Natsukare shōzu*）⋯⋯⋯⋯⋯⋯⋯⋯⋯⋯⋯⋯ 266
Woundwort Withers（*Natsukusa karuru*）⋯⋯⋯⋯⋯⋯⋯⋯⋯⋯⋯⋯ 122

● Y

Yellow Warblers Begin to Sing（*Kō-ō kenkansu*）⋯⋯⋯⋯⋯⋯⋯⋯⋯⋯ 18

日本のこよみ英語表現事典
二十四節気七十二候／暦と風物詩をたのしむ

令和 6 年 12 月 25 日　発　行

著作者　　田　中　幹　人
　　　　　ブルース濱名宗整
　　　　　亀　田　尚　己

発行者　　池　田　和　博

発行所　　丸善出版株式会社
　　　　　〒 101-0051　東京都千代田区神田神保町二丁目 17 番
　　　　　編集：電話(03)3512-3264／FAX(03)3512-3272
　　　　　営業：電話(03)3512-3256／FAX(03)3512-3270
　　　　　https://www.maruzen-publishing.co.jp

© Mikito Tanaka, Bruce Hamana Sosei, Naoki Kameda, 2024

組版印刷・精文堂印刷株式会社／製本・株式会社 松岳社

ISBN 978-4-621-31050-2 C0582　　　　　Printed in Japan

JCOPY〈(一社)出版者著作権管理機構 委託出版物〉
本書の無断複写は著作権法上での例外を除き禁じられています．複写
される場合は，そのつど事前に，(一社)出版者著作権管理機構(電話
03-5244-5088，FAX 03-5244-5089，e-mail：info@jcopy.or.jp)の
許諾を得てください．